鼎新北科外语学者丛书

德国欧洲和平秩序观视角下的德俄安全关系研究

李 微 著

对外经济贸易大学出版社
中国·北京

图书在版编目（CIP）数据

德国欧洲和平秩序观视角下的德俄安全关系研究/李微著．—北京：对外经济贸易大学出版社，2020．3
（鼎新北科外语学者丛书）
ISBN 978-7-5663-2129-9

Ⅰ．①德…　Ⅱ．①李…　Ⅲ．①冷战—国际关系—研究—德国、俄罗斯　Ⅳ．①D851．69②D851．29

中国版本图书馆 CIP 数据核字（2020）第 032175 号

德国欧洲和平秩序观视角下的德俄安全关系研究

李　微　著

责任编辑：董　黛

出版发行：对外经济贸易大学出版社
社　　址：北京市朝阳区惠新东街 10 号
网　　址：http://www. uibep. com
资源网址：www. uibepresources. com
邮政编码：100029
邮购电话：010—64492338
发行部电话：010—64492342
E-mail：uibep@126. com

成品尺寸：170mm×240mm
印　　张：12．5
字　　数：218 千字
ISBN 978-7-5663-2129-9
印　　刷：北京九州迅驰传媒文化有限公司
版　　次：2020 年 3 月北京第 1 版
印　　次：2020 年 3 月第 1 次印刷
定　　价：59．00 元

本书为北京科技大学中央高校基本科研业务费
专项基金（Fundamental Research Funds for the
Central Universities）资助项目
项目编号 FRF-BR-18-009A

总　序

AI时代加速到来，外语学者仿佛走到绝壁悬崖，纷纷探寻出路。

我们坚持的是，提倡人文，坚持鼎新。智能时代固然无法抗拒，但科技无法给予人性的温度，无法产生人文的光辉。唯有与人声相应、与文气相通，才能共生未来。因而，外语学者必须是人文的、人性的、人味的。他们应以独特的个体思考，“标新理于众家之表”“立异义于众贤之外”。最终，从人文出发，达于鼎新之境，立于不被时代淘汰的先声之地。

奉人文鼎新为圭臬，北京科技大学外国语言文学学科砥砺前行、蓬勃发展。2006年获批外国语言文学一级学科硕士点，2011年获批外国语言文学一级学科博士点，已成为本硕博齐全、特色明晰、规模适度、注重质量、在国内具有一定实力和影响的外语人才培养单位和研究单位。纵观英、日、德三个语言文学学科，无不以“人文”思想贯之，展现了解放思想、力求突破的鼎新理念。

人文教育关心人类的终极目标。它不仅关注人类的人性和命运，也关注人类境况的不同和统一。本套丛书就是这一人文思想的结晶，该丛书囊括了英语、日语和德语世界的多维度研究成果。凭栏静听，世界各国皆有所思；沧海横流，英雄各路方显本色。这些著作有助于我们认知人类知识多样的呈现方式，探索人类命运的整体性和同一性，如此方能知其利弊得失所在，形成我们自己权衡取舍的广阔视野。

鼎新理念乃北科外语学者之教研风尚，催生了新一代之学术思想——求知更要求智，蜕故更要孳新。这套丛书无疑是这一学术思想的最佳体现，皆为我院不同学科背景的教师近年来最新的探索之作。事实上，人文鼎新之于我们，不仅仅是理念，不仅代表一种客观的知识，告诉我们“是什么”；更重要的，它还是一种实践，让我们学会如何辨认、形成和追问种种价值性的问题，去探寻“为什么”和“应该怎么”。唯有如此，才能从“求知”上升到更高一层的“求智”，在AI时代重返“挚爱真善美，关切天地人”的精神家园。

春江水暖，鼎新者当作先知；继往开来，人文者当为人先。让我们共勉。

北京科技大学外国语学院

2019年4月

前 言

2013 年发生的乌克兰危机是冷战后俄罗斯与西方国家矛盾的集中体现，它一方面使一向友好且“特殊”的德俄关系受到重挫，另一方面也使冷战后欧洲和平秩序遭遇挑战。究其实质，这两方面又是一体的：德国是欧盟实际意义上的领导者，俄罗斯则是雄踞欧洲一角的重要大国，德俄关系对于欧洲和平秩序的未来建构方向有着至关重要的作用。但无论从国家利益层面，还是区域建构方向层面，抑或是国际角色定位层面出发，德俄两国都有着不同的外交理念，从而对欧洲和平秩序的建构具有不同设想；反过来，德国对欧洲和平秩序观的调整，也将在一定程度上影响德俄安全关系。因此，本书主要以德国欧洲和平秩序观视角下的德俄安全关系为研究对象。首先从理论上探讨何谓德国的欧洲和平秩序观，引入冷战后德国重要学者对欧洲和平秩序观的研究成果和理论视角，界定德国学术视野下欧洲和平秩序概念的内涵和外延。与此同时，分析冷战后德国政府在欧洲和平秩序建构过程中的外交实践和具体措施，以探讨德国欧洲和平秩序观的实施路径和完成程度。在此基础上，本书分析了冷战后德俄双边关系的演变过程，并通过两个具体案例深入探究德俄两国在建构欧洲和平秩序时不同的外交理念和国际视野。后乌克兰危机时代的德俄关系将如何发展，欧洲和平秩序能否在德俄合作的基础上得以重建，是本书希望回答的问题。

欧洲和平秩序的基本原则是在 1990 年 11 月签订的《新欧洲巴黎宪章》中确定下来的，它包括边界的不可改变、放弃使用武力、和平解决冲突以及尊重欧洲国家主权等内容。以上述基本原则为出发点，德国学界从不同理论视角出发，形成了对欧洲和平秩序的不同界定和解释。但其原则和核心是基本一致的：

1. “秩序”指的是一种社会学意义上的制度。这种制度通常拥有一个社会目标，由“稳定的、受到尊崇并重复出现的行为规范”① 所构成，并能够在一个特

---

① 德国学术界在定义“秩序”一词时，基本上都是依照美国著名学者亨廷顿的定义。Huntington S. P.（1965）. Political Development and Political Decay（PDF）. World Politics，17（3）：394.

定的共同体中为在其中生活的个体行为进行管理，通过调整行为准则的方式来影响个体行为和意图①。“国际秩序”的主要目的则是为了建构一种由国家所构成的社会或者国际社会，并在这个社会中实现特定的行为目标，如维护国际社会本身的生存、维护国家的独立和外部主权以及追求平等。同时，要像广义的社会一样，限制暴力、信守承诺以及尊重财产所有权。

2. “和平秩序”指的是一种国际关系层面上的制度。它指明国际社会的行为准则。在大多数情况下，相关行为体都会尊重该准则。树立和平秩序的目的是：规范国与国之间的关系，使它们之间的地位差异不致升级为武力对抗。因此，国家是“和平秩序”所针对的主要行为体，使用和平手段解决国与国之间的矛盾和差异，则是“和平秩序”的主要社会目标。

3. “欧洲和平秩序”指的是被欧洲国家所普遍接受的国际行为准则，是一种区域性国际关系制度。

4. 为了确保欧洲和平秩序的有效性和执行力，需要进行相应的机制建设。其中，能在全欧范围内，尤其在西方联盟和俄罗斯之间起到桥梁和危机管制作用的，有欧安组织和北约－俄罗斯理事会这两个多边组织，同时也可以借用美俄双边关系和欧俄双边关系的沟通渠道。

欧洲和平秩序的理念在冷战后德国的政治实践中得到了运用和发展。德国外交在冷战后保持了较高的连续性，其中包括欧洲和平秩序的建构思路：

1. 欧洲持久和平的前提条件是一个统一的欧洲；

2. 所有欧洲国家都应当遵循民主法治的政治原则，在尊重人权、民主、国际法等基本西方价值观的基础上，平等地参与到欧洲和平秩序建构进程之中；

3. 促进欧洲国家进一步的合作、融合和利益交织，使欧洲国家自愿将一部分国家主权交付于一个共同体机构，扩大西欧已有的融合进程，使之向全欧范围内扩散。

冷战后德俄安全关系的发展轨迹表明，德俄两国在欧洲整体和平秩序建构中一直发挥重要作用，德国独特的欧洲和平秩序观深刻影响德国的俄罗斯政策，也因此深刻影响冷战后德俄安全关系。但与此同时，乌克兰危机中所凸显的德俄在欧洲和平秩序观层面的认知不同并不是一时之间形成的，德俄在欧洲和平秩序建

① Standford Encyclopedia of Philosophy：Social Institutions，Retrieved May 17，2017，from http：//plato. stanford. edu/entries/social－institutions/.

构方向和理念上一直具有本质区别和深层次矛盾，这些区别和矛盾在乌克兰危机中爆发出来，冷战后欧洲和平秩序受到严重挑战，导致欧洲可能进入重新分裂、对抗和不稳定的新时代，而一个对抗的、分裂的欧洲不符合德国的安全利益。与此同时，作为欧洲经济上最为强大、政治上欧盟“发动机”的德国，也有义务作为主导力量，重建欧洲和平秩序。在此过程中，除了团结德国传统的欧洲和大西洋盟友之外，最为重要的，是改善德俄关系，找到共同利益，重建互信平台。因为德国设想下的欧洲和平秩序只有在“与俄罗斯一起，而非对抗俄罗斯”的前提下才有可能实现。

目　　录

第一章

引　论

第一节　关于选题

一、选题动机

2013年11月21日，乌克兰政府在最后关头宣布放弃与欧盟签署已谈判数年的联系国协定，显示出对外政策上的重大转向。第二天，乌克兰民众中约有3000人走上首都基辅中心独立广场进行示威，挥舞欧盟旗帜，抗议政府的这一决定。示威者与警方发生冲突，造成至少5人死亡，数百人受伤。“广场革命”之后，乌克兰危机迅速激化，2014年2月27日，克里米亚亲俄武装人员占领克里米亚政府大楼和议会大楼，升起俄罗斯国旗。3月4日，普京首次作出表态，称乌克兰事件性质是违宪政变和武装夺权。3月16日，在乌克兰政府和西方七国动用外交和联合国手段无果之后，克里米亚举行公投，超过80%的克里米亚公民赞同加入俄罗斯。3月17日，普京签署总统令，俄罗斯承认克里米亚独立。18日，普京在克里姆林宫同克里米亚和塞瓦斯托波尔代表签署条约，允许克里米亚和塞瓦斯托波尔以联邦主体身份加入俄罗斯联邦。21日，普京签署已获上下两院批准的法案，完成克里米亚和塞瓦斯托波尔加入俄罗斯的所有法律程序，两地正式加入俄罗斯。至此，乌克兰危机发展到了白热化阶段，尤其是克里米亚的独立，被认为是破坏了冷战结束以来建立的“欧洲和平秩序”的关键事件。

2014年12月7日，德国总理默克尔在接受德国《世界报周日版》采访时指出：“解决乌克兰危机的最终目的在于，重新树立欧洲和平秩序的基本原则……而由于俄罗斯对克里米亚的进犯和在顿涅茨克和卢甘斯克地区的作为，这个目标迟迟未能实现。”[①] 外长施泰因迈尔更是直截了当地指出，乌克兰危机“使欧洲和平秩序岌岌可危，我们现在必须阻止欧洲的重新分裂（neue Spaltung）”[②]，“我们遇到了冷战以来欧洲最大的危机……俄罗斯在乌克兰危机中的作为损害了欧洲和平秩序的基本原则”[③]，“数十年以来建立起来的互信在短短几个月内丧失殆尽”[④]。

认为“乌克兰危机威胁到了欧洲和平秩序”的不仅仅是德国政界，2014 年以来，德国学界从此次危机出发，探讨“欧洲和平秩序的重建”的文章不断见诸极端。学者普遍认为，“乌克兰危机使原有的欧洲和平秩序受到了持续冲击，北约、欧盟和欧安组织（1995 年之前为欧安会）现在必须建构出一个新的和平秩序，并在与俄罗斯合作，而非排除俄罗斯的情况下重建该秩序”。

上述德国政治家和学者提及的“欧洲和平秩序”，主要指的是欧安组织于 1990 年 11 月在巴黎克莱贝尔特别首脑会议上签署的《新欧洲巴黎宪章》中所宣告的“从温哥华到海参崴的和平秩序和安全秩序”[⑤]。该宪章同时认为，“欧洲对抗和分裂的时代已告结束”，欧洲已经进入“民主、和平和统一的新时期”[⑥]。

乌克兰危机表明，这样的欧洲和平秩序在可预见的未来不可能实现。欧洲未如巴黎宪章的设想实现整体欧洲的安全，而是形成了“以北约为首的强势西方”“弱势的俄罗斯及其势力范围”和“缩小的欧洲中部”（schrumpfendes Zwischeneuropa）[⑦]的格局。

这样的格局是随着美国主导的北约安全框架东移而逐渐形成的，与美国希望挤压俄罗斯战略空间的愿望相符，但并不完全符合德国对于欧洲和平秩序的设

---

① Verlässlichkeit ist ein sehr hohes Gut. Retrieved October 8, 2016, from https://www.bundeskanzlerin.de/Content/DE/Interview/2014/12/2014-12-07-merkel-wams.html

② Europäische Friedensordnung steht auf dem Spiel. Retrieved November 19, 2016, from http://www.welt.de/politik/deutschland/article134378688/Europaeische-Friedensordnung-steht-auf-dem-Spiel.html

③ Europäische Friedensordnung bewahren. Retrieved November 16, 2016, from https://www.bundesregierung.de/Content/DE/Artikel/2014/12/2014-12-05-ukraine-russland-putin-rede.html

④ Steinmeier, F.-W. Rede von Außenminister Frank-Walter Steinmeier beim 21. OSZE-Ministerrat in Basel. Retrieved October 12, 2016, from http://www.auswaertiges-amt.de/DE/Infoservice/Presse/Reden/2014/141204_BM_Ministerrat_OSZE.html

⑤ Schwarz, W. Der Westen & Russland - zum Diskus. Retrieved October 21, 2017, from http://das-blaettchen.de/2015/10/der-westen-russland-zum-diskurs-15-34290.html

⑥ 陈乐民，(1992)，“冷战”后的欧洲若干问题，《西欧研究》，第 6 期，27-29。

⑦ 以上概念参见：Müller, H. (2015): Konturen einer neuen europäischen Friedensordnung. Zeitschrift für Politik, 2015 (3): 306-322.

想。德国将俄罗斯视为欧洲的一部分，认为一个繁荣稳定的俄罗斯是实现欧洲和平的前提条件。20世纪末的科索沃战争就已经使德国意识到，没有俄罗斯的合作，欧洲大陆上的和平和稳定难以实现；现今乌克兰危机的事实也证明，与俄罗斯保持良好关系对于维护德国的东面外部安全环境至关重要。因此，解决与俄罗斯之间的安全困境，对德国设想下的欧洲和平秩序而言，是一个结构性问题，“重建欧洲和平秩序”的一个核心在于转变德国对俄政策，通过德俄双边关系影响欧盟与俄罗斯关系，甚至影响跨大西洋联盟与俄罗斯的关系，以在欧盟与俄罗斯之间建立一个长期有效的合作机制，使俄罗斯不再是“弱势的对手”，而是欧洲和平的共同建构者①。

因此，本书将分析冷战后德国欧洲和平秩序观的形成和实质，并试图回答以下两个核心问题：(1) 面对新形势，德国设想下的“新欧洲和平秩序”究竟为何？(2) 在该“新欧洲和平秩序”的建构框架下，俄罗斯的地位和角色是什么？德俄关系在其中起什么样的作用？

二、选题的理论意义

冷战结束后，德国学术界在安全领域方面的研究主要分为三类：德国统一后“正常化”外交角色和定位；全球安全治理观的形成和发展；以及对欧洲整体和平的制度性设想，德国在其中的角色定位和应当发挥的作用。例如毛尔教授的“文明力量”理论在运用到欧洲和平秩序建构层面时，就强调打破内政和外交的界限，试图通过德国国家角色的“自我部分”（即西方价值共同体和欧洲身份认同）在欧洲安全秩序构建中的体现，通过“规范”“机制”“认同”的力量实现民主价值观的传递，建立行之有效的区域安全组织，从而实现欧洲和平。

乌克兰危机发生后，德国学术界发表了一系列论著，探讨俄罗斯在欧洲和平秩序中的重要作用和影响，并主要形成了以下两个共识：(1) 俄罗斯在乌克兰危机，尤其克里米亚事件中的作为，损害了欧洲和平秩序基本原则，动摇了欧洲和平秩序的根本；(2) 欧洲和平秩序需要重新确立，或者重新调整，甚至重建，而这个过程需要俄罗斯的参与，而非排除俄罗斯。但出现目前危机的深层次原因究竟为何，应当如何在包括俄罗斯的情况下重构欧洲和平秩序等，目前学界并未形成较统一的观点。

在我国学界，罕有对德国欧洲和平秩序观的讨论，更没有从这个视角探讨德

① Maull, H.M. (2015). Deutsche Außenpolitik nach der „Review 2014“: Zivilmacht 2.0? Zeitschrift für Politik, 2015 (3): 325.

俄安全关系的学术成果。但事实上，德国学界在对欧洲和平秩序研究过程中所强调的多维度安全观、区域机制建构、国际行为准则和规范的制定等具有一定理论先进性，能够丰富我国的欧洲安全研究视角和方法。此外，德国在欧洲地位的上升、俄罗斯国力的增强和外交上的强势表现，使针对德俄双边关系的讨论成为目前德国学界在探讨欧洲新和平秩序时最重要的命题之一。

因此，本书抓住目前欧洲和平秩序建构过程中最敏感、也最关键的俄罗斯问题，试图分析德俄矛盾的实质，并从观念重构和外溢传导机制改革等层面对现有安全范式进行批判性分析，在欧洲和平秩序的理论框架下研究德俄安全关系的发展和前景。

三、选题的现实意义

第二次世界大战后，苏联成为德国的占领国之一，此后在德国统一时发挥了重要作用。因此，苏联及其继任者俄罗斯对于德国来说，一直占据外交上的特殊地位。德国从未轻视过俄罗斯的巨大战略分量。认为德俄特殊关系不仅造福于两国，而且对整个欧洲都是必不可少的，在充满敌意的俄罗斯身边享受安宁，对欧盟和德国来说都不可能[①]。因此，德国一直希望通过“靠近”和“接触”的政策影响俄罗斯的国内改革，试图将俄罗斯纳入欧洲共同安全建构过程中。但在具体实践中，针对如何处理与俄关系的问题，一方面德国内部也并未达成完全统一，另一方面，由于中东欧国家和美国因素的影响，德国所设想的，西方国家与俄罗斯一起共同建构欧洲共同和平秩序的愿景很难实现。

2014年由乌克兰危机导致的地缘政治危机说明，现存欧洲安全合作机制的扩展在向东越过巴尔干半岛推进到乌克兰时碰到了阻碍。在俄罗斯看来，北约的东扩事实上是西方国家在试图缩小其战略缓冲地带。因此，俄罗斯不惜公开与西方国家叫板，违背现存欧洲和平秩序的基本原则，即使用武力改变现有欧洲国家的边界。因此，德国普遍认为，欧洲和平秩序正遭受冷战以来的最大挑战。若能解决这次危机，对欧洲整体和平秩序的建构具有重大现实意义。而由于目前德国在欧盟中地位提升，以及俄罗斯对欧洲秩序形成挑战的问题日益突出，从德国角度出发，理顺德俄关系，通过德国和俄罗斯的合作，使欧盟这个“后现代国家联合”与围绕俄罗斯建立的“后帝国民族国家联合”之间能够建立起一个和平共存的机制，是解决危机、实现欧洲持久和平的重要途径。

---

① 孔刚，(2014)，柏林眼中的德俄特殊关系：还能走多远，《世界知识》，第18期，52。

因此，研究在德国欧洲和平秩序观视角下的德俄安全关系，具有下述现实意义：

1. 有助于从欧洲和平这个视角出发，更准确把握冷战后德国外交战略及对俄政策。德国是欧盟最重要的国家之一，也是外交理念发展较快、在区域政治领域具有独到见解的国家，研究德国的对外关系和对外政策本身就具有十分重要的意义。

2. 有助于更清晰地理解德俄安全关系在冷战后的发展脉络，并从一个全新的角度出发，认识德俄安全关系的变化轨迹。德俄关系是欧洲层面非常重要的一对双边关系，一个是作为欧盟发动机的德国，另一个是与欧盟外部地缘接近、同时也最具有挑战性的俄罗斯，这两个国家之间的双边关系既受到欧洲整体秩序的约束，也反过来影响欧洲和平秩序的发展。对该课题的研究，将有助于理清影响德俄双边关系的深层次影响因素，从而对德俄安全关系的未来发展做出更准确的预判。

3. 欧洲和平秩序是一个较新颖的课题。事实上它从第二次世界大战结束以来就在西欧的层面开始建构，到冷战之后逐渐向全欧发展。它同时是世界秩序中的一个重要组成部分，它的理论前沿性在一定程度上甚至可为世界秩序的建构提供借鉴。但目前为止，对欧洲和平秩序的研究较少。通过对本课题的研究，可以为欧洲研究提供一个新的视角。

4. 乌克兰危机是一个国际热点事件，也是一个动态发展的事件。到目前为止，乌克兰危机还未得到妥善解决。已经有学者指出，乌克兰事件是一个影响欧洲格局的关键性事件，但甚少有人从欧洲和平秩序的视角出发，通过理顺乌克兰事件中最重要的两个行为体即德国和俄罗斯之间的关系，来研究乌克兰问题的实质。因此，本书也为乌克兰问题的发展和判断提供了全新的视角。

第二节　国内外研究现状

一、国内研究现状

我国对于德国外交与安全政策、欧盟（欧共体）安全与外交框架及欧俄、德俄关系的研究均有不少成果，涉及的问题也较为广泛。在这些成果中，与本书主题相关的研究方向主要包括以下三个方面：

1. 针对德国安全政策或德国欧盟政策的研究。国内目前集中研究德国安全政策及欧盟政策的著作主要有以下两部：台湾“国立”政治大学叶阳明教授撰写的《德国安全政策》和北京大学吴学永 1994 年发表的博士论文《论德国安全政策》。其中，后者主要探讨德国统一后面临的新安全形势和安全挑战，并认为德国当时的安全目标在于德国和欧洲的统一，以及恢复德国的政治大国地位。

期刊论文方面，对德国安全政策的探讨主要集中在安全政策的“正常化”和“转型”这两个重点上。例如郑春荣《利比亚危机以来德国安全政策的新动向》从德国在利比亚、叙利亚和马里等危机中的表现出发，揭示德国安全政策的新动向，认为虽然克制文化在德国依然有着深刻的影响，但德国逐渐将本国利益作为其安全政策的出发点，正逐步走向“有限的正常化”①。孙恪勤在《走向大国的努力与挫折——施罗德政府的外交与安全战略》一文中，则主要探讨了施罗德政府在德美关系复杂化的背景下，德国在外交和安全政策上进行调整，试图提高欧盟地位，与美国单边主义抗衡的行为及结果②。此外，熊炜《二战后联邦德国的国家安全政策偏好》从德国历史沿革、国家角色和外部期望的角度出发，分析德国现代安全政策形成的深层次原因。

对德国欧盟政策的探讨则主要集中于德国在欧洲一体化发展过程中所发挥的作用和角色定位方面。例如连玉如的《再论“德国的欧洲”与“欧洲的德国”》及《德国默克尔政府的外交与欧洲政策辨析》两篇论文，前者研究德国是否重新承担欧洲“领导者”的角色，后者则探讨德国外交政策的“欧洲核心”倾向③。

2. 针对欧盟安全政策和安全框架的研究。这方面的研究基本都是随着欧盟共同安全与防务政策的出台，以欧盟为核心行为体，研究欧盟共同安全与防务政策的形成、实践和未来。例如刘海泉在《国际机制视角中的欧盟共同安全与防务政策》一文中，运用国际机制这一理论框架去解释欧洲共同安全与防务政策，从国际机制定义的四个方面，即国际体制层面、原则层面、规则层面和决策程序层面阐述共同安全与防务政策的机制变迁，并简要提出机制的现存问题④。易波《评述欧盟共同外交与安全政策的困境》一文则回顾了欧盟共同外交与安全政策

---

① 郑春荣，(2013)，利比亚危机以来德国安全政策的新动向，《德国研究》，第 2 期，4—14。

② 孙恪勤，(2009)，走向大国的努力与挫折——施罗德政府的外交与安全战略，见刘立群等编，《德国 欧盟 世界》。北京：社会科学文献出版社，220—231。

③ 连玉如，(2014)，再论“德国的欧洲”与“欧洲的德国”，《国际政治研究》，第 6 期，9—24。/连玉如，(2006)，德国默克尔政府的外交与欧洲政策辨析，见朱绍中编，《德国在扩大的欧盟中》。上海：同济大学出版社，125—144。

④ 刘海泉，(2009)，国际机制视角中的欧盟共同安全与防务政策，《同济大学学报（社会科学版）》，第 6 期，61—68。

的起源，分析其运转机制，并指出欧美之间、欧盟内部成员国之间的矛盾将成为共同外交与安全政策顺利实施的障碍①。

综上，我国国内几乎没有针对德国的欧洲和平秩序观所进行的专门研究。

3. 针对德俄、欧俄关系的研究。国内对德俄、欧俄关系研究的著述中，一部分是从俄罗斯的视角出发进行研究，这部分的研究更多集中在俄罗斯与西方、与欧盟的关系，较少研究德俄双边关系。如李兴所著《转型时代俄罗斯与美欧关系研究》一书对转型时代俄罗斯与美国、欧盟和东欧之间的互动关系作了专题式的深入探究，分析和预测了俄美、俄欧关系的历史、现状与未来，以及俄美欧三角关系的演化，论述了苏联外交理论实践的成败得失与其解体的直接关系，剖析了俄罗斯大国外交理论与实践的变化及其趋势②。罗志刚在《俄罗斯—欧盟关系研究》一书中，全面系统地研究了新俄罗斯独立以来与欧盟各领域关系的发展变化，多角度地揭示了地缘政治影响下双边关系的合作与竞争③。

论文方面，有徐龙第《欧俄现代化伙伴关系析论》（载于《国际问题研究》2011 年第 1 期）和冯绍雷《冷战后欧、美、俄三边关系的结构变化及其未来趋势》（载于《欧洲研究》2011 年第 4 期）。其中冯绍雷的论文站在全球高度上，认为冷战后欧、美、俄三边关系已不能再简单地用古典地缘政治逻辑来描述，而是一个由各种结构所形成的复杂系统，其中既包括了文化、意识形态等观念性概念，也有经济利益、政治选择、安全保障等物质性力量的交往和抗衡④。此外，李兴在《论欧盟共同安全与防务政策中的俄罗斯因素》一文中谈到，冷战后，俄罗斯仍然是影响欧盟共同安全政策的一个重要因素。欧盟共同防务和安全的发展，在相当程度上取决于欧盟与俄罗斯关系的互信与否⑤。

从德国或欧盟角度进行的德俄、欧俄关系研究基本没有形成专门著作，仅有一些论文或是书中章节。其中包括两种研究方向：德俄双边关系的综合性、历史性叙述，或在针对欧盟和北约东扩进程的研究中涉及有关俄罗斯的问题。前者如北京外国语大学德语系殷桐生教授主编《德国外交通论》一书中的德俄关系一节。该节首先回顾了统一后德国不同执政时期与俄罗斯的关系，再从“德国对俄

---

① 易波，(2011)，评述欧盟共同外交与安全政策的困境，《当代教育理论与实践》，第 3 期，148—150。

② 李兴，(2007)，《转型时代俄罗斯与美欧关系研究》。北京：北京师范大学出版社。

③ 罗志刚，(2009)，《俄罗斯—欧盟关系研究》。北京：中国社会科学出版社。

④ 中国社会科学院科研局，(2014)，《国际问题前沿研究报告·欧洲与俄罗斯东欧中亚（2010—2012)》。北京：中国社会科学出版社，41—42。

⑤ 李兴，(2002)，论欧盟共同安全与防务政策中的俄罗斯因素，《现代国际关系》，第 9 期，37—42。

罗斯德裔侨民”“俄罗斯从德国撤军问题”“车臣与反恐问题”“德俄经贸关系”等方面分析了德俄关系中的热点问题[①]。后者如马翠琴《论欧盟共同安全与防务政策中的俄罗斯与德国因素》一文则认为，欧洲的问题，特别是欧洲的安全与稳定问题，在相当程度上是一个欧盟与俄罗斯的关系问题[②]。

因此，尽管我国已有不少著述分别研究德国安全政策、欧洲安全框架、欧俄关系等，但从目前欧盟内部最重要的国家——德国的角度出发，探讨德国的欧洲和平秩序观，并在这个框架下分析德俄安全关系问题，是一个全新的视角。

二、国外研究现状

国外与本书相关的研究成果主要集中在以下三个领域：

1. 德国的欧洲安全政策研究。如弗兰科·阿尔吉里（Franco Algieri）《欧洲背景下的德国外交与安全政策连续和变化》（*Deutsche Außen－ und Sicherheitspolitik im europäischen Kontext：Zur Parallelität von Kontinuität und Wandel*）一文中，探讨了欧洲背景下的德国外交与安全政策，认为其既有连续性，也有适应欧洲新局势的变化[③]。马尔科·埃博尔斯（Malko Ebers）《欧盟和北约中的德国安全政策》（*Deutsche Sicherheitspolitik in EU und NATO*）一书则探讨了欧盟和北约框架下的德国安全政策历史沿革和现状[④]。

2. 针对欧洲共同安全与防务政策的研究。这类研究包括两个层面：一是欧盟内部外交和安全领域的制度建设：例如欧洲研究的主要刊物《共同市场研究》（*Journal of Common Market Studies*，*JCMS*）在2011年开始，即推出专刊专门讨论这一问题。学者们普遍认为，欧盟已经进入全球范围“权力政治”之中，只是还不具有传统国际强权那样的行动能力。因此，他们的关注重点是如何进行欧盟层面的制度建设。（例如：比克顿《欧盟对外政策：从有效性到功能性的研究》（C. J. Bickerton：*European Union Foreign Policy：From Effectiveness to*

---

① 殷桐生编，(2010)，《德国外交通论》。北京：外语与教学研究出版社。

② 马翠琴，(2008)，论欧盟共同安全与防务政策中的俄罗斯与德国因素，《科教文汇旬刊》，第30期，179。

③ Algieri，F. （2007）. Deutsche Außen－und Sicherheitspolitik im europäischen Kontext：Zur Parallelität von Kontinuität und Wandel. In Jä0ger，T. & Höse，A. & Oppermann，K. （eds.） Deutsche Außenpolitik：Sicherheit，Wohlfahrt，Institutionen und Normen. Wiesbaden：VS Verlag für Sozialwissenschaften，106－122.

④ Ebers，M. （2002）. *Deutsche Sicherheitspolitik in EU und NATO*. München：Grin.

Functionality），Basingstoke：Palgrave Macmillan，2011）[①]。二是欧盟周边关系塑造：欧洲关系研究者更多讨论欧盟具体的外交政策，例如有关欧盟的睦邻政策和地中海政策以及欧盟对外政策工具的有效性的研究，呈现出一种技术化的倾向[②]。如西比勒·朗（Sibylle Lang）撰写的《欧盟安全和防务政策的决定性因素以及行动能力》（Bestimmungsfaktoren und Handlungsfähigkei der Europäischen Sicherheits－und Verteidigungspolitik）一书[③]。

3. 针对德俄关系的研究。在这方面，德国学者的研究方向主要有二：一是如何建设德俄"新型现代化战略伙伴关系"。其中主要研究俄罗斯国内政治和经济状况，希望德国政府能够促使俄罗斯走上民主和现代化进程，从而发展真正的德俄战略伙伴关系。例如卡斯滕·D·福格特（Karsten D. Voigt）认为普京在俄罗斯经济上取得的稳定进展能够在客观上促进俄社会中希望西化的情绪，因此，德国应当看到这种倾向，一方面继续发展与俄罗斯良好的经贸关系，另一方面，不应当指望"经济的良好合作自动转化为民主化进程，或者导致俄人权状况好转"。把握俄罗斯社会动向，切实促进俄罗斯的政治民主现代化进程，才是德俄关系的最终出路[④]。二是针对德俄关系中具体事件的对策研究。例如乌尔里希·魏瑟尔（Ulrich Weisser）在《德国、俄罗斯和反导系统》（*Deutschland, Russland und die Raketenabwehr*）一文中针对美国反导系统导致的德俄矛盾进行了分析，并对未来提出展望[⑤]。

自从乌克兰危机以来，德国学界开始探讨欧洲和平秩序重建的必要性。例如哈拉尔德·米勒（Harald Müller）在《新欧洲和平秩序的建构》（*Konturen einer neuen europäischen Friedensordnung*）一文中从乌克兰危机出发，研究欧洲新和平秩序的建构。该文首先分析了和平秩序的概念和类型，区别地区和全球的和平秩序层次，认为将俄罗斯边缘化是走向危机的导火索，北约的不断东扩压缩俄罗斯的战略空间，客观上导致了欧洲的分裂。而俄罗斯在东欧、巴尔干、高加索、中亚等地区都拥有巨大影响力。因此，为了重构欧洲和平秩序，西方应当重视俄

---

① 中国社会科学院科研局，（2014），《国际问题前沿研究报告·欧洲与俄罗斯东欧中亚（2010－2012）》。北京：中国社会科学出版社，44－45。

② 同上。

③ Lang, S. （2007）. Bestimmungsfaktoren und Handlungsfähigkei der Europäischen Sicherheits－und Verteidigungspolitik. Frankfurt a. M.：Peter Lang.

④ Voigt, K. D. （2012），Fo－rderung der Demokratie statt oberlehrerhafte Außenpolitik. RUSSLAND－ANALYSEN, NR. 249：15.

⑤ Weisser, U. （2009）. Deutschland, Russland und die Raketenabwehr. In Michael Staack (eds.) Die Zukunft der nuklearen Ordnung. Bremen：Edition Temmen，139－151.

罗斯的地位，不尊重俄罗斯的利益和情感会对自身利益造成损害。欧洲的和平秩序依赖于西方国家和俄罗斯之间的稳定关系①。克劳迪娅·马约尔（Claudia Major）和雅娜·普格利林（Jana Puglierin）则认为，俄罗斯在乌克兰危机中的作为动摇了欧洲和平秩序的根本，一旦德国和欧盟有所让步，俄罗斯将会在日后继续为了维护国家利益而破坏区域安全规则，因此，西方国家应通过外交政治手段让俄罗斯重新遵守欧洲和平秩序原则。②

2017 年，乌克兰危机发生三年后，米夏埃尔·施塔克（Michael Staack）主编的论文集《乌克兰危机、俄罗斯与欧洲安全秩序》正式出版。这本论文集从各个角度阐述了乌克兰危机和俄罗斯在乌克兰危机中的作为对欧洲安全秩序的影响，并共同认可两个论点：（1）乌克兰危机代表着西方与俄罗斯伙伴关系的断裂以及冷战后欧洲安全秩序的终结。（2）如何与俄罗斯达成和解，是解决乌克兰危机、从而重建欧洲安全秩序的关键性问题③。

综上，2014 年乌克兰危机以来，德国学者已经开始从欧洲和平秩序视角出发，研究德俄关系的走向，并认为与俄罗斯之间的安全困境是影响欧洲和平秩序的结构性因素，如果不解决这个问题，德国设想下的欧洲和平秩序就无法实现。但如何解决这个问题，德国学界观点分歧较大，且并未形成权威性著作。但是，与德国安全、欧洲安全秩序、德俄关系相关的研究成果较多，可以为笔者提供充足的研究思路。

第三节　本书的主要内容、研究方法和途径

一、本书的主要内容和层次

1. 冷战后德俄关系回顾：一种“特殊关系”

冷战后，德俄一直维持一种“特殊关系”，该“特殊关系”虽然在不同历史阶段、随着双方国家利益观和价值观的变化，以及国际局势的不同阶段而时远时近，但无论从历史渊源、地理位置、在欧洲的特殊地位、在世界上的重要身份等

---

① Müller, H. (2015). Konturen einer neuen europäischen Friedensordnung. Zeitschrift für Politik, 2015 (3): 306－322.

② Major, C. & Puglierin, J. (2014). Eine neue Ordnung: Der Ukraine－Konflikt stellt die Weichen für Europas Sicherheit. IP Magazin, 2014 (11/12): 62－71.

③ Staack, M. (2017). Der Ukraine－Konflikt, Russland und die europäische Sicherheitsordnung, Opladen · Berlin · Toronto: Verlag Barbara Budrich, 7－9.

方面来说，德俄关系是一对对欧洲和平秩序影响深远，也同时受到欧洲和平秩序制约的双边关系。这两个国家都由于冷战的结束而获得新生，都在冷战后世界格局中孜孜寻求自己的角色和定位，在欧洲和平秩序的框架下，研究冷战后这两个国家的历史轨迹，对探明全欧安全格局的形成、实质及未来有重要意义。

因此，本书将以时间为纵轴，阶段性分析德俄冷战之后双边关系的发展和实质，并在阐述过程中，以德国的欧洲和平秩序观为视角，辅以具体历史事件做横向分析，以最终说明，德俄关系的历史发展与欧洲和平秩序息息相关，从而得出结论：在现阶段欧洲和平秩序的重构过程中，重中之重依然是德俄双边关系。

2. 德国欧洲和平秩序观视角下的德俄安全关系

（1）德国的欧洲和平秩序观

①后民族国家的多维度安全观

德国的“后民族国家认同”（postnationale Identität）[①] 性质使其不再秉承传统的现实主义安全观，它的安全观是广义的、广泛的，并不局限于军事领域，而且包括法治国家和公民社会建设，是更全面、现代的新安全政策[②]。建立一个强大的欧洲，同时与自由、开放的国家与社会一道，共同保持、维护并继续建设一个规范的世界秩序，是德国最重要的安全战略目标。

因此，在建构欧洲和平秩序的过程中，德国既重视维持全欧地区的传统地缘安全，要求尽量避免使用武力解决区域性冲突，又重视捍卫非传统安全（共同对抗恐怖主义、难民危机中的国际合作、能源和环境问题的解决机制、防止大规模杀伤性武器的扩散等）。在德国的外交实践上，对后者的重视甚至超过前者。但乌克兰危机表明，俄罗斯对传统地缘安全的重视与欧盟和北约的外溢要求形成了结构性矛盾，一旦威胁到俄罗斯在“后苏联地区”的地缘利益，俄罗斯将不会遵守西方国家所制定的欧洲和平规则。此外，如果欧洲内部爆发与俄罗斯相关的局部战争，会同时影响到非传统安全的维护：战争中出现的“弱势国家”或“失败国家”将为欧洲增加不稳定因素；而在共同反恐、防止大规模武器扩散和能源环境等问题上，欧洲需要俄罗斯。

在 2016 年 2 月 12 日至 14 日召开的慕尼黑安全会议上，时任德国外长施泰因迈尔强调，欧洲目前正处在坎坷的时期，乌克兰危机使“战争和和平”的命题再次被摆在欧洲人面前。为了解决现有危机，他强调应“重启对话、重筑信任、重建安全”（Dialog zu erneuern，Vertrauen neu aufzubauen，Sicherheit wieder

---

① 连玉如，(2012)，《国际政治与德国》。北京：北京大学出版社，132。

② 刘立群 & 孙彦红，(2004)，德国教授谈欧盟共同外交与安全政策，《欧洲研究》，第 6 期，151。

herzustellen)①。该表述说明，尽管德国秉承多维度的欧洲安全观，但目前阶段，如何改善与俄罗斯之间的关系，重建被双方都认可的欧洲和平秩序，是其中重要一环。

② “从温哥华到海参崴的欧洲和平秩序”

柏林墙倒塌之后，有一个短暂的时间，德国人相信欧洲所有邻国都希望在全欧范围内实现多边融合（Multilaterale Integration）。尽管不久后，德国就发现它东部和西部的邻居在利益和目标上的巨大差异使这种多边融合不可能实现②，但《巴黎宪章》中“从温哥华到海参崴”的表述却深植在德国人心里。德国希望欧洲和平秩序能够适用于整个欧洲，包括俄罗斯。因此，它不但大力支持俄罗斯加入 G7 组织，同时在科索沃战争发生后，以轮值主席国身份促成欧盟峰会通过了“欧洲联盟的共同对俄战略”，强调“作为没有新分界线的、统一欧洲的不可分割的一部分，一个稳定的、民主的和繁荣的俄罗斯，是大陆持久和平的保证”③。1999 年德国政府发表的安全文件提出的八条安全利益中，也包括“把俄罗斯和乌克兰纳入欧洲安全框架之中”④。

③欧洲和平秩序的实施路径：以北约和欧安组织为依托的多边机制

哈拉尔德·米勒认为，北约的东扩是现有欧洲和平秩序的制度保障⑤。在 2006 年发布的国防白皮书中，德国政府也明确表示：“北约构成了两个大陆联系的纽带，它为维护和重建和平提供综合的政治和军事手段。从长远来看，如果没有建立在互信基础上的北约盟国，德国将无法应对安全上所面临的全球挑战。欧洲安全的根本问题只能通过美欧共同努力才能解决，这在可以预见的未来都是如此。”⑥

但在美国看来，北约的最重要任务之一仍然是防御俄罗斯。此外，除巴尔干

---

① Steinmeier, F. — W. Begrüßungsrede von Außenminister Steinmeier auf der Münchner Sicherheitskonferenz. Retrieved October 19, 2017, from http: //www. auswaertiges — amt. de/sid _ E-59525A23B483AEAB713CB4B83B925F4/DE/Infoservice/Presse/Reden/2016/160213 _ BM%20Begrüßung%20MSC. html

② Voigt, K. (2010) . Europäische Friedensordnung: Interessen und Ziele Deutschlands, Russlands und der USA. IPG, 2010 (2): 131.

③ 罗志刚，(2009)，《俄罗斯一欧盟关系研究》。北京：中国社会科学出版社，126。

④ 孙恪勤，(2009)，走向大国的努力与挫折——施罗德政府的外交与安全战略，见刘立群等主编：《德国 欧盟 世界》。北京：社会科学文献出版社，223。

⑤ Müller, H. (2015) . Konturen einer neuen europäischen Friedensordnung. Zeitschrift für Politik, 2015 (3): 307.

⑥ 周庆建，(2009)，“9・11”事件以来德国防务政策的调整，《黑龙江史志》，第 4 期，72—73。

地区国家之外，东欧国家也将加入北约视为安全保障①，其假想敌正是俄罗斯。因此，尽管德国方面一直声称“北约只是防御性联盟，并不针对俄罗斯”②，俄罗斯方面却对此戒心极大。因此，在德俄安全关系发展过程中，北约东扩是矛盾焦点所在。

为了缓解这种矛盾，德国努力推动在全欧建构能够紧密联系俄罗斯的多边主义制度③。在冷战刚刚结束时，德国试图将欧安组织作为最适合实现全欧和平秩序的多边主义制度框架，根舍也提出，应通过欧安组织将东欧和俄罗斯纳入欧洲安全体系。尽管20世纪90年代的经验表明，欧安组织只能在欧洲安全秩序塑造方面起到边缘作用④，但乌克兰危机发生后，德国政府又开始重提欧安组织的意义，认为在巴黎首脑会议上达成的一致性规范（Normen）是欧洲重建和平秩序的良好基础，且欧安组织能够作为西方国家与俄罗斯交流、合作的最佳平台⑤。

（2）德国视角下的俄罗斯与欧洲和平秩序

从上述德国和平秩序观来看，俄罗斯在价值观、国家利益取向和对欧洲区域层面的建构方向上都与德国有着本质的不同。此外，欧洲和平秩序是全球秩序中的一部分，势必受到全球秩序的影响。全球格局产生的新变化，加上美国在欧洲地区持续不断的影响，使俄罗斯从欧洲和平秩序的共同建构者逐渐成了德国眼中欧洲和平秩序的破坏者。在这一部分，本书从欧洲和平秩序的视角出发，从双边层面、区域层面和多边层面研究德国与俄罗斯在欧洲和平秩序建构过程中所存在的矛盾和冲突，以为未来欧洲和平秩序的重建找到问题所在，并提出解决意见。

3. 在德国的欧洲安全秩序框架下如何改善德俄安全关系

综上所述，如何理顺德俄安全关系现在已成为德国的欧洲和平秩序建构过程中最急需解决的问题之一。德国将如何缓和俄罗斯与西方国家之间在安全观念和安全战略上的矛盾，建立与俄罗斯合作的长期有效机制，以实现德国所构想的欧洲安全秩序，是本书试图回答的核心问题。

---

① ［俄］德米特里·特列宁（著），韩凝（译），（2015），《帝国之后：21世纪俄罗斯的国家发展与转型》。北京：新华出版社，99。

② 该言论是德国官方的一贯表态。例如在2008年梅德韦杰夫当选俄罗斯新总统之后，默克尔作为第一位出访俄罗斯的外国领导人，在与普京和梅德韦杰夫的会谈中就再次强调了这一点。参见 http：//news. xinhuanet. com/world/2008－03/10/content _ 7752009. htm。

③ 熊炜，（2008），《统一以后的德国外交政策（1990－2004）》。北京：世界知识出版社，123。

④ 同上，130－132。

⑤ Steinmeier，F. －W. Rede von Außenminister Frank－Walter Steinmeier beim 21. OSZE－Ministerrat in Basel. Retrieved November 12，2017，from http：//www. auswaertiges－amt. de/DE/Infoservice/Presse/Reden/2014/141204 _ BM _ Ministerrat _ OSZE. html

（1）冷战结束后，由于以美国为首的西方国家不断挤压俄罗斯战略空间，未充分尊重和考虑俄罗斯的国家利益，造成原有欧洲和平秩序中存在结构性矛盾。彼时虚弱的俄罗斯不断的妥协使这种结构性矛盾没有凸显，但随着俄罗斯的逐渐强大，西方和俄罗斯之间摩擦加剧，危机频发，要获得欧洲和平，需要首先解决这个问题。

（2）在这次危机后，德国国内已经开始深化和加强对俄罗斯的认识。进一步承认俄罗斯的大国地位，同时认清俄罗斯在短期内不太可能接受西方民主价值观。

（3）在此前提下，德国不会放弃与俄罗斯的对话和交流。绝大部分德国政治精英和学界精英均认为，重筑西方国家与俄罗斯之间的互信是解决冲突的最终途径。

（4）在目前阶段，德国认为，俄罗斯与欧盟之间并不存在非此即彼的零和博弈，也不存在不可调和的价值观和利益冲突。即使观念和出发点不同，但俄罗斯在希望建立多极国际秩序、通过有效的国际机制解决国际问题、反对单极霸权、打击恐怖主义等具体外交实践上与德国有共同利益。因此，德国正致力于在欧盟与俄罗斯之间建立一个长期有效的对话和合作机制，探讨和发展双方共同利益，谨慎处理关键性地缘政治矛盾，以实现和平共赢。

（5）利用德国和俄罗斯的“特殊关系”，扮演“中立的声音”，以“斡旋者”的形象出现，充当美国与俄罗斯之间、“后苏联国家”与俄罗斯之间的联络人，一旦德国能够缓解甚至解决美俄、欧俄之间的矛盾，则德国就能拥有主导欧洲安全框架建构的筹码，并最终实现其欧洲和平秩序观。

二、本书的理论基础和研究方法

1. 定义选取

米勒认为，和平秩序指的是社会学意义上的制度（Institutionen im soziologischen Sinne）。它指明国际社会的行为准则，这些行为准则可能是不言而喻的或非正式的，也可能是被记录下来的。在大多数情况下，相关行为体都会尊重该准则。树立和平秩序的目的是：规范国与国之间的关系（即使现代理论有更新，但国家仍然是最重要、最有权力的行为体），使国家之间的地位差异（Positionsdifferenzen）不致升级为武力对抗。和平秩序应孤立出个别国家间的动武情况，并应当帮助尽快重建二者之间的和平状态①。

区域的定义是：一个区域内的国家紧密交织，以至于它们的安全状况不能独立于彼此来看待：它们彼此之间有较高的互相依赖性。对区域集体安全起决定作用的是区域内行为体的恐惧和愿望，而这些恐惧和愿望受到国内政治模式和矛盾的支配②。

笔者认为，德国视角下的欧洲和平秩序是一种被欧洲所有国家所尊重的（包括俄罗斯）、规范国与国之间的行为准则，该准则的基本核心包括：尊重欧洲现有国家边界、不使用武力、而通过政治和外交手段解决国家间分歧、通过多边机制解决区域问题等。

2. 理论框架和研究方法

由于本书从德国的欧洲和平秩序观出发，分析其中的德俄双边关系，因此需要的理论框架也较复杂。在研究德国的欧洲和平秩序观时，笔者将主要采用建构主义中的多边主义、角色理论和新功能主义理念，来分析欧洲和平秩序的内涵、范围、实施路径，以及德国在建构该秩序过程中所扮演的角色；在研究德俄安全关系在其中的作用时，则将采取现实主义思想（如地缘政治理念）探究俄罗斯的外交安全战略，以及德俄之间、俄罗斯与其他西方国家和中东欧国家之间的共同利益和分歧。

本书所采取的研究方法有：(1) 层次分析法，其中包括三个层次：国家体行为研究（德国、俄罗斯）、个体行为研究（政治精英）和区域行为研究（欧洲）；(2) 文本分析法（德国的重要安全政策文件、学术著作及论文、官方发言稿、媒体报道、民意调查结果等）；(3) 诠释性案例分析法，即利用自变量（德国的欧洲和平秩序观）诠释有关案例中德俄外交行为。

三、创新之处

本书创新点主要有：

1. 从德国视角出发，研究欧洲整体和平秩序的建构。认为目前欧洲和平秩序有调整的必要，以将俄罗斯重新纳入欧洲和平秩序体系。由于国内外目前研究欧洲整体和平秩序的著述较少，尤其欠缺从德国视角出发、以德俄安全关系为重心对欧洲和平秩序的未来走向进行探讨的研究成果，因此，本书的创新点之一在

---

① Müller, H. (2015). Konturen einer neuen europäischen Friedensordnung. Zeitschrift für Politik, 2015 (3): 307.

② 同上。

于：对欧洲和平秩序的理论进行总结和补充；为欧洲和平秩序理论提供新的研究视角；将欧洲和平秩序与现实德俄安全关系相结合，以实例分析该理论框架，从而为欧洲和平秩序理论的未来发展提供案例、反思和经验。

2. 将德俄安全关系置于德国视角的欧洲和平秩序框架下进行研究，主要考察俄罗斯在德国欧洲和平秩序设想中的定位和影响，以及德国的欧洲和平秩序观对德国的俄罗斯政策产生的作用。由于国内外目前对德俄安全关系的研究著述几乎没有从欧洲和平秩序理论视角出发进行分析，因此，本书从一个独特的理论角度，将冷战后德俄关系沿革进行了梳理，并将现阶段德俄安全关系中遇到的问题从区域秩序的角度进行解读，为德俄安全关系研究提供全新的视角。

3. 区域秩序既是全球秩序的一个构成层面，同时也为全球秩序的建构提供模板和案例。欧洲是全球秩序的热点区域，欧盟的发展和欧洲一体化进程也使欧洲秩序模式成为全球秩序模式的一个探讨方向。与此同时，虽然对欧盟这个机制的学术研究不在少数，但对欧洲整体秩序的研究却相对较少。考虑到欧盟是实现欧洲和平秩序的途径之一，而非欧洲和平秩序的终极形态，在全欧范围内建立和平秩序也比在欧盟层面建立和平秩序要复杂得多，因此，探讨欧洲整体和平秩序的最终发展可能，对于全球秩序建构的研究有借鉴意义。

第二章

走到十字路口的欧洲和平秩序

第一节 乌克兰危机与欧洲和平秩序的重建

2013年，乌克兰危机爆发，西方国家与俄罗斯之间的关系进入紧张相持期。克里米亚事件后，西方国家更是对俄罗斯口诛笔伐，认为俄的行为是对国际法的严重破坏，是不尊重乌克兰主权、试图分裂乌克兰、破坏地区稳定的做法。相反，俄罗斯方面则称，克里米亚通过自决脱离乌克兰，正符合西方国家所鼓吹的“人权”价值观，国际社会理应予以尊重。简言之，双方针对乌克兰危机所争论的核心问题之一，是俄罗斯行为是否“符合国际法规范”，是一个“合法性”问题。

但是，虽然引发了国际法层面上的全球性探讨，乌克兰危机归根结底还是一个区域问题。美国在不同场合表示，乌克兰事件属于欧洲问题，欧洲应作为主导力量解决这场危机[①]。而在欧洲层面的探讨中，尤其在克里米亚事件之后，德国政界和学界普遍认为，冷战后一直在建构中的欧洲和平秩序受到了前所未有的损害，如何在双方互信基础达到冷战后最低点的严峻情况下，共同磋商，重新建立欧洲和平新秩序，是当务之急。

值得指出的是，在表述上，德国政界和学界不同人士所使用的概念是有所出入的。德国政界在绝大多数情况下采用的表述是“欧洲和平秩序”（Europäische

---

① Major, C. & Puglierin, J. (2014). Eine neue Ordnung: Der Ukraine—Konflikt stellt die Weichen fur Europas Sicherheit. IP Magazin, 2014 (11/12): 66.

Friedensordnung)①，少数情况下也使用“欧洲安全秩序”(Europäische Sicherheitsordnung)②，或者将“欧洲安全秩序”和“欧洲和平秩序”并列，作为同义词使用③。

德国学界使用的表述也同样如此。米勒称之为“欧洲和平秩序”，马约尔称之为“欧洲安全秩序”，福格特同时使用“欧洲和平秩序”和“欧洲安全秩序”④。

尽管各自的表述有所不同，最终得出的结论也有差异，但德国政界和学界在对乌克兰问题发表意见时，普遍都赞成下述观点：

1. 乌克兰问题实际上是俄罗斯对现有欧洲和平秩序的挑战；

2. 俄罗斯在乌克兰事件中的作为破坏了冷战后德国设想并努力建构的欧洲和平秩序（或安全秩序）；

3. 重新建构欧洲和平秩序是解决俄罗斯与西方国家之间安全困境的可持续性出路；

4. 必须在与俄罗斯合作而非排除俄罗斯的情况下重建欧洲和平秩序，把俄罗斯“边缘化”是不可取的。

总的来说，德国人普遍认为，乌克兰事件证明，《赫尔辛基最后文件》和《新欧洲巴黎宪章》中所确定下来的欧洲和平秩序和支撑该秩序的共同价值观，即对人权、公民权利和民主制度的尊重，在全欧范围内还远未实现。尽管冷战时期的对抗在欧安组织覆盖的范围内已经不复存在，但在西方学者看来，另外一种

---

① 参见：本论文引言中“选题动机”部分所引用的德国总理默克尔和外长施泰因迈尔关于“欧洲和平秩序”的论述。此外，德国政府官方新闻发布会上也使用了“维护欧洲和平秩序的基本原则”这样的表述。(Europä ische Friedensordnung bewahren. Retrieved September 9, 2016, from https://www. bundesregierung. de/Content/DE/Artikel/2014/12/2014 — 12 — 05 — ukraine — russland — putin — rede. html)

② 例如欧洲议会副主席、FDP党派议员 Alexander Graf Lambsdorff 表示：“俄罗斯在乌克兰和克里米亚的作为违背了欧洲安全秩序的基本原则。”(Ulkraine－Konflikt ist militärisch nicht zu gewinnen. Retrieved September 9, 2016, from https://www. liberale. de/content/ukraine－konflikt－ist－militaerisch－nicht－zu－gewinnen)。此外，施泰因迈尔也于 2014 年 12 月 9 日在俄罗斯乌拉尔联邦大学的讲话中指出，“俄罗斯在乌克兰危机中的作为损害了欧洲安全秩序中的基本原则。”(Europäische Friedensordnung bewahren, Retrieved September 9, 2016, from https://www. bundesregierung. de/Content/DE/Artikel/2014/12/2014－12－05－ukraine－russland－putin－rede. html)

③ 例如德国驻比利时大使 Rüdiger Lüdeking 在接受报纸采访时，先后称乌克兰危机应使冷战后建构“欧洲安全秩序”和“欧洲和平秩序”重新被审视。(Lüdeking R. Der Ukraine — Konflikt - die Bewährungsprobe für die europäische Sicherheitsordnung, Retrieved September 9, 2016, from http://www. bruessel. diplo. de/contentblob/4733218/Daten/6306410/NamensartikelUkraineKonflikt. pdf)。FDP 联邦委员会在 2015 年 1 月 19 日针对乌克兰事件作出的决议中也称，“俄罗斯的合作对于一个稳定的欧洲和平和安全秩序是不可或缺的。”(Beschluss des Bundesvorstands der FDP)

④ 见本章第三节的论述。

制度即政权制度间的斗争和对抗却还在继续。所谓政权制度（Herrschaftssystem），即“民主政权”与“专制政权”以及“半专制或不完全民主政权”的对立。美国或欧盟与俄罗斯之间产生的矛盾，很多时候都源于这种政权制度上的对立。指望俄罗斯在短时间内按照西方国家的愿望改变历史上积累下来的意识形态、成为西方价值观共同体一分子是不可能的。戈尔巴乔夫所做的改革只在表面上改变了俄罗斯的政权模式，但俄罗斯传统国家利益观依然深植在俄罗斯的精英和民众心中①。

因此，面对现在欧洲的复杂政权体制，在重新建构欧洲和平秩序时，必须首先明确一个要点：该和平秩序应当能够把“非民主政权”的国家也能包括进来，这意味着，“非民主政权”的欧洲国家在这个和平秩序下也应当能够拥有“主人”（ownership）感。因此，在中短期内，应当适当调整欧洲和平秩序的共同目标和实现途径，以在不同制度国家之间建构起一个共同的和平秩序框架②。

在接下来的部分中，笔者将首先对冷战后欧洲和平秩序的理念和建构模式进行梳理，以探讨乌克兰危机之前，欧洲和平秩序的背景、进程和暂有框架；并在此基础上，分析在原有的欧洲和平秩序框架下，为何会不可避免的导致俄罗斯与西方国家的分歧和对立，为何俄罗斯会成为欧洲和平秩序建构中的结构性挑战者，以及应如何“重建”欧洲和平秩序。

第二节 冷战后：对欧洲和平秩序建构的尝试

第二次世界大战结束后，欧洲一直没有出台相应的“和平条约”，而是形成了“人为的、反自然的、非法的”世界和欧洲的分裂③。在这种分裂和对抗的局面下，形成了高度武装的世界两极格局，但与此同时，也形成了“威慑下的长期和平”状态④。冷战期间，世界格局是较清晰的。以美国为首的西方国家与以苏联为首的东方国家阵营以德国为中心点分割了世界，双方意识形态高度对立，通

---

① Müller, H. (2015): Konturen einer neuen europäischen Friedensordnung. Zeitschrift für Politik, 2015 (3): 310—312.

② 同上。

③ Kuropka J. Nachkriegsordnung - Friedensordnung: Zur Frage der „ Ergebnisse des Zweiten Weltkrieges “ und der Stabilität in Europa (PDF) . Retrieved August 18. 2016, from http: //www. kas. de/wf/doc/kas _ 3527—544—1—30. pdf

④ ［德］汉斯·冈特·布劳赫 等（著），［中］张晓萌（译），(2015)，《全球化和环境挑战：21 世纪的安全观重构》。南京．南京出版社，1。

过结盟、军备竞赛和核威慑等手段达到势力均衡，客观上避免了第三次世界大战的爆发。从社会秩序角度来说，其规则的制定者（美苏两国）、执行方式（结盟、军备竞赛、核威慑）和主要目标（扩大势力范围、力图压制对方）等基本函项相对固定。与此同时，由于世界上形成了压倒性的两极争霸格局，欧洲区域也被这个国际秩序所支配，尽管欧洲国家的精英阶层在不断试图探索欧洲特有的和平秩序，但成效不大，且也无法脱离两极格局的固有思路。

冷战结束之后，欧洲格局发生了巨大变化。面对原有两极格局的崩塌、欧洲新兴国家的出现、俄罗斯的转型、欧洲地缘上的分裂局面被彻底改变，同时也源于冷战期间西欧国家在新型国际关系上的探索，欧洲开始致力于建构特有的区域和平秩序。

在这个和平秩序建构之初，欧洲人还沉浸在欧洲统一的喜悦中，提出了一个持中间立场的承诺，即欧洲政治与安全架构接纳俄罗斯，俄罗斯也承诺愿意被纳入，并在此基础上产生了 1990 年 11 月签署的《新欧洲巴黎宪章》①。但很快，这个“从温哥华到海参崴的和平秩序”就被证明是不现实的：美国为首的北约并未因为华约的解散而走下历史舞台，反而逐渐开始转型、扩大，主导欧洲安全事务；欧共体/欧盟在经济联合方面取得长足进展，但政治和安全防务方面的合作停滞不前，欧安组织沦为论坛性质的安全事务讨论平台，影响力降低；俄罗斯地缘优势一再被挤压，在欧洲逐渐被边缘化，欧洲大陆上形成了一种“非对称的和平框架”②。

这种美国主导下的欧洲非对称和平秩序在进入 21 世纪以来受到了极大挑战，原因如下：

1. 欧洲精英对“欧洲模式”具有世界前沿性的认知。尽管欧洲战后秩序一直受到美国主宰，但西欧国家也在探索独有的欧洲模式。在国际关系层面上，欧洲学者和政治精英突破传统的现实主义安全观，尝试改变各国边界的性质，以促进资本、人口、商品和观念的自由流动③，同时建立“规范性”价值，试图通过机制和法理的力量规制欧洲秩序，乃至影响全球安全格局。在欧盟内部，这一理念被广泛接受，从而形成了一个特殊的区域社会，遵从一定的社会价值观和行为准则，基本实现了没有战争、不动用武力、国家边界稳定等和平秩序所要求的主

---

① R. 萨科瓦，(2016)，世界秩序：俄罗斯的视角，《俄罗斯研究》，第 2 期，51。

② 同上。

③ 伊万·克拉斯蒂夫 & 马克·莱昂纳多（著），袁超（编译），(2015)，破碎的欧洲秩序之梦，《社会科学报》，7 月 23 日，第 007 版。

要目标。他们因此相信，这种模式具有可移植性，应在全欧范围内进行推广，甚至影响世界。因此，虽然从现实上，欧盟同意北约的东扩，但这一方面是由于北约东扩从客观上能够塑造传播欧洲价值观的地缘空间，另一方面也是出于欧盟在安全防务事务上对北约的依赖性，这并不代表欧盟同意美国的传统安全理念，即挤压俄罗斯的战略空间，以达到遏制俄罗斯的目的。事实上，欧盟更感兴趣的，是转变俄罗斯的价值观，共同建设欧洲模式的和平秩序；欧美之间存在深层次的认知差异：对于大多数美国人来说，西方国家在军事和经济上的优越性是赢得冷战的关键因素，是 20 世纪 80 年代的军备竞赛将苏联推向失败的边缘，但对于大多数欧洲人来说，西方国家能在冷战中获得最终胜利主要源于欧洲的自由理念和传统①。这就导致了欧洲人在充分依赖北约提供的安全保障之余，从未放弃欧洲自身安全机制的建设。

2. 俄罗斯的崛起和因此导致的认知改变。冷战期间的对称性终结，使西方的机制和理念占据了主导地位，并长期忽视俄罗斯及其对新世界秩序的诉求②。这种诉求在冷战刚刚结束时，被俄罗斯的民主化改革的需要遮掩下去了，但从未真正消失。在俄罗斯转型之后，又重提该诉求，这就向现时占主导地位的西方和平秩序提出了挑战。

3. 全球战略重点的转移。尽管欧洲一直都只是美国拥有利益的众多地区之一，或许都不是最重要的区域③，在目前全球战略重点从大西洋向太平洋地域转移的情况下，这种情况显得更加明显。欧洲有理由担心，美国不把欧洲的安全利益放在重要位置考虑，甚至为了获取其他区域的利益而牺牲欧洲的稳定和和平。例如目前就有不少欧洲媒体认为，欧洲难民问题根源上是美国的战争政策所导致的，美国为了维持它在中东的利益，罔顾周边国家和欧洲的安全与稳定④。与此同时，美国则批评欧洲在安全防务方面投入太少。

4. 安全环境的复杂化。目前，国际安全格局远未成型，新型威胁层出不穷。单一的美国和北约模式已经无法应对所有类型的国际冲突。仅就乌克兰事件而言，俄罗斯在事实上帮助了克里米亚的独立，造成了东乌克兰的冲突和动乱，但

---

① 伊万·克拉斯蒂夫 & 马克·莱昂纳多（著），袁超（编译），(2015)，破碎的欧洲秩序之梦，《社会科学报》，7 月 23 日，第 007 版。

② R. 萨科瓦，(2016)，世界秩序：俄罗斯的视角，《俄罗斯研究》，第 2 期，54。

③ 伊万·克拉斯蒂夫 & 马克·莱昂纳多（著），袁超（编译），(2015)，破碎的欧洲秩序之梦，《社会科学报》，7 月 23 日，第 007 版。

④ Weiland, S. Die USA und die Flüchtlinge: Eine Supermacht versteckt sich. Retrieved September 16, 2017, from http://www.spiegel.de/politik/deutschland/a-1051444.html

由于俄罗斯采取了非传统的支援形式，未发动传统战争，北约也不能做出任何实质性行动。目前为止，以德国主导的谈判、多边合作、经济制裁、国际仲裁机构介入等危机处理方式才是推动解决乌克兰危机的重要手段。

因此，在安全防务层面主要依赖美国和北约之余，欧洲也在以自己的理念建构更为错综复杂的欧洲和平秩序。并逐渐形成了以“相互交织的机制”（interlocking institutions）为核心要素的新型和平秩序①。在这种“相互交织的机制”模式下，转型后的北约占据主导地位，欧盟则在更加“欧洲相关”的问题上发挥作用。为了能够达到“欧洲人解决欧洲事”的目的，欧洲先后在政治实践中建立了不同功能、不同目标的安全机构（如西欧联盟、欧安组织等）。但事实上，上述机构目前为止都不具备实质性的危机解决能力，欧洲事务依然需要依靠北约解决，欧洲人建立的组织只具备辅助性或者论坛性作用。

这种理念和现实的差异导致了欧洲所设想的“相互交织的机制”正在往“相互制约的机制”（interblocking institutions）方向发展②：北约和欧盟相关机构共存于建构中的欧洲和平秩序框架下，却欠缺明确的功能或者地理分界，拥有在很多层面上都相互重叠的任务目标。在执行同一个任务时，不同机构经常派出来自同样几个国家的军事力量或维和部队，但彼此间并不存在正式规范的信息共享、安全保障或合作模式③。

尽管存在上述差异，也存在许多批评的声音，但直到乌克兰事件之前，“相互交织的机制”依然是欧洲和平秩序的制度建设方向，以美国主导、欧盟国家为辅的跨大西洋联盟也依然是欧洲和平秩序的核心建构者和规则制定者。而在这种和平秩序框架中，俄罗斯一再被边缘化，它被动地接受西方国家所制定的游戏规则，无法实现自己的秩序诉求，外交空间逐渐被挤压。有学者指出，冷战中存在的东西分割线并没有消失，只是东移了，乌克兰危机则再次引发了隐形“分界线”的移动④。

针对这次东移，俄罗斯做出了强烈反应，欧洲和平秩序因此受到冷战以来最大挑战。它不但挑战了欧洲和平秩序的重大合法性，而且究其实质，这还是俄罗

---

① Berndt, M. (2007). Die „Neue Europäische Sicherheitsarchitektur“: Sicherheit in, für und vor Europa? Wiesbaden: VS Verlag für Sozialwissenschaften, 128.

② Berndt, M. (2007). Die „Neue Europäische Sicherheitsarchitektur“: Sicherheit in, für und vor Europa? Wiesbaden: VS Verlag für Sozialwissenschaften, 131.

③ Weisbrode, K. EU and NATO: Interlocking or interblocking? Retrieved September 16, 2017, from http://www.atlanticcouncil.org/blogs/new—atlanticist/eu—and—nato—interlocking—or—interblocking

④ 戴启秀，(2015)，乌克兰危机对德俄关系及全球格局的潜在影响，《国际观察》，第2期，112。

斯与几乎所有西方对手之间的一场重大较量，它将影响欧洲范围乃至全球范围的权力转移和格局重构①。

第三节　俄罗斯对欧洲和平秩序形成的挑战

如上所述，乌克兰危机说明，欧洲和平秩序遭到了前所未有的挑战。正如亨利·基辛格所描述的那样，国际秩序的活力在于合法性与权力的动态平衡。而“当平衡被打破，限制消失，国际社会出现了代价高昂的声索和难以和解的竞争对手时，混乱就会随之而来，直至一个新的秩序建立起来为止。”②

在乌克兰危机中，俄罗斯作为“难以和解的竞争对手”，对现有欧洲和平秩序形成结构性挑战。这是因为经过冷战后将近四分之一个世纪的努力，俄罗斯仍然无法融入现有的欧洲—大西洋安全结构体系之中，它过于庞大和独立，难以成为“大西方”（an expanded west）的一个部分③。但它同时不甘于被边缘化，有着建构欧洲乃至全球新秩序的诉求。而原有欧洲和平秩序自身的局限和矛盾在遇到外部挑战时被凸显出来，也开始反思应如何构建新的和平秩序，以从制度上彻底解决俄罗斯所带来的结构性问题。2015 年的慕尼黑安全会议便以“崩塌的秩序，不情愿的保护者”为主题，将乌克兰危机视为对后冷战格局的一次重大调整，其主要要解决的就是俄罗斯对旧秩序的挑战问题。

综合来看，俄罗斯的行为对现有欧洲和平秩序造成了如下关键性挑战：

1. 和平秩序的基本原则和合法性之争。乌克兰事件发生后，西方国家和媒体纷纷谴责俄罗斯破坏了欧洲和平秩序的基本原则，以及战后国际条约和国际法。前者主要指《新欧洲巴黎宪章》中所确定的“欧洲国家边界的不可侵犯”“对欧洲国家主权的尊重”和一个“民主、和平、团结的新欧洲”，后者则主要指 1975 年《赫尔辛基最后文件》中所规定的“不使用武力、互相尊重领土与主权完整”，以及 1994 年的《布达佩斯备忘录》中所保障的“乌克兰独立和领土完整”④。在西方国家看来，俄罗斯的行为违反了冷战结束以来不以武力改变政治边界的规则，因此使西方国家致力建设的合作性欧洲安全秩序的基石受到破坏，开启了欧洲内部对抗和不稳定的新时代。俄罗斯在克里米亚的行为表明，只有当

---

① 冯绍雷，(2014)，乌克兰危机长期延续的原因和影响，《欧洲研究》，第 6 期，2。

② R. 萨科瓦，(2016)，世界秩序：俄罗斯的视角，《俄罗斯研究》，第 2 期，47。

③ 同上，48。

④ 吴志成，(2014)，乌克兰危机对欧洲秩序的影响，《欧洲研究》，第 6 期，22。

西方国家制定的秩序和规则没有侵犯俄罗斯的原则利益时，俄罗斯才会予以遵守，一旦与其基本安全利益相悖，俄将悍然违反这种规则，破坏现有秩序。俄罗斯不愿失去在“后苏联地区”的影响力，在欧洲和平秩序层面，俄罗斯与西方国家所追求的秩序目标是不相符的，因此，西方国家有理由认为，即使乌克兰危机最终缓和，一旦有类似情况出现，俄罗斯还将做出相同的选择：对现有秩序提出挑战，以实现符合俄罗斯国家利益的新秩序诉求①。因此，普京治下的俄罗斯属于“修正主义国家”，即谋求改变现状的国家②。

针对这种看法，俄罗斯方面则认为，西方国家目前所建构的欧洲和平秩序，本身就是对冷战后初期设想的一种修正，与《新欧洲巴黎宪章》中所规定的“一个民主、和平、团结的新时代”有本质区别。俄罗斯为摆脱冷战所做的努力，没有在制度安排上得到认可；众多的理念，如建立欧洲安全议会等新机构，在平等的基础上管控潜在冲突等，都未能落实。西方国家以“建构新欧洲和平秩序”为幌子，实际上是在促使西方势力范围的不断扩大，占领空间，以实现“大西洋一元主义”，使欧盟成为欧洲主导性的政治机构，北约成为首要的安全机构，大西洋共同体的价值观成为主流的意识形态③。因此，俄罗斯的做法并没有挑战国际法和国际治理体系，而仅是反对“霸权”国家在现实操作中滥用这些规则。同时，在乌克兰事件中，俄罗斯挑战的也并不是欧洲和平秩序的原则，而只是这些原则的实际操作。通过这种挑战，俄罗斯希望重新成为欧洲命运的共同缔造者，这并不违背《新欧洲巴黎宪章》，反而是在重铸《新欧洲巴黎宪章》的原则和理念，从这个角度来说，俄罗斯应属于“新修正主义国家”（neo－revisionist）即针对已经偏离既定原则的现状进行批判，并试图改变现状，使之重回原有秩序的国家。

笔者认为，不能简单界定国际秩序的“修正现状国家”和“维持现状国家”。也不能由于美国和欧洲是当前主流欧洲和平秩序的制定者，俄罗斯是崛起国，就认为俄罗斯一定是“修正主义”。因为全球或地区性的霸权势力也有可能借助其实力优势，进一步改变现状，使其朝着更有利于自己的方向发展④。冷战后欧洲

---

① Major，C. & Puglierin，J.（2014）. Eine neue Ordnung：Der Ukraine－Konflikt stellt die Weichen für Europas Sicherheit. IP Magazin，2014（11/12）：62－63.

② 所谓“修正主义国家”指对现行国际秩序不满，受到现状的阻碍和压迫，从而要求条约、边界和领土变化，以便重新分配权力的国家。它相对的概念是“现状国家”，即对现行国际制度满意的国家。（参见：钟准，（2016），内战、干预与国际秩序：重新审视乌克兰冲突，《国际关系研究》，第3期，79）。

③ R. 萨科瓦，（2016），世界秩序：俄罗斯的视角，《俄罗斯研究》，第2期，51－54。

④ 钟准，（2016），内战、干预与国际秩序：重新审视乌克兰冲突，《国际关系研究》，第3期，79。

和平秩序的发展是一个复杂的过程，乌克兰事件前所建立的欧洲和平秩序，以及其未来潜在的发展方向无疑有利于美国和欧盟，但它与冷战刚刚结束时，《新欧洲巴黎宪章》中所规定的欧洲整体和平规划并不完全一致。俄罗斯并未成为欧洲和平秩序的平等建构者，只成了大西洋规则的被动接受者。随着俄罗斯的崛起，它的诉求越来越难以被忽视。因此，乌克兰事件究其实质，是对冷战后欧洲地区的原有安全制度设计的一次考问，是欧洲和平秩序未来发展前景的分水岭。建立一个新的、对俄罗斯具有吸引力的欧洲和平秩序，已经成为欧洲安全日程上的核心工程①。

2. 和平秩序的实现路径之争。乌克兰危机中所凸显出来的另外一个问题，是欧洲和平秩序的各保障机构中所存在的矛盾和问题，在面对俄罗斯时被尖锐化了：针对这样一场完完全全属于“欧洲事务”的危机，美国认为，应当由欧盟作为主导力量。此外，俄罗斯在乌克兰危机中更多使用非传统军事力量，而北约的优势在于传统军事力量，对于混合性危机应对能力不够②；由于乌克兰危机的解决与欧盟国家利益太过息息相关，欧盟内部对如何应对乌克兰事件意见并不统一，造成行动力低下、政策执行不坚定且几乎不可能采用军事手段的局面；欧盟与俄罗斯经济上的联系和交流并未实现“以经贸促改变”（Wandel durch Handel）的既定目标，反而是欧盟国家在能源上对俄罗斯的依赖使欧盟的经济制裁效果大打折扣，“伤敌一千，自损八百”。

从俄罗斯的角度而言，由于俄对于欧盟和北约的信任早已大打折扣，俄本身的传统现实主义安全观也更认可国家行为体的作用，因此，俄更愿意与国家，而非与国际机构打交道。因此，到目前为止，真正在乌克兰危机解决过程中起到实质推动作用的只有国家间政治谈判，且主导谈判的国家除事件直接参与国外，均为全球或地区强国。无论是欧盟、欧安组织，还是北约，在该过程中均只起到了次要作用。

综上，根据赫德利·布尔所提出的国际秩序的五种维持方法论，乌克兰事件的解决目前依靠的主要是传统外交和大国管理的方式，而非欧盟所设想的在国际法和区域秩序框架下，基于多边机制共同合作解决。事实上，就连德国这个最为强调多边秩序的国家，在面对俄罗斯时，都更多采取国家首脑间一对一交流，以

---

① 马克·伦纳德 & 伊万·克劳斯提夫，（2012），让欧盟团结·让俄罗斯后帝国化·让土耳其欧洲化，《21世纪经济报道》，5月3日，第015版《多极化欧洲的幽灵》。

② Major, C. & Puglierin, J. (2014). Eine neue Ordnung: Der Ukraine—Konflikt stellt die Weichen für Europas Sicherheit. IP Magazin, 2014 (11/12): 67–68.

及国家间互访和谈判等传统双边外交模式。有学者指出，乌克兰危机使得国际事务中的“再民族国家化”（Renationalisierung）倾向抬头①。而这对于目前在军事力量和安全驻防上已经完全弱化的欧盟国家来说，是很危险的趋势。如何设法加强欧洲团结，明晰各安全机构和国家层面的分工，使冷战后建立起来的欧洲多边和平机制不至于因为乌克兰危机而从根本上被动摇，是俄罗斯给欧洲和平秩序提出的另一深层次问题。

3. 欧洲和平秩序建构者内部矛盾的凸显。乌克兰危机实质上是俄罗斯从外部对原有大西洋模式的欧洲和平秩序提出的一次挑战，但它却同时将大西洋盟友之间本身存在的矛盾摆到了台面之上。这其中包括欧美矛盾，也包括欧盟内部的矛盾。有学者认为，在面对俄罗斯时，美国和欧盟的秩序建构目标是不一样的。欧盟国家更害怕俄罗斯为欧洲带来安全威胁，因此更希望能够通过与俄罗斯合作而非对抗的方式维系欧洲和平。因此，尽管北约和美国对欧洲的安全保障对于欧洲秩序的存续至关重要，但它同样也威胁到欧洲的内部整合②。与此同时，即使在欧盟内部，中东欧国家和西欧国家针对如何应对俄罗斯的问题也有千差万别的回答。

此外，俄罗斯对于战略多元主义的呼唤对原本占主导地位的大西洋共同体价值观提出了挑战，并在一定程度上符合世界新兴力量的权力重构诉求，也造成了原有秩序利益既得体内部的反思。甚至有西方学者认为，西方所谓的“规范性工程”（das normative Projekt des Westens）不过是一种“唯我独尊的意识形态”，是“西方国家试图为整个世界代言”，一种“历史性的狂妄”，它不是建立在“更高的道德标准”，而是建立在“强权”的基础之上③。这种观点虽然只占少数，但乌克兰危机后，对俄罗斯表示同情和理解，认为西方政治精英应当反思自身做法的欧洲人不在少数④。

---

① Major，C. & Puglierin，J. (2014). Eine neue Ordnung：Der Ukraine－Konflikt stellt die Weichen für Europas Sicherheit. IP Magazin，2014 (11/12)：67.

② 伊万·克拉斯蒂夫 & 马克·莱昂纳多（著），袁超（编译），(2015)，破碎的欧洲秩序之梦，《社会科学报》，7月23日，第007版。

③ Augstein，J. Auferstehung West? Spiegel online，Retrieved January 21，2016，from http：//www.spiegel.de/politik/ausland/augstein－kolumne－auferstehung－des－westens－in－der－ukraine－krise－a－965390.html

④ 李微，(2015)，德国眼中的俄罗斯形象，见刘立群等编，《欧债危机背景下的德国与欧盟》。北京：社会科学文献出版社，89－103。

小　结

欧洲和平秩序是在冷战结束之后，为了顺应新的全球及欧洲国际环境及政治的变化，由美国和欧洲主要国家行为体逐步建构起来的、规范国与国之间行为方式，以实现全欧地区和平和稳定的区域社会原则。它以《新欧洲巴黎宪章》为起点和初始设计方案，即在“冷战造成的分界线已经彻底消失”的前提认知下，试图以西方国家传统价值观为核心、以维持欧洲整体和平为最高目的、制订出具有约束力的国际准则，要求“从温哥华到海参崴”的所有国家均同意并遵守上述目标和准则，以在合作而非对抗的环境中，实现新的欧洲整体和平秩序。

但在现实政治操作过程中，这种理想化的欧洲和平秩序观并未得以实现。俄罗斯在冷战后初期的妥协并未获取西方国家的信任和尊重：美国依然将俄罗斯视为假想敌；欧共体/欧盟一方面希望得到俄罗斯的支持，另一方面却依然对俄抱有戒心，同时无法摆脱美国的影响；中东欧国家由于与俄的特殊历史关系，在安全上依附美国。因此，欧洲逐渐形成了以北约和欧盟为主导机构、以大西洋共同体价值观为指导理念、以东扩为推广模式的多边安全合作机制。在此过程中，俄罗斯并未成为该和平秩序的平等建构者，而是逐渐被边缘化了。欧洲形成了“以北约为首的强势西方”“弱势的俄罗斯及其势力范围”和“缩小的欧洲中部”(schrumpfendes Zwischeneuropa) ①版图。而乌克兰危机的出现，则是俄罗斯对这种制度安排不满的集中爆发，形成了对原有和平秩序的结构性挑战。

在上述背景下，德国学界和政界都将俄罗斯在乌克兰事件中的行为界定为“对欧洲和平秩序的破坏”。其法律依据是《新欧洲巴黎宪章》，认为俄罗斯违反了冷战后欧洲和平秩序中的基本原则之一，即不使用武力改变国与国之间的边境。尤其针对乌克兰问题，德国认为，由于俄、美、英、乌在 1994 年 12 月 5 日签订了《布达佩斯安全保障备忘录》，乌克兰承诺妥善处理或销毁当时苏联遗留下来的武器，而俄罗斯则承诺对乌克兰的领土安全提供保障，因此，俄罗斯对乌克兰的进犯行为也违反了这项国际条例。由于欧洲和平秩序的基础是建立在所有欧洲国家都自觉遵守国际法规之上，俄罗斯的行为破坏了多项国际法，并打破了冷战之后从未有欧洲内部国家互相开战并改变欧洲疆界的局面，因此，德国设想

① Müller, H. (2015): Konturen einer neuen europäischen Friedensordnung. Zeitschrift für Politik, 2015 (3): 311.

下的“欧洲和平秩序”被彻底打破，德国的安全环境遭到重大改变。欧洲和平秩序的重新建构迫在眉睫。

但即使如此，德国绝大部分政治精英和学术精英都认为，在当前世界格局下，欧洲和平秩序的建构不可能离开俄罗斯，一旦与俄为敌，欧洲的持久和平就无法实现。因此，乌克兰危机发生之后，德国展开激烈探讨，其要解决的核心问题就是：如何在“包含俄罗斯”的情况下，重构欧洲和平秩序。目前为止，德国学界已经发表了一系列论文，提出多种理论视角，以解决新欧洲和平秩序中俄罗斯的位置和作用问题，德国政界也在外交实践中，通过政治对话、经济制裁、多层次交流的方式，继续与俄罗斯沟通，试图通过政治和外交途径，重新在德俄、欧俄之间建立互信和合作的平台，以在未来重新将俄罗斯拉入欧洲和平秩序的建构进程之中，最终实现德国的欧洲和平秩序观。

第三章

德国的欧洲和平秩序观：理论依托

德国的欧洲和平秩序观，指的是德国人（尤其是所谓政治精英和学术精英）关于欧洲和平秩序的观念和思考。它基于德国对于管理欧洲国家间关系的制度安排和国际体系格局的主观偏好，也是德国观察当前欧洲和平秩序变化趋势作出的相对客观的反映。

在本节中，笔者将主要探讨德国学术界和政界对欧洲和平秩序的界定、对俄罗斯挑战的反应以及对在欧洲和平秩序框架下如何改善德俄安全关系、如何在"包含俄罗斯"的情况下重构欧洲和平秩序的论争。

第一节　乌克兰危机之前的欧洲和平秩序研究

自威斯特伐利亚体系成为民族国家建立后第一个欧洲秩序以来，欧洲大陆上就一直经历着战争→和平秩序→再次战争→下一个和平秩序的循环。但直至冷战结束之前，欧洲土地上的和平秩序都是基于战争结果、依照战胜国构想、在欧洲民族国家之间进行新一轮权力和势力范围划分，以传统现实主义安全观中的均势理念为指导思想，以避免新一轮战争再次发生为目的的权宜之计。由于这些和平秩序都是基于战争刚刚结束后区域内的力量对比，因此，一旦该力量对比发生变化，旧有秩序的利益受损者就会设法向该秩序发起挑战，甚至不惜以国家间战争的方式，试图建构起符合崛起国利益的新秩序。

第二次世界大战结束后，随着美苏两个超级大国的出现，形成了以两极对立为基本特征的雅尔塔国际体系，欧洲大陆也被包含在其中。但与此同时，在联邦德国学术界和政治实践中都出现对战争的反思，以及对"持久和平"的向往。并在这种反思和向往的基础上，开始探索如何削弱民族国家的意义，建立超国家性质行为体，以多边合作和对话的形式破除欧洲国际关系中的"零和"局面，以探寻新欧洲和平秩序的出路。

这种探索在冷战期间举步维艰。面对军事力量强大的苏联和华沙组织，同时面对自身的分裂局面，德国学术界考虑更多的是如何实现德国外交正常化，安全上受北约的保护，经济上努力发展西欧经济一体化。

随着冷战的结束，上述情况有了翻天覆地的变化。一方面，西方价值观的胜利、新兴俄罗斯展现出来的“回归西方”的倾向，都使西欧国家，尤其是位于冷战前沿地带的德国看到了将欧洲一体化进程向东扩展的希望；另一方面，德国和欧洲法律层面上的统一和最大安全威胁的消失使德国看到了纵深发展欧洲合作直至实现全欧和平秩序、“欧洲人决定欧洲事”的可能。在上述前提下，德国学术界开始真正探索欧洲框架下的和平秩序建构。

在最初的冷战后欧洲和平秩序设想中，许多德国人都期待在全欧范围内，诞生一个如同北约一般的集体安全机制，并希望借此促进和保障统一的德国与其欧洲邻国之间的多边融合（multilaterale Integration）进程。这个集体安全机制应当在转型和改革后的欧安组织基础上诞生[①]，它应当保障欧共体的纵深和外向发展，以最终在全欧范围内加以推广。

这种设想很快被证明是不现实的：北约并未因为华约的解散而相应退出历史舞台，反而直至今日仍是保障欧盟安全的最重要机构，欧安组织成为松散的交流论坛，在实际安全问题的处理上几乎起不到什么作用。

尽管如此，德国学者依然认为，新的欧洲和平秩序还是应当建立在集体安全和欧洲融合的基础上。转型后的北约与不断东扩的欧盟形成“相互交织的和平机制”，以实现《新欧洲巴黎宪章》中所设想的“从温哥华到海参崴的和平秩序”[②]。但这种“相互交织的和平机制”在政治实践中遇到了许多问题，使得德国学者在欧洲和平秩序的大命题下需要不断思索下列问题：

1. 欧洲的地缘边界在哪里？或者更直接的是：该欧洲和平秩序是否适用于俄罗斯？目前为止，绝大部分德国学者都认为应当与俄罗斯一起而非排除俄罗斯建构欧洲和平秩序，但他们又认为，现在的俄罗斯并非民主国家，外交上依然秉持传统现实主义地缘政治理念，因此欠缺建构德国设想中的欧洲和平秩序的能力[③]。为了解决这个问题，德国学者普遍认为，应设法促进俄罗斯国内的民主改

---

① Voigt, K. D. (2012). Europäische Friedensordnung: Interessen und Ziele Deutschlands, Russlands und der USA. IPG, 2010 (2): 131.

② Müller, H. (2015): Konturen einer neuen europäischen Friedensordnung. Zeitschrift für Politik, 2015 (3): 306.

③ 李微，(2015)，德国眼中的俄罗斯形象，见刘立群等编，《欧债危机背景下的德国与欧盟》。北京：社会科学文献出版社，89—103。

革进程，使俄罗斯主动接受西方价值观，从而依照西方模式合作建构欧洲和平秩序。但乌克兰危机表明，目前为止，该尝试尚未成功。

2. 维持该秩序的机构是什么？如前所述，冷战后逐渐形成了以北约为首、欧盟为辅，佐以欧安组织等论坛性机构的“相互交织的机制”。但各机构之间职能不清、委任不明的问题在乌克兰危机中被凸显出来。尤其在欧洲和平秩序层面，德国和美国、德国和其他欧盟国家的设想目标并不一致，如何解决联盟内部矛盾，确立真正能够保障全欧和平秩序的机构和平台，是一个亟须解决的问题①。

3. 如何解决欧盟本身的合法性问题，保持欧洲和平秩序的先进性，使欧洲模式一方面在内部继续被稳固下来，另一方面对外部新兴国家具有更大吸引力，从而最终影响国际秩序，使欧洲再次成为国际关系的中心地带。

4. 在欧洲和平秩序的建构过程中，德国应当扮演的角色、起到的作用是什么？

除了要解决这些核心概念问题之外，欧洲国际政治中不断出现的新情况、新困境也为德国学者提出了新挑战。因此，在冷战之后的十几年中，德国学者将欧洲和平秩序这个大命题拆分出了不同的层次，一方面以深入的理论思索为导向，研究诸如“和平与冲突的理论与实践②”“如何通过建立安全机制实现全欧和平③”“后冷战和平秩序中的德国定位④”“欧洲的认同：法制、文化和规范探索⑤”“欧洲集体安全理念⑥”等问题，另一方面则以现实中出现的问题为导向，

---

① Berndt, M. (2007). Die „Neue Europäische Sicherheitsarchitektur“: Sicherheit in, für und vor Europa? Wiesbaden: VS Verlag für Sozialwissenschaften, 128—129.

② Abela E. & Alfs, M. (1995). Wissenschaft für den Frieden? Das schwierige Theorie—Praxis—Verhältnis der Friedens— und Konfliktforschung. Münster: Münster Verlag.

③ Bauer, P. (2000). Frieden durch Institutionen? Die Rolle von EU, NATO und OSZE fur Osteuropa. In Oberburgermeister der Stadt Osnabruck/Prasident der Universitat Osnabruck (eds.): Friedlicher Wandel im Osten Europas? (Osnabrucker Jahrbuch Frieden und Wissenschaft: VII). Osnabruck, 137—152.

④ Karl, W. (1991). Das Ende der internationalen Nachkriegsordnung in Europa. Vom Ost—West—Konflikt zur hegemonialen Integration unter der Fuhrung Deutschlands? In PROKLA, 21 (84): 417—442.

⑤ Bideleux R. (2001). What does it mean to be „European“? The problems of constructing a pan—European identity. In Smith, M. & Timmins, G. (eds.) Uncertain Europe. Building a new European Security Order? London: Routledge, 20—40.

⑥ Meyn, K.—U. (1978). Das Konzept der Kollektiven Sicherheit. In Schwarz, K.—D. (eds.) Sicherheitspolitik. Analysen zur politischen und militarischen Sicherheit. Bonn: Osang Verlag, 111 129.

开展对“冷战后北约的转型①”“欧安组织的历史和功能②”“欧盟共同外交与安全政策研究”“欧盟军事力量建设③”等具体政策实践的技术性研究。

可以说，直至乌克兰事件之前，只有少数德国学者将“整体欧洲和平秩序”作为核心研究对象，这其中，较为重要的包括卡斯滕·福格特和米夏埃尔·伯恩特（Michael Berndt）。

一、福格特的欧洲和平秩序三支柱

2010年，福格特发表了题为《欧洲和平秩序：德国、俄罗斯和美国的利益和目标》④ 一文。在该文中，他指出，一个长期持续的欧洲和平秩序只有在充分考虑到德国、俄罗斯和美国三国的利益情况下才有可能实现。他由此分析了现存欧洲和平秩序的几个支撑机构，并指出这些机构各自的优势和缺陷：

——欧盟作为功能上最为全面的机构，在地理上却没有覆盖整体欧洲。尤其是俄罗斯，在可预见的未来俄罗斯都不可能加入欧盟。

——北约在安全防卫能力上具有较强实力，但与欧盟一样，不可能吸纳俄罗斯，且其一旦向高加索地区扩张，还会引发俄罗斯的反弹。

——欧洲委员会在地理范畴上覆盖俄罗斯，且它致力于在共同原则、相互理解、共建法治国家、尊重人权等基础上打造整体欧洲秩序，有助于在外交和安全政治层面构建互信的平台。

——欧安组织则从冷战时期开始就是西方国家与苏联之间进行协商的论坛，是世界上唯一一个包括所有欧洲国家在内并将它们与北美洲联系到一起的安全机构。在它的框架下各国达成的统一的规范性原则是理想的欧洲和平秩序基础。但上述两个组织均不具备维护安全的实力。

因此，欧洲现在所需要的，是建构一个被广泛欧洲国家所接受的、对所有欧洲国家能够形成约束力的、持久的和平秩序。

---

① Berndt, M. (1999). Die NATO—Osterweiterung und ihre Bedeutung fur Frieden und Sicherheit in Europa und den internationalen Beziehungen. In Imbusch, P. & Zoll, R. (eds.) Friedens— und Konfliktforschung. Eine Einfuhrung mit Quellen, Wiesbaden, VS Verlag für Sozialwissenschaften, 399—419.

② Borchert K. (2000). Wie die OSZE durch inter—institutionelle Zusammenarbeit wirksamer sein konnte. In Lutz, D. S. & Tudyka, K. P. (eds.) Perspektiven und Defizite der OSZE. Baden—Baden: Nomos Verlagsgesellschaft, 17—46.

③ Klingbeil L. & Schafer P. (2001). Neues vom Aufbau der EU—Militarunion. Wissenschaft und Frieden 19 (3): 47—50.

④ Voigt K. D. (2010). Europäische Friedensordnung: Interessen und Ziele Deutschlands, Russlands und der USA. IPG, 2010 (2): 131—136.

从德国的角度而言，福格特认为，德国正处在数百年以来最为和平友好的外部环境中，其领土周围围绕着朋友、合作伙伴和盟友，德国所面对的安全威胁只存在于多边背景之中（im multilateralen Kontext），而非直接涉及德国本土。由于历史原因，德国人民不愿意过多在国际舞台上追寻权力和影响力。正因如此，德国是最适合充当中间力量，促使欧盟与俄罗斯、北约和俄罗斯之间形成更紧密合作关系的国家：它不被俄罗斯的力量所威胁，同时也不威胁到俄罗斯。

与此同时，德国早已是北约和欧盟的一部分。德国希望未来的欧洲和平秩序依然以这两个机构为基础和核心。这意味着，德国的目标在于，通过贸易、投资、跨国基本设施建设项目（能源和交通领域）、积极的文化交流、达成更多安全政治和削减军备方面的协议等形式，使俄罗斯尽可能地与欧盟和北约国家联系在一起。此外，德国也致力于使俄罗斯在打击国际恐怖主义、抑制核扩散风险、对抗全球气候变化等层面成为西方国家更紧密的伙伴，并最终使俄罗斯与西方联盟在安全政治上形成更紧密的合作。为了达成以上目标，德国认为，俄罗斯应当首先进行国内改革，以接受民主、法治和人权等西方价值观。与一些其他西方盟友不一样，德国认为，外部的压力不能取代内部的改革愿望。

福格特在文中承认，在面对俄罗斯时，美国与德国的视角和出发点并不一致。首先，对于德国来说，俄罗斯是欧盟和北约东部边境之外最大的机遇和挑战，而对于美国来说，这一角色由中国担任。一方面，中国在全球范围内已经对美国形成挑战，甚至威胁，另一方面，除了在核领域之外，在几乎所有全球问题、许多地区问题和经济领域中，中美合作都要比美俄合作具有更高优先级。其次，美俄在贸易、双边投资、文化交流和旅游业等方面的关系远不如德俄那么密切。因此，比起美国来，德国更希望与俄罗斯合作而非对抗。虽然在奥巴马执政期间，美国也逐渐关注在一些特定领域（如削减核军备、防止核扩散和对抗全球恐怖主义等）与俄罗斯展开务实的合作，并在分歧问题上放缓脚步（如在波兰和捷克部署反导系统以及促使乌克兰和格鲁吉亚加入北约），但美国始终对俄罗斯国内发展和外部行为抱有较大疑心，美国国会或政府也不承受任何来自美国社会要求“切实迈开建设新泛欧和平秩序步伐”的压力。

在针对俄罗斯的问题上，波兰、巴尔干国家和其他中东欧国家的态度与美国类似，但出自不同的理由：对中东欧国家来说，俄罗斯在其对外政治上的优先级要高于俄罗斯之于德国，远远高于俄罗斯之于美国。但与此同时，这些国家也更直接地感受到俄罗斯所带来的安全威胁。它们不完全拒绝与俄合作，但对获得西方国家安全保护的需求超出了对与俄合作的需求。在欧洲和平秩序的建构上，中东欧国家对俄罗斯始终抱有的戒心使它们很难将俄视为平等力量。

但德国却认为，“俄罗斯的建构性角色（konstruktive rolle）是构筑一个稳定的、持续性的欧洲和平秩序的前提条件”，为了达成该条件，俄罗斯应当试图打消周边小国的疑虑，尊重“后苏联国家”的独立自主权利，以实际行动向世界证明，俄罗斯并未走在修正主义的道路上。这样，俄罗斯才能被西方国家接受，平起平坐地建构包含俄罗斯的欧洲和平秩序。

二、米夏埃尔·伯恩特的欧洲安全架构理论

伯恩特以欧洲整体安全架构作为主要研究对象，并就此发表了数篇学术论文、出版数本著作，形成了一整套系统的论述①。在他的论著中，虽然并未以“欧洲和平秩序”为主要考察对象，而是研究“秩序的载体”：即欧洲安全架构（Sicherheitsarchitektur）。重点讨论应当由哪个或者哪几个维持和平的机构来共同承载欧洲安全，但在这一系列著作中，他追本溯源，首先研究了欧洲和平秩序的学术研究途径以及研究成果。并探讨在不同和平秩序的建构过程中，哪种安全架构最为适合和平秩序的长久维持。

其中，他的《新欧洲安全架构：欧洲内部安全、欧洲所面临的安全、抑或为了欧洲的安全》（Neue Europäische Sicherheitsstruktur：Sicherheit in，vor oder für Europa）② 一书可算其学术思考集大成的著作。在该书中，他将目前主流的区域秩序理论研究分为以下三类：

第一种被伯恩特称为目标理性型现实制度主义（zweckrationaler realistischer Institutionalismus）。该研究思路从问题解决（problem solving）视角出发，研究目前现存的国际关系和秩序，并主要思考如何使之更有效（effektivieren）。

第二种被称为机制性联邦德国和平研究模式（institutionalisierte bundesdeutsche Friedensforschung），该研究范式主要持批判性视角。批判现存国际和平秩序的问题，因此，使现有国际秩序更有效（effktivierung）反而会加重问题。

---

① Berndt M.（1996）. Was heißt hier Sicherheitsarchitektur? In Calließ, J.（eds.）Der Aufbau einer europäischen Sicherheitsarchitektur, Rehburg－Loccum：Evang. Akad. Loccum, 314－322. /（2002）. Eine neue europäische Sicherheits－Architektur? In Luedtke, R. －M.（eds.）Frieden im Schatten von Terror und Krieg, Kassel, 93－104. /（2004）. Sicherheit für Europa und Sicherheit vor Europa － Konsens in der Neuen Europäischen Sicherheitsarchitektur als Hindernis für Frieden und Sicherheit in den internationalen Beziehungen, Münster.

② Berndt M.（2007）. Die „ Neue Europäische Sicherheitsarchitektur “：Sicherheit in, für und vor Europa? Wiesbaden：VS Verlag für Sozialwissenschaften.

因此，批判性视角的重点是要改变现有秩序。

他认为，第一种思路是固有的、内在的（immanent）：它接受目前现有的国际关系，接受它是一种统领性的秩序模式；第二种思路是超验的（transzendent）：它将目前占据决定性地位的国际秩序放在规范理念（normative Vorstellungen）上进行衡量，而上述规范性理念并不从现存国际秩序中推导而来。

第三种则被称为新葛兰西主义（Neo-Gramscismus）。这种研究方式综合了前两种模式。一方面它分析目前国际秩序的内在规律，另外一方面却使用规范性理念对之进行衡量。在建构和平秩序的过程中，该规范性理念即是和平。因此，必须首先界定何谓和平，再在该理念基础上形成规范。新葛兰西主义的一个流派认为，可以通过霸权形成合理的区域安全架构，并最终保证和平的实现。

伯恩特认为，这三种研究思路都是有利有弊的：

第一种思路的优势在于：

1. 可专注研究参与国家之间的互相依赖性，并有效提高这种互相依赖性，有利于稳固已有的和平秩序；

2. 强调对于国家共识（Konsens）的研究，通过各种方式激发参与国的意愿，使之愿意共同建构一个稳固的安全结构；

3. 以现实的秩序和国际关系为出发点，不高屋建瓴，能实打实地为现有国际社会提供建议和思路。

但其劣势在于：

1. 由于是问题解决导向型思路，所以很难跳脱出固有的思维，看不到现有制度的缺陷，不能尽早放弃不合适的安全结构；

2. 不忌惮运用军事力量：由于该思路认为，“国家意愿”是构建稳固安全架构的重要因素，因此，只要军事手段符合安全架构中大部分国家意愿，该理论就认为这不是一个问题。

第二种思路的优势在于：

1. 军事手段本身就是破坏稳定安全架构的一个重要问题，需要避免。

2. 强调规范性理念：即持续的、稳定的和平。

3. 排斥现有的主导型国家思维，认为现有的欧洲安全架构是这些主导型国家单方面建构的结果，因此，为了引入“不同的声音”，需要有一种对抗性力量，即多边主义。因此该思路也将重点放在研究多边主义上。

其劣势在于：

1. 很少研究欧洲安全秩序的“共同意愿基础”（konsensuale Basis），只讲究最终的美好前景，不顾及现实情况和现有欧洲国家的切实安全利益和思维模式。

2. 虽然以“不采取军事手段”作为出发点，但一旦军事手段是一种“文明战略”（zivile strategie）的一部分时，就变得可以接受了。

第三种思路的优势在于：

1. 在区域霸权的建构过程中，起决定作用的不仅有来自霸权力量的压力，也有来自区域社会的共识要求。但这并不意味着，该共识就一直都会存在，而应当在新的区域秩序中一再巩固这种共识。因此，新葛兰西主义的核心研究要素在于，探讨共识的形成要素，例如使区域成员之间形成集体图景（collective images）。

2. 新葛兰西主义探讨如何实现区域统治组织或力量的合法性，并在研究如何建构国际组织或区域组织方面有杰出成就。

其劣势在于：

1. 在什么才是“合法”，什么是“非法”的问题上，新葛兰西主义并未提出明确答复。另外，一个“符合区域国家/人民共识的”霸权事实上是一个自我矛盾的概念。

2. 新葛兰西主义认为，区域霸权的形成一方面得益于霸权力量（以战争或军事行动的形式）给予其他区域成员的压力，使之被迫同意在霸权力量的统治下形成和平秩序；另一方面，这种压力是获得其他区域成员国家同意的、符合这些国家利益的。如何能做到让区域成员国家心甘情愿地接受霸权国家的武力压迫，是新葛兰西主义难以解释的问题。

在对安全架构是否合理进行分析时，伯恩特采用三种分析视角：安全（securitization）、进犯（violatization）、认同/秩序化（identitization/orderization）。其中，安全视角是指，分析区域内成员国家对安全的理解，以解释为何某种国际事务被理解为安全问题，另外一种国际事务则不被理解成安全问题。此外，分析区域内的某一个具体行为体将某个事件视为国家安全问题，并对之给予高度重视的原因。进犯视角则指，分析哪种国家行为应当被视为武力进犯，哪种行为则应当被视为合理使用武力。认同视角则指，何谓“他者”，何谓“我者”，以及在何种条件下可以实现“他者”到“我者”的转变。在这个视角下，需要进一步分析，在界定了区域国家认同的前提下，分析区域内行为体的秩序观究竟为何。这虽然是两个不同的过程，但事实上却是相互影响的。具有共同认同的国家拥有类似的区域秩序观，具有不同认同的国家则具有不同的区域秩序观。

在上述理论分类的基础上，伯恩特分析了目前欧洲安全架构的合理性和不合理性。从安全、进犯、认同/秩序化几个视角，分别以波斯尼亚战争、科索沃战争、伊拉克战争为案例，探究了欧洲区域内国家不同的安全利益观、对武力行为的看法、自我国家认同以及各自的和平秩序观。但其重点主要放在考察欧洲现有安全架构中各机构在上述三个视角下的合理性和合法性，并未主要探讨欧洲和平秩序的实质和未来。

第二节　乌克兰危机发生后的欧洲和平秩序研究

乌克兰危机发生之后，针对欧洲和平秩序的学术思考开始屡见于世。其中，有学者的个人思考及相应成果，也有群体性的学术研讨结论。如艾伯特基金会于2015年5月4—5日举行的主题为“面对威胁的欧洲和平和安全秩序”（The European Peace and Security Order under threat）的研讨会①。该研讨会有34位来自欧洲和中亚国家，在和平、安全和冲突领域有突出研究成果的学者专家出席。会议提出了三个议题：

1. 以《赫尔辛基最后文件》《新欧洲巴黎宪章》为基础建立起来的欧洲和平秩序已经不再适用了吗？如果认为不再适用，下一步怎么办？我们的未来方向将是什么？

2. 2015年是否将成为历史上的一个转折点，成为安全“乱序”（disorder）的起点？我们应当如何继续寻求和平？我们获得和平的概率如何？

3. 德国能否利用2016年担任欧安组织主席国的机会，为建立一个有效的、渐进式的欧洲和平秩序打下基础？

在两天的陈述、研讨之后，会议得出以下结论：

1. 按《赫尔辛基最后文件》中所体现的精神和价值观以及按《新欧洲巴黎宪章》建立起来的欧洲和平和安全秩序应当继续留存；应当通过国际会议、协商的模式，重新建构欧洲和平的理念，并重新强调欧洲的核心意义和价值。此外，应将现存的欧洲安全合作模式向欧盟外部延伸，使欧盟外部国家也能共同参与建设欧洲和平合作框架。

2. 对于目前发生的乌克兰危机，与会者普遍认为是一种“相互排斥的身份认同在相遇时采取攻击性扩张的结果”（aggressive expansion of exclusive identi-

---

① 以下会议精神均参见：Friedrich Ebert Stiftung（eds.）（2015）. Conference Report：70/40/25—The European Peace and Security Order under Threat—Open Space for a Progressive Peace Policy. Berlin：Friedrich Ebert Stiftung.

ties)。因此，为了在欧洲大陆上建构一种相互尊重、和平共处的环境，使持不同身份认知的国家能够平等合作，需要增进彼此之间的理解，使身份认同差异不致发展为零和对抗关系。

3. 与会者从国际关系理论的不同视角分析了此次乌克兰危机。现实主义者普遍认为，乌克兰危机的发生源于西方世界未能好好利用冷战后与俄和解的契机，没有使俄罗斯发展成为国际事务的平等合作者，也不曾尊重其国家利益；自由主义者则认为，俄罗斯对权力的孜孜以求，且因此极力阻挡欧盟的东扩，才是导致乌克兰危机的根本原因。但双方都认为应当增进西方与俄罗斯之间的交流，开展更多共同政治行动和直接磋商，以此重新建构互信的平台。

4. 过去，欧盟在与东部伙伴国家进行合作时，经常会忽视它们与俄罗斯之间的经济与安全联系，也忽视俄罗斯希望推广欧亚联盟的诉求和它在一些悬而未决的领土纠纷中的角色和作用。这些东部伙伴国家经常会面对非此即彼的选项，从而引发与俄罗斯的争端。因此，未来应尽量使用更具灵活性和相容性的接触手段，通过展开与俄对话，更体现出对俄罗斯利益的尊重。与其将俄罗斯推广欧亚联盟的尝试视为俄的地缘经济控制手段，不如将之看作是开展经济区域合作的新机会。任何国家都应能够在不受政治压力的情况下，自主决定国家经济政策，并自由选择加入任何经济联盟。

5. 美国将持续在欧洲的安全政策上扮演一个特殊角色。乌克兰危机表明，欧美之间的分歧是非常明显的。在新的欧洲和平与安全秩序框架下，欧洲需要美国的合作，以应对全球范围内出现的新型、超越军事领域的安全挑战。因此，会议认为，欧美之间应在北约之上发展出一个更为广泛的共同欧盟—美国安全框架，在该框架下，应特殊考虑土耳其的区域影响力。

6. 针对乌克兰危机，与会者均认为，解决危机的第一步应当是在乌克兰开展政治改革、重新稳定经济。克里米亚问题应继续被看作一个开放性问题。为了避免乌克兰危机的再升级，应更多考虑非军事手段，继续保持所有沟通渠道的畅通，以重建互信为核心利益导向。此外，欧洲方面应坚持其现有的规范和原则(norms and rules)，与此同时，对俄罗斯的安全利益给予应有尊重，避免双重标准。

7. 在上述背景下，会议的最终结论是：在乌克兰危机和其他新型安全挑战下，欧洲应当树立一个超越军事的、与具有不同身份认同的欧盟外部国家以及俄罗斯能够进行多层次交流合作的新型欧洲和平与安全秩序，以保证欧洲和平秩序的包容性、开放性和共赢性。在该秩序框架下，美国和土耳其的角色作用应当被适当强调。

2017 年，乌克兰危机已经发生四年，但西方与俄罗斯关系依然未能缓和，欧洲安全秩序前途未卜，德国国际安全学术论坛（WIFIS）推出了最新一期的主题论文集，其标题即为“乌克兰危机、俄罗斯与欧洲安全秩序”。在该论文集中收录的九篇论文分别从乌克兰危机对欧洲安全秩序的影响、俄罗斯与西方国家之间的地缘政治冲突、北约与俄罗斯的关系走向、德国与西方国家的俄罗斯政策、普京的乌克兰政策、德国 2016 年担任欧安组织主席国时所做的努力等方面出发，对乌克兰危机中的俄罗斯因素及其对欧洲安全秩序造成的影响进行分析，并得出以下结论：

1. 乌克兰危机代表着现有欧洲安全秩序的终结；

2. 俄美之间存在地缘政治利益冲突，这种冲突体现在乌克兰危机中，也体现在双方在中部欧洲问题的较量上，这种冲突是不符合欧洲自身利益的；

3. 从西方国家的角度出发，乌克兰危机代表着以欧盟和美国为主导，在冷战后建立起来的欧洲安全秩序宣告终结，而从俄罗斯的角度看，乌克兰危机之前的欧洲安全处于失序（Unordnung）状态，乌克兰危机中俄罗斯的作为是在试图使欧洲安全从失序重回有序；

4. 欧洲安全秩序必须建立在与俄罗斯合作的基础之上；

5. 和平解决乌克兰危机、重建欧洲安全秩序的核心应当是在“共情”（Empathie）基础上，通过理性的外交与安全政策，理解和尊重彼此的安全利益，从而寻求一个被各方都能接受的和平秩序模式，并使这种新的秩序模式成为一种被各方遵守的“新常规”（neue Normaliaät）①。

一、卡斯滕·D·福格特的欧洲和平秩序理论新发展

在乌克兰危机发生之后，福格特再次就欧洲和平秩序这一主题发表文章②。并阐述了以下观点：

1. 德国政府和西方国家应当在过去数年中加深与俄罗斯的合作关系，乌克兰危机发生的根源在于双方之间未能构建起互信的平台。

2. 欧洲和平秩序目前受到极大挑战，若要重建秩序，应当尊重俄罗斯的合

① Staack, M. （2017）. Der Ukraine－Konflikt, Russland und die europäische Sicherheitsordnung. Opladen • Berlin • Toronto: Verlag Barbara Budrich, 11－13 & 157－183.

② Voigt, K. D. Europäische Friedensordnung: Sicherheit mit Russland und Sicherheit vor Russland. Retrieved March 4, 2017, from http://das－blaettchen.de/2014/05/europaeische－friedensordnung－sicherheit－mit－russland－und－sicherheit－vor－russland－29072.html

法安全利益。

3. 与此同时，俄罗斯在外交政策上的转向导致其与欧盟继续发展伙伴关系步履维艰。尤其是俄罗斯将欧亚联盟视为经济融合的发展方向，并把欧亚联盟和欧盟视为互相排斥的竞争对手，从而对欧盟东扩充满敌意。

4. 俄罗斯的强势外交政策会激发周边国家的恐惧心理，使它们感受到安全威胁。因此，俄应当适当转变态度，尊重邻国的安全利益，同时也尊重普世的国际法规范，根据《新欧洲巴黎宪章》以来普遍被欧洲国家遵循的和平规则行事。

5. 德国依然希望与俄罗斯一起构建安全框架，而不是将俄罗斯挡在门外（Sicherheit mit Russland，nicht vor Russland），但与此同时，德国不会接受由“强权国家”决定小国命运的方式。只有俄罗斯真正转变做法，才能重新获得德国和欧盟的接纳。

二、克劳迪娅·马约尔和雅娜·普格利林对欧洲安全秩序的反思

与福格特持相似态度的是克劳迪娅·马约尔和雅娜·普格利林。她们在共同发表的论文《新的秩序：乌克兰冲突展现了欧洲安全的弱点》[①] 中，认为俄罗斯侵占克里米亚的行为严重违背《新欧洲巴黎宪章》确立起来的欧洲和平秩序原则，代表了欧洲一直以来坚持的合作性和平秩序被半路终结，从而开启了对抗和不稳定的时代。此外，俄罗斯的行为还说明，在普京的领导下，俄罗斯已经走上民族主义、反西方主义和修正主义的道路，即使乌克兰危机在各方努力下得以解决，西方也有理由怀疑，一旦欧洲在安全秩序方面的努力与俄罗斯的利益相悖，俄会再次破坏现存安全格局。这充分说明，德国一直以来希望通过“以经贸促改变”（Wandel durch Handel）的方针使俄罗斯成为西方价值共同体内一分子的想法彻底失败了。因此，很难在近期（尤其是普京在任期间）指望俄会重新加入欧洲安全新秩序的建构中去。

但与此同时，她们也反思了目前欧洲和平秩序的问题所在：乌克兰危机显示，北约和欧盟从冷战之后建立起来的世界安全秩序和西方价值观，被外部提出了挑战，从而使西方同盟内部也出现了分歧。这一事件还说明，在面对来自针对欧盟边界出现的直接且多结构的挑战时，欧洲现存安全秩序的复合载体（北约、欧盟、欧安组织等）显得各有缺陷：欧盟缺乏军事行动力，因此缺乏应对直接边界外武力威胁的能力；由于乌克兰问题并不单纯只是军事问题，更多的是一个政

① Major，C. & Puglierin，J.（2014）. Eine neue Ordnung：Der Ukraine—Konflikt stellt die Weichen für Europas Sicherheit. IP Magazin，2014（11/12）：62—70.

治问题，而北约主要发展传统军事实力，应对混合性危机的能力不够；此外，俄与乌克兰以及欧洲国家在经济上千丝万缕的联系，导致经济制裁等政治手段也失去了应有的威力。

在上述分析基础上，作者得出结论：欧洲亟须建构新的、稳定的和平秩序，在此过程中，德国应发挥积极作用。一方面在北约的框架下承担更多责任，成为军事上更加值得信任的国家；另一方面应利用好欧安组织，借 2016 年担任主席国之机，使之成为敦促各方力量有效交流的平台。此外，应在不孤立俄罗斯的情况下，寻找更适合承载全欧和平秩序的全新机制（institution）。一些学者所建议的通过“再国家化”解决欧洲纷争的方式在马约尔和普格利林看来是不可取的，她们认为，在寻找新机制时，可以不仅限于多边合作、多边谈判等模式，有些适合在国家层面解决的问题，可以适当应用国家间谈判等双边渠道；而涉及面更广、更复杂的问题，则应发挥多边组织的力量。

三、罗伯特·齐翁的“问责西方”

罗伯特·齐翁（Robert Zion）则持完全不同的观点。在他看来，欧洲和平秩序最初源于德法和解，源于经历过两次世界大战的西欧试图通过欧洲融合的方式达到利益平衡（Interessenausgleich），从而走上和平道路。因此，指责俄罗斯“破坏”了这种和平秩序，将俄视为敌人的做法是与该秩序的初始理念背道而驰的。德国需要做的，是再一次实现当初与法国和解的历史功绩，将俄罗斯纳入西欧已经树立的和平秩序中来，使之成为平等的秩序建构者。

齐翁指责德国政府目前对俄罗斯的处置是“令人感到羞愧的”（demütigend），因为德国忘记了自身也经历过从被孤立到被接纳的历史，在法德和解、经济腾飞之后，利用自己经济上的“霸权”地位，与法国一起简单粗暴地对俄罗斯进行制裁。而美国则更是利用波兰、巴尔干国家和其他中东欧国家历史上积累下来的对俄罗斯的恐惧，极力试图阻止俄罗斯与西欧国家之间的和解进程。在乌克兰问题上，西方国家并未尽到自己应尽的义务，去考虑乌克兰和俄罗斯特殊的历史背景，也未从全欧角度做出更全面的思考。试图将乌克兰，简单地拉向西方，或者拉向俄罗斯，都是错误的。

因此，齐翁认为，西方国家应当转换视角，用更宽容的眼光去看待俄罗斯的“强权情结”（Machtkomplexe）。因为俄罗斯对强权的追求在一定程度上是一种“镜面行为”，是针对北约和美国对俄罗斯地缘安全空间的挤压所做出的反应。此外，乌克兰的倾向性对俄罗斯来说，是决定俄能否成为“欧亚力量”的决定性因素。因此，乌克兰问题不但能左右俄罗斯的未来发展方向，也因此将成为决定未来欧洲和平秩序的重要因素之一。

最后，齐翁总结道：欧洲和平秩序建立在从里斯本到乌拉尔共同历史的基础上，是欧洲人试图实现欧洲自主意识、打破民族主义、共建东西欧之间沟通桥梁的制度性尝试。戈尔巴乔夫走出了建立桥梁的第一步，当时的西欧领导人做出了积极的回应。但现在的默克尔却拒绝做出同样的尝试①。

四、哈尔拉德·米勒的欧洲和平秩序观："国际社会"的构建

上述学者虽然均从乌克兰危机出发，从不同角度提出了对欧洲和平秩序的见解，但更多偏向于对策研究和政策建议方向。其目的是为了向德国政府指出目前欧洲和平秩序的现存问题以及提供解决途径，而缺乏国际关系理论深度。从区域安全秩序理论出发，将理论与案例结合起来，论述最为完整的，应属哈尔拉德·米勒在《政治期刊》（*Zeitschrift für Politik*）上发表的《新欧洲和平秩序的建构》② 一文。

在该论文中，米勒首先认为，俄罗斯对乌克兰的进攻损害了《新欧洲巴黎宪章》确定下来的冷战后欧洲和平秩序。为了重新建构欧洲和平秩序，必须首先考虑，在目前的对抗双方之间，还存在两个共同利益：一是双方都希望避免危机升级，因为危机的升级可能会导致潜在的核战争威胁；二是共同对抗跨大西洋的恐怖主义活动，西方和俄罗斯在这方面有共同利益。即使在乌克兰危机期间，美国和俄罗斯也依然保持合作。

接下来，米勒总结了区域和平秩序的特点。他认为，国际政治的区域层面相较于超区域和国际层面而言，有着互动网络更为紧密的结构，因此，区域内的国际关系会更加有冲突性，同时也更加拥有合作和融合的可能。区域的定义是：一个区域内的国家紧密交织，以至于它们的安全状况不能彼此独立地看待：它们彼此之间有较高的互相依赖性。对区域集体安全起决定作用的是区域内行为体的恐惧和愿望，这些恐惧和愿望受到国内政治模式和矛盾（Friktionen）的支配。

区域间互动与安全或者经济相关，是制度化的或者观念化（ideational）的。其互动模式有充满敌意的，也有非常友善的。国家间互动模式的不同使区域可被

---

① Zion R. Europäische Friedensordnung? - Ein Meinungsbeitrag von Robert Zion. Retrieved August 17, 2016, from http://gruen-links-denken.de/2014/europaische-friedensordnung/#more-1958

② 下述关于该文论点的总结均参见 Müller, H. (2015): Konturen einer neuen europäischen Friedensordnung. Zeitschrift für Politik, 2015 (3): 306-322.

界定为“高度危机适发区域”“互相依赖、共同合作”区域或“趋同和融合”区域。

本杰明·米勒（Benjamin Miller）从布赞（Buzan）和维夫（Waever）的理论中导出了一个假定：区域内危机适发度受两个因素支配：国家/民族的不同一性和区域内弱势国家的比例。因此，和平秩序的质量取决于解决以上问题的管理手段是否能够使其潜在动武可能缩减甚至消除。

米勒还总结了区域和平秩序的四个不同类型。

第一种区域和平秩序的表现形式是区域霸权（Hegemonie）。区域内有一个拥有至高无上权力的国家，并且该国家愿意使用这种权力使它所支配的区域获得和平。其武力水平和危机爆发频率取决于：领导权力的至高无上性、它为其周边国家提供的“公共商品”：安全的质量，以及周边国家对于这种体制的满意程度。周边国家的满意程度又取决于它们自己的野心和它们国家内部的导向和进程。

第二种和平秩序的表现形式：权力平衡（Mächtegleichgewicht）/国际社会。权力平衡并不是国家在追求权力的过程中不自觉地形成权力的平衡，因为一旦这种平衡是国家在追求权力的过程中不自觉地形成的，那么随着国家继续追求权力，势必会破坏这种平衡，从而发生战争。因此，权力平衡是指，区域内国家有意识地希望形成权力平衡体系，为了达到这一目标，甚至会自我克制，以获取“平等的安全”。在这种权力平衡体系下，区域内可以形成“国家间社会”（International Society）的和平秩序，该和平秩序具有希望区域内稳定和和平的“共同目标”。为了实现这个共同目标，区域内国家自愿受规范的约束，但也并不放弃本国利益。避免区域动荡和冲突被视为“共同任务”。战争虽然也有可能发生，但是被视为例外情况，长期的和平才是常态。国际法是重要的国家行为准则。国际组织在国与国之间的协调、一致和规范的制订上扮演重要角色。在最优情况下，甚至能形成集体安全模式。

第三种区域和平秩序的表现形式是协奏曲（Konzert）。这指的是，区域内各强国共同构建一个高级机构（exclusive institution），并在该机构的框架下，承担保障区域内和平和稳定的职责。由于该职责具有最优先性，因此它成了区域内国家共同身份认同的特征之一。这个特征虽然无法完全消除各国之间的相互竞争性，但可以最大限度地将这种竞争限制在被严格的规范所约束的范围之内[①]。

第四种，也是合作性和平秩序的最高级形式，即安全共同体（Sicherheitsge-

① Mattias, S.（2009）. Normen und Praxis：das Europäische Konzert der Großmächte als Sicherheitsrat，1815－1860. München：Oldenbourg Verlag.

meinschaft)。形成安全共同体的前提条件是：在长期的历史发展过程中，区域内各国形成了一种共同的身份认同，从而从道义上和利益上形成了合作意愿。在这些国家之间，相互间的武力冲突已经不再可能，也不再有必要进行军事力量的储备。该区域内的融合程度和机制化程度（Institutionalisierungsgrad）已经非常高。

米勒认为，冷战期间由北约和华约构建起来的"双霸权体系"不再适用于今天的欧洲。这是因为：第一，在军事力量平衡的基础上建立起来的均势体系，一旦遭遇极端情况，就很容易发展成失控的大规模战争，例如古巴危机；第二，现在不再只有两个国家掌握核武器，因此通过核武器进行核威慑的做法已经不再适用；第三，北约的军事力量无论从数量上、质量上还是地缘战略上都早已远远强于俄罗斯。

"安全共同体"同样不再适用：乌克兰危机显示，俄罗斯与西方国家之间的价值观理念差距过大，中短期之内都不可能形成统一的身份认同。

由于"协奏曲"的前提条件是："区域内各强国共同构建一个高级机构（exclusive institution）"，但很明显，在现在的欧洲范围内，缺乏这样有力的实施机构。

因此，在排除法之后，只剩下"国际社会"这一种可能的和平秩序模式。因为该秩序模式框架下包含了广泛可能性的机制设立和实践可能。欧洲若想从现有的对抗困境走向缓和，必须重新继承"哈默尔战略"的原则：一方面做好防卫的准备，另一方面向对方提供合作的可能。因此，一个新的欧洲和平秩序应当以下列条件为前提和基础：强调欧洲所有国家的共同安全利益；避免使当下的危机发展成灾难性的战争；摒弃口头上和行动上的军事威胁行为；加强军备控制；通过"良好治理"（good governance）保障经济和生态的稳定发展、增进民众生活富足程度。

对于乌克兰危机出现的原因，米勒认为是冷战后东西方界限并未消失，而是逐渐东移，导致在欧洲大陆上出现不平衡、不稳定的安全力量结构，而最终引发俄罗斯的反弹。

冷战后，西方国家曾经试图在欧洲实现一种介于"权力平衡"和"安全共同体"之间，并最终通向后者的和平秩序。因此，最初的设想是：将欧安组织拟转变为一个国际型组织，并在下设各种不同功能的下级组织，以形成冲突预防和危机管理机制，在加强军备控制的前提下，使区域内各国使用武力的意识降至最低。但无论是前华约国家（包括俄罗斯），还是在美国，这种使用武力的意识一直都没有消失过。

作为该意识的结果，北约开始东扩，并因此打破了当时给予苏联的口头承诺①。尽管中东欧国家的民主化进程是不可逆的，但北约的东扩代表了地缘政治上的变化：西方的安全政治影响范围扩大了。这种行为是在俄罗斯国力很弱、无力反抗的情况下发生的，而且明显违背了俄罗斯当时的意愿。与此同时，北约无意将俄罗斯包括在东扩范围之内。无论是 1997 年北约和俄罗斯所签署的《基本文件》，还是 2002 年成立的“北约一俄罗斯理事会”，都不能使俄罗斯进入到北约的直接决策过程中去，只是对其的安抚措施而已。

冷战结束之后，随着苏联解体，在“强大的一端”北约和“弱小的一端”俄罗斯之间，出现了一个“中间欧洲”（Zwischeneuropa），从形式上看，它既不属于这一边，也不属于那一边。这其中，又有一些国家从内部来说就是意见不统一的，例如乌克兰。欧洲内部的这种“碎片化”倾向为欧洲的稳定带来潜在威胁。但如果上述三个部分能够在欧安组织的松散框架下和谐共处的话，这种威胁并不会发展成严重的危机。但随着北约的东扩，这种相对的稳定被打破了。北约东扩范围越广（甚至欧盟东扩也有类似的、只不过较弱的效果），欧洲中间地带这些内部就具有分裂因素的国家就越疑惑，越会不断地提出以下问题：我们究竟属于哪里？

这个问题在乌克兰（东部亲俄、西部亲欧）表现得最为明显。由于西方机制（北约和欧盟）的逐渐东扩，导致中间欧洲部分日渐缩水，使得以乌克兰为代表的国家中亲西方的精英政治家和其追随者越来越感受到加入西方阵营的迫切性。与此同时，亲俄的国内势力则越来越感受到西方的逐步逼近，因而产生抗拒心理，从而展现出强烈的向俄靠近的意愿。

自从苏联解体，俄罗斯就进行过多次尝试，试图组建新的联盟机制，以在冷战后的欧洲找到属于自己的位置。但这些尝试都收效甚微，其重要原因是：对大多数可能的联盟成员来说，靠向俄罗斯远不如靠向西方来得有吸引力。只有像白俄罗斯这种孤立的、缺乏其他选项的国家，才会选择加入俄罗斯的阵营。中亚国家虽然重视与俄罗斯之间的安全政治关系，但同时却也尝试着通过与中国和美国同样保持良好关系，以削弱俄罗斯对其的影响力。在高加索地区，则只有亚美尼亚更倾向于俄罗斯。

① Wagner M. K. Ost—Erweiterung der NATO：Das große Rätsel um Genschers angebliches Versprechen，Retrieved May 17，2016，from http：//www. faz. net/aktuell/politik/ost—erweiterung—der—nato—was—versprach—genscher—12902411. html

面对日渐缩水且逐渐西化的“中间欧洲”，俄罗斯的领导层认为，摆在他们面前的只剩下两种选择：一是继续容忍西方联盟向东扩展，但历史经验表明，俄罗斯的忍让并未给俄带来任何好处；二是主动出击，尽量联合那些原本国内就存在亲俄力量的国家，以西进对抗东进。虽然这样做远不能使俄罗斯与北约力量对比达到平衡，也无法将冷战结束之后西方赢得的势力范围给找补回来，但至少能使俄罗斯不再被整个欧洲边缘化，也能起到一个符号性的作用，使俄罗斯人的心理得到一定满足。

米勒因此得出结论：欧洲的分裂并不是由俄罗斯人引起的，而是西方国家在冷战之后的决定和行为造成的。通过北约和欧盟的东扩，它们实际上执行了一种古来有之的权力和地缘政策：向外扩张自己的联盟。造成它们施行这种政策的原因可能是崇高的、道德的，也有可能是地缘利益驱使，但其造成的事实结果都是一样的：欧洲被分裂成了西方联盟、非西方联盟和衰弱的对立联盟。西方联盟在地缘上的扩张在俄罗斯引发强烈的不满，并从客观上导致俄罗斯的民族主义者和强权主义者在俄赢得了独裁专制的统治地位。正如俄罗斯第一任外长科济列夫曾经说过的那样：西方对俄罗斯利益的一再挤压只会有利于俄罗斯国内的民族主义者和非民主主义者，普京的上台就是绝佳的例证①。尽管“9·11”事件为美俄合作提供了一个全新的平台，但布什政府对俄罗斯利益的忽视使普京治下的俄罗斯越来越往民族主义/攻击性外交道路上发展，在2008年北约峰会上，美国向乌克兰和格鲁吉亚做出在未来吸收其成为北约成员的承诺更是致命一击。2012年，梅德韦杰夫所提出的新安全协定是俄方希望回到20世纪90年代初安全合作氛围的最后尝试，但依然遭到了西方的拒绝。这一切最终导致俄罗斯在2014年亚努科维奇下台之后，悍然破坏国际法，入侵乌克兰，并帮助克里米亚独立。

米勒在上述分析的基础上得出结论：欧洲安全的不稳定源自冷战后欧洲的进一步分裂。从各种因素来看，该分裂已经不可逆了。因此，为了能在将来重建合作的平台，应当在欧洲两部分之间构建和谐的桥梁，使分裂后的欧洲依然能够缓和关系，和平共处。为了能做到这一点，他建议：

将欧洲分裂的进程进行到底，彻底划分清楚双方阵营。虽然北约的东扩是个错误的决定，它导致欧洲分裂为两大对立的阵营，但事已至此，只能顺应现有的结果，将已有的局面最优化。为了实现这个目的，应当重新树立国际法的威信，尽可能使俄罗斯重新遵守共同的规范。

具体操作步骤：

1. 在国际社会的监督下，在乌克兰有归属争议的地区（包括克里米亚）重

---

① Fischer, S. (2003). Russlands Westpolitik in der Krise 1992—2002: eine konstruktivistische Untersuchung, Frankfurt am Main: Campus Verlag.

新举行全民公决，以确定这些地区的最终归属。而一旦确定归属，那么同意留在乌克兰的部分，根据北约的《自由结盟选择原则》，可自行决定是否加入北约。这一方式同样可以适用于摩尔多瓦的德涅斯特河沿岸摩尔达维亚共和国以及格鲁吉亚的阿布哈兹和南奥塞梯地区：已经事实上独立出去的区域获得国际社会的承认，剩下的部分可以自行决定是否加入北约。

2. 俄罗斯必须接受北约的进一步东扩，并以此换取国际社会对克里米亚独立合法性的承认。北约方面虽然不得不承认俄罗斯这一违反国际法的行为，但与此同时，能够获得联盟进一步扩大的好处。

3. 通过上述方式，能彻底终结过去 20 年一直威胁欧洲稳定和安全的地缘利益斗争。

4. 在双方都能按照上述方式现实地解决地缘争端之后，就应当在承认东西方政治体制不同的前提下，致力于逐步开展双方和解的进程。这是一个重新建构信任的过程。但西方国家不能指望俄罗斯会按照西方模式开始民主化进程，从普京本人的言论以及俄罗斯整体的政治氛围和民众倾向来看，至少在短期内，从外部推动俄罗斯进行民主化进程的可能性几乎没有。因此，西方国家应当努力寻找与俄罗斯的现实合作平台，稳定整体欧洲安全环境，客观上为俄罗斯的社会和政治改革提供良好的外部框架条件。此外，为了达到双方和解，应当进一步加强军备控制。这意味着，北约的中东欧国家成员不应继续用自己的安全利益“绑架”西方国家，使北约和俄罗斯之间无法达成进一步妥协，因为一旦上述彻底划分东西欧边境的做法实现，随着北约的进一步扩大，这些国家已经完全可以不用担心来自俄罗斯的安全威胁。

第三节　德国学界对欧洲和平秩序的认知

综上所述，尽管使用了不同的表述，但德国学界对于乌克兰事件中，被俄罗斯“破坏”掉的欧洲和平秩序的实质性内涵具有高度一致的认知。

1. 无论是被称为“秩序”抑或是“架构”，所指的都是一种社会学意义上的制度（institution）。这种制度通常拥有一个社会目标，由“稳定的、受到尊崇并重复出现的行为规范”[①] 所构成，并能够在一个特定的共同体（community）中对在其中生活的个体行为进行管理，通过调整行为准则的方式来影响个体行为和

① 德国学术界在定义“秩序”一词时，基本上都是依照美国著名学者亨廷顿的定义。Huntington S. P. (1965). Political Development and Political Decay (PDF). World Politics, 17 (3). 394.

意图①。制度是有层次的，也是有范畴的。就层次上而言，可以区分为“政治制度”“经济制度”“社会制度”等；就范畴上而言，则可以区分为“国际制度”“区域制度”“国内制度”等。

“国际秩序”的主要目的则是为了建构一种由国家所构成的社会（a society of states）或者国际社会（international society），并在这个社会中实现特定的行为目标，如维护国际社会本身的生存、维护国家的独立和外部主权以及追求和平等。同时，要像广义的社会一样，限制暴力、信守承诺以及尊重财产所有权。赫德利·布尔认为，国际秩序可以通过均势、国际法、外交、战争和大国管理等方式来进行维持②。例如冷战期间的两极格局，便是一种通过大国管理方式所维持的国际秩序。随着其中一个超级大国的解体，该秩序也就失去了有效性。

2.“和平秩序”（抑或“安全秩序”），指的是一种国际关系层面上的制度。它指明国际社会的行为准则。在大多数情况下，相关行为体都会尊重该准则。树立和平秩序的目的是规范国与国之间的关系，使它们之间的地位差异（Positionsdifferenzen）不致升级为武力对抗。和平秩序应孤立出个别国家间的动武情况，并应当帮助尽快重建二者之间的和平状态③。因此，国家是“和平秩序”所针对的主要行为体，使用和平手段解决国与国之间的矛盾和差异，则是“和平秩序”的主要社会目标。

3.“欧洲和平秩序”指的是被欧洲国家所普遍接受的国际行为准则。这是一种区域性国际关系制度。而按照制度本身的特征，欧洲和平秩序必须要解决的问题主要是：其首要社会目标是什么？它针对的群落区域在哪里？它能规范的行为体包括哪些？为了执行这种制度，并实现其社会目标，能使用的工具有什么？因此，伯恩特认为，要回答“如何建构欧洲和平秩序”这个问题，必须首先搞清楚四个问题（见图 3.1）。

4. 乌克兰危机发生之后，德国政界和学界所一再提出的，“被俄罗斯在克里米亚事件中所破坏的欧洲和平秩序”，其主要合法性来源文件包括：欧安组织于1990 年 11 月在巴黎克莱贝尔特别首脑会议上签署的《新欧洲巴黎宪章》，美国、英国、俄罗斯和乌克兰于 1994 年 2 月份在匈牙利布达佩斯签署的《布达佩斯备忘录》和俄罗斯和北约首脑于 1997 年 5 月在巴黎签署的《俄罗斯一北约关系文件》。德国普遍认为，虽然冷战结束之后，并未出台一个被各方承认的、规定冷

① Standford Encyclopedia of Philosophy：Social Institutions，Retrieved May 17，2017，from http：//plato. stanford. edu/entries/social－institutions/.

② 钟准，（2016），内战、干预与国际秩序，《国际关系研究》，第 3 期，79。

③ Müller，H. （2015）：Konturen einer neuen europäischen Friedensordnung. Zeitschrift für Politik，2015（3）：307.

战后秩序的“和平条约”，新的国际秩序和欧洲秩序并未有明确界定，但欧洲和平秩序的基本原则在上述三个标志性文件中已被确立下来，即“欧洲国家边界的不可侵犯”“不使用武力、尽量以和平方式解决国家间冲突”和“对欧洲国家主权的尊重”等①。而俄罗斯在乌克兰危机，尤其是克里米亚事件中的行为对上述欧洲和平秩序的基本原则造成了破坏。

5. 为了确保欧洲和平秩序的有效性和执行力，需要进行相应的机制建设(即伯恩特所提出的“欧洲安全架构”)。德国学者普遍认为，现有的欧洲秩序机制在一定范围内都是有效的，但也各有各的不足，需要根据新情况重新调整和适应。其中，能在全欧范围内，尤其在西方联盟和俄罗斯之间起到桥梁和危机管制作用的，有欧安组织和北约—俄罗斯理事会这两个多边组织，同时也可以借助美俄双边关系和欧俄双边关系的沟通渠道。其中，欧安组织是用于互相交流、政治磋商和危机解决的最适合机构。在欧安组织的平台下，双方可以重构信任，重新强调军备控制的重要性；北约—俄罗斯理事会的交流渠道在格鲁吉亚战争和乌克兰危机中都被北约单方面封锁了。但事实上，在危机发生时，这条渠道提供了最重要的政治磋商平台。因此，应当对该理事会进行改革，增加专门的危机管理部门，使北约和俄罗斯即使在矛盾爆发的时间内也依然能够保持紧密且持续的交流。此外，由于俄罗斯方面施行的外交政策更加具有传统现实主义因素，因此，适当通过双边关系与俄进行沟通也是有必要的。

图1②：

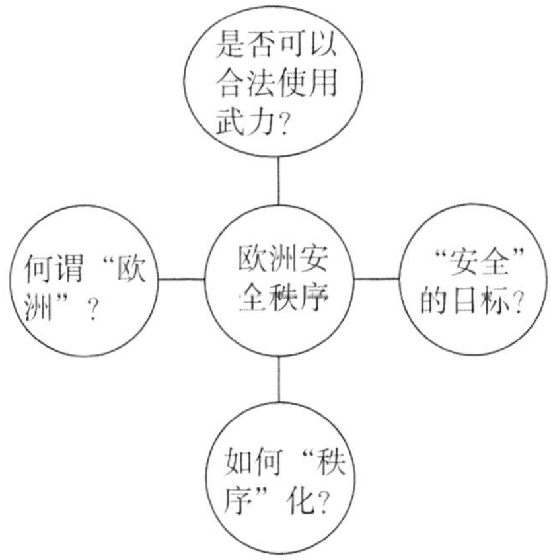

图 3.1　如何建构欧洲和平秩序的四个问题

① Major, C. & Puglierin, J. (2014). Eine neue Ordnung: Der Ukraine—Konflikt stellt die Weichen für Europas Sicherheit. IP Magazin, 2014 (11/12): 62.

② Berndt, M. (2007). Die „Neue Europäische Sicherheitsarchitektur“: Sicherheit in, für und vor Europa? Wiesbaden: VS Verlag für Sozialwissenschaften, 132.

小　结

综上，欧洲和平秩序（安全秩序）在本论文中所指的，是一种规范欧洲各国，以维护欧洲整体和平为主要目标，在一定程度上能够指导、管理、约束欧洲各国国际行为的区域制度。从冷战结束后，德国就在积极参与建构这种新秩序，但乌克兰事件使目前为止所形成的制度进展受到了结构性挑战。

重新建构欧洲和平秩序的出发点是：如何在两个力量不平衡、拥有不同价值观取向和不同政权体制的国家群体之间建构和保持长期的、稳定的、和平的关系。现实情况是：在力量天平上，西方联盟占据明显优势。双方的共同利益点在于：都希望避免危机升级、导致战争，共同打击全球恐怖主义，在全球范围内保持经济和生态的稳定发展。

德国学界对于冷战后欧洲和平秩序具有相对统一的认知，也都承认俄罗斯在欧洲和平秩序建构中的重要性。但与此同时，对于谁应当承担破坏现有欧洲和平秩序的责任、以及如何重构欧洲和平新秩序的路径选择上，德国学者观点并不统一。

1. 尽管绝大多数学者都认为，造成欧洲和平秩序被破坏的直接责任者是俄罗斯。但就其深层次原因，部分学者认为应归咎于俄罗斯民主改革的失败以及对强权帝国梦的偏执追逐；另一部分学者却认为，冷战后北约和西方国家未能遵循平等对待俄罗斯的承诺，一再东扩，试图挤压俄罗斯安全利益空间，造成俄罗斯丧失对西方制度的信任，从而终于“退无可退”，直至打破现有欧洲和平秩序。

2. 为了重构欧洲和平秩序，部分学者建议，应当坚持西方国家在冷战后逐步确立下来的价值观，通过进一步经济制裁、政治磋商和文明沟通等手段，促使俄罗斯进行改革，使之重新接受西方规范的制约；另一部分学者（尤其是现实主义学者）则认为，西方联盟从内部就出现了分歧，现阶段的俄罗斯不可能“回归西方”。现实的做法是，接受欧洲的分裂，接受俄罗斯与西方联盟在价值取向、身份认同和规范感知上的不同，在“欧洲的稳定和和平”是双方共同利益的大前提下，积极寻求双方可合作的平台，建立一个能够包括不同体制、不同利益观和价值观的和平秩序。在这个考量下，有学者提出，西方联盟应再次认真考虑梅德韦杰夫在 2009 年提出的建议，即为了欧洲整体的安全秩序，应当签订一个欧洲安全条约。梅德韦杰夫当时的提议遭到了北约领导层、美国政府和英国政府的强硬拒绝，今天看来，这种拒绝是错误的①。

3. 尽管所有德国学者都承认，俄罗斯在克里米亚的行为破坏了欧洲和平秩序的原则，也违反了现存国际法，不利于欧洲和平的建构，但与此同时，绝大多数德国学者都不认为克里米亚问题能够在中短期内得以顺利解决。因为俄罗斯在乌克兰和克里米亚的利益出发点与西方国家绝不相同，因此，指望俄罗斯主动退出克里米亚是不现实的，乌克兰的分裂从目前看来已不可逆。为了在双方都能接受的基础上，尽快解决乌克兰危机和克里米亚归属问题，德国学界提出两种方案：一是双方都退让一步，通过缔结国际条约的形式，使克里米亚回归乌克兰，而乌克兰既不加入欧洲/西方联盟，也不加入欧亚联盟，作为“中间欧洲”继续存在。在该国际条约的基础上，重新构建包含俄罗斯在内的新的欧洲和平秩序；二是敦促克里米亚在国际社会的监督下，重新进行公投，使克里米亚的归属在符合国际法程序的基础上得以最终解决。而这轮公投的结果将受到国际社会的承认。与克里米亚类似的其他有争议的乌克兰地区也以同样方式确定归属。与此同时，在重新划定乌克兰疆域的前提下，无论是继续留在乌克兰的区域，还是独立出去的区域，都可以自行决定是加入欧洲/西方国家联盟，还是加入欧亚联盟，抑或是不加入任何联盟。

当然，这两种方案都只是中短期的解决方案。从长期来说，德国学者普遍认为，应当通过缓和西方国家与俄罗斯关系的方式，使俄罗斯获得稳定的外部环境，从而将精力更多放在国内改革上。此外，一旦俄罗斯对西方国家的安全警惕性下降，俄咄咄逼人的攻击性外交政策也有可能就此改变。德国学者相信民主制度的优越性，认为只要俄罗斯顺利进行国内民主改革，在与西方国家的交往中就能迅速建立起互信平台，从而从根源上改变由于安全困境所带来的类似危机，重新在国际法和制度规范基础上构建新欧洲和平秩序。

因此，在德国学者的思考基础上，继续发展对欧洲和平秩序的理论探索，以此为基础，探究欧洲和平秩序的基本原则和核心，最终探明该和平秩序的发展前景，是具有一定理论意义的。

---

① Müller, H. (2015): Konturen einer neuen europäischen Friedensordnung. Zeitschrift für Politik, 2015 (3): 316.

第四章

德国政界的“欧洲和平秩序”观

第一节 “欧洲和平秩序”提法的出现：德国统一前后

德国政界首次开始大量使用“欧洲和平秩序”的提法，是在20世纪80年代末，随着联邦德国对于德国统一的诉求上升而不断出现在德国领导人的发言和政府官方文件中的。德国人将“分裂的德国”和“分裂的欧洲”联系在一起，强调现在欧洲和德国的分裂是“人为造成的”“不自然的”，欧洲最终的稳定有赖于德国问题的解决。因为德国问题是当时欧洲紧张对抗气氛的核心要素。任何想要达成欧洲和平的尝试，都应当先设法解决东西欧之间不自然的分界。而这不自然的分界在一个分裂的德国上表现得最为明显、也最为残酷①。

因此，时任德国总理科尔在不同场合下强调，德国设想下的欧洲和平，包括建构一个全欧和平秩序，在该秩序框架下，全欧人民能够在自由的环境中、在尊重人权的基础上，共同生活在同一区域内。只有这样，才能真正克服欧洲分裂、克服德国分裂②。时任德国外长根舍也称，欧洲在精神世界上的共通性应当在政治上伴随有一个共同的欧洲和平秩序。这种秩序下，人的尊严、人权和人民的自决权应当得到保障③。

德国领导人的这种思路在后来的德国统一文件中以条约的形式被保存了下来。在1990年5月8日签订的《2＋4协议》中明确写道：德国的统一意味着，

---

① Kohl, H. Erklärung des Bundeskanzlers auf der NATO－Gipfelkonferenz. Retrieved August 13, 2016, from https://www.bundesregierung.de/Content/DE/Bulletin/1980－1989/1988/34－88_Kohl.html

② Kohl, H. Die Zukunft der Nation, Retrieved August 13, 2016, from https://www.bundesregierung.de/Content/DE/Bulletin/1980－1989/1988/34－88_Kohl.html

③ Genscher H.－D. Europa - Unsere Zukunft, Retrieved August 13, 2016, from https://www.bundesregierung.de/Content/DE/Bulletin/1980－1989/1988/106－88_Genscher.html

具有远见卓识的各国领导人和心怀勇气的各国人民给予了我们机会：一个让战争的可能性从此消亡在欧洲大陆的机会，一个让欧洲人民能携手共建欧洲大厦、建构欧洲和平秩序的机会。从此，欧洲再也不是那个被东西方对立所制约的欧洲了①。在之后签订的《两德统一协议》中也规定，通过德国的统一，为欧洲的统一和欧洲和平秩序的建构做出贡献。在该和平秩序中，不再有欧洲的分裂，保障所有欧洲人民都能在互信的国际环境中共同生活②。

德国统一之后，德国领导人曾一度对建构全新的、统一的“欧洲和平秩序”充满自信。时任德国国防部长杰哈特·斯托登伯（Gerhard Stoltenberg）于1990年6月13日在德国国防部31届将领会议（Kommandertagung）上以“德国安全政策的未来展望”为题发表讲话，他认为，欧洲目前正处在一个新时代的开端。1967年的《哈默尔报告》中所定下的目标：克服欧洲和德国的分裂，建构一个公平的、广泛的欧洲和平秩序正在逐渐成为现实。欧洲从未像今日这样，如此靠近一个持续的、公平的和平秩序目标。大约200年前，康德在他的《永久和平论》中提到了持续性和平的第一个前提条件：所有国家都应当是共和制国家，或者是今天的法治国家或民主国家。根据这个条件，在欧洲发生大规模战争的可能性已经极其微小（extrem gering），因为中东欧国家已经进行了民主体制改革，从而为整体欧洲的持久和平奠定了基础③。

在另外一次讲话中，斯托登伯阐明了欧洲和平秩序的三条原则：

第一个原则：欧洲所有民族国家都应是法治的、民主的、多元的。

第二个原则：欧洲国家之间应增进合作、融合和利益交织。让·莫内和阿登纳在二战结束之后已经在西欧树立了这个原则。战后四十年的经验告诉我们：这样的原则对欧洲有百利而无一害：在西欧国家之间，甚至在曾经“永恒的敌人”德法之间，通过紧密的经济、政治和文化联结以及将一部分主权让渡给共同体组织的方式，已经使发生战争的可能性降至最低。

因此，现在所需要做的，就是将在西欧已经实验成功的融合进程，进一步扩大到全欧范围。其中最需要注意的，是不能将任何一个欧洲国家排除出去，因为

---

① Zwei Plus Vier Vertrag. Retrieved August 13, 2016, from https：//www. bundesregierung. de/Content/DE/Bulletin/1990—1999/1990/54—90 _ Kohl _ Genscher _ Klein. html

② Vertrag zwischen der Bundesrepublik deutschland und der Deutschen Demokratischen Republik über die Herstellung der Einheit Deutschlands. Retrieved August 13, 2016, from https：//www. bundesregierung. de/Content/DE/Bulletin/1990—1999/1990/104—90 _ — _ 2. html

③ Stoltenberg G. Künftige Perspektiven Deutscher Sicherheitspolitik. Retrieved August 13, 2016, from https：//www. bundesregierung. de/Content/DE/Bulletin/1990—1999/1990/76—90 _ Stoltenberg. html

排除一个国家，会对其余所有国家的稳定和富足构成威胁。

第三条原则：均势原则（Gleichgewichtsprinzip）。前面两条原则适用于整个欧洲，适用于“从大西洋到乌拉尔”的地域范围。但事实上我们还没能达到这样的广度。在欧洲，苏联比起其他任何一个欧洲国家来，在军事上都有压制性的优势。因此，为了平衡苏联的这种军事实力，即使在东西方之间政治关系有了彻底好转的情况下，也需要与北美结成安全联盟，来确保自身的安全。这是一种防卫性的对立力量（Gegengewicht），只有它的存在，才能确保所有欧洲国家都能在公平的力量框架下进行交往。只有在稳定力量和对立力量的存在下，所有欧洲国家才能因此受益，无论这些国家是否从属于北约。而苏联，由于其军事力量雄厚，即使不参与这类军事联盟，也是有力量进行防卫的。1975 年的《赫尔辛基最后文件》、1990 年的《新欧洲巴黎宪章》中都规定，所有国家均有形成防卫性同盟甚至集体安全联盟的权利，同时也有不结盟、完全政治独立的权利。

因此，一个统一的德国应当继续在北大西洋公约组织的框架下为一个新的欧洲和平秩序做出贡献——这种新的欧洲和平秩序同时应当符合东欧国家，尤其符合俄罗斯的利益。德国将认真对待其东部伙伴的安全利益①。

从上述言论看来，统一初期德国政界对于欧洲和平秩序的设想是：随着冷战的结束，由于意识形态对抗而形成的东西欧分界线消失了。因此，西方国家应当借此机会，将成功的西欧融合经验向东推广，直至覆盖整个欧洲大陆，从而留存二战后从德法和解开始的西方和平秩序内核：尊重各国领土主权，尊重人民权利，进行国家民主、法制化建设，通过紧密的经济、政治和文化联结以及将一部分主权让渡给共同体组织的方式，使发生战争的可能性降至最低，从而形成持续和平。

冷战后初期在德国政界形成这样的和平秩序观，是与当时的德国安全利益息息相关的。一方面，德国正处在东西欧交界线上，冷战的结束虽然使来自东部的直接军事威胁消失，但却面临着新的安全威胁：苏联的解体和社会主义阵营的解散使中东欧出现了一大批“新兴的民主国家”，而这些国家的民主进程充满动荡，也同时被之前积累下来的各种社会和经济问题困扰。一旦它们的改革失败，就很容易形成极权国家、失败国家，从而影响整体欧洲的平稳，首当其冲的就是新统一的德国。事实上，20 世纪 90 年代初，南斯拉夫和苏联地区发生的军事冲突，

---

① Stoltenberg G. Zukünftige Gestaltung Europäischer Sicherheitspolitik. Retrieved August 13，2016，from https：//www.bundesregierung.de/Content/DE/Bulletin/1990 — 1999/1990/92 — 90 _ Stoltenberg.html

已经造成大量的移民和难民涌入德国（仅 1991 年就达 25 万人之多，其中绝大部分来自苏联和东欧地区，而南斯拉夫作为难民来源国则居首位①）。因此，与中东欧国家保持积极的政治、经济合作，从而促使它们遵循第二次世界大战后西方国家制订的价值观，尽快进行民主体制改革，是保证德国本身安全的重要一环。

另一方面，由于德国特殊的历史背景，统一的德国只能借助欧洲的力量，才能在国际舞台上发挥更大的作用。因此，统一的欧洲是其寻求政治突破的重要步骤，而在德国的设想中，统一的欧洲肯定是包括俄罗斯和中东欧国家的。早在 1990 年 9 月 20 日，根舍就表示：“我们始终认识到，苏联是欧洲的一部分，没有苏联不可能出现统一的欧洲”，“欧洲的新结构从原则上是不能在没有东方各国参加甚至反对它们的情况下实现的。为实现欧洲统一这一伟大目标，统一德国要求其东方政策必须把握方向和展示明确的形象。”②

与此同时，在希望将西欧和平秩序往东扩展，从而形成以西方民主、人权价值观为核心原则、以维持欧洲和平为共同目标的整体欧洲和平秩序的同时，德国政府认为，承载该和平秩序的架构应当还是以北约为基石（Fundament），与此同时，逐步加强欧洲力量的影响，强调欧洲支柱的补充作用（西欧联盟），以及欧安组织在全欧的桥梁作用。由于北约是否应当存续在当时受到一定质疑，德国各领导人都在不同场合下强调北约的必要性。其中，时任德国国防部长福尔克尔·鲁厄（Volker Rühe）于 1993 年 6 月 2 日以“北约将是未来欧洲安全结构的基石”为题发表讲话，并强调：“我们应当记住：北约是欧洲范围内唯一一个被历史证明了的、具备全面能力的安全机构，是政治合作和军事合作相结合的有效组织模式。无论未来欧洲的和平秩序将由什么样的安全架构来承载，它都应当是该架构的基石所在。”③

他同时认为，与此同时，北约还需要其他机构的补充。德国愿意与美国一起，共同承担责任、分担风险。不仅仅只在防卫层面，还在国际危机解决和国际合作等方面发挥自己的作用。为了能够更全面、更广泛地应对国际新形势、新问题，北约、欧安组织和西欧联盟应当开展广泛合作④。

科尔也同样持这种观点。1991 年 5 月 17 日，在联邦新闻发布会上，科尔说

① 高德平，(1992)，统一德国与东欧与独联体各国的关系，《俄罗斯东欧中亚研究》，第 4 期，78—84。

② 同上。

③ Rühe, V. Die NATO als Fundament der Sicherheitsstruktur der Zukunft, Retrieved August 21, 2016, from http://www.glasnost.de/militaer/bund/93redruehe.html

④ Rühe, V. Die NATO als Fundament der Sicherheitsstruktur der Zukunft, Retrieved August 21, 2016, from http://www.glasnost.de/militaer/bund/93redruehe.html

道：3月31日，华约集团解散了。对于欧洲来说，这代表着欧洲安全政治环境翻天覆地的变化。有些人认为，华约解散了，代表北约也应当就此解散。但我觉得这是非常错误也是非常危险的结论。我们德国人坚定认为：北约在保障和平、稳定秩序方面对欧洲是不可或缺的。北约不仅仅只在有对手的时候才需要存在，它建立在共同的利益和共同的价值观基础上，是一个价值观共同体。北约不能消失，相反地，欧洲方面应当在北约内部起到更大的作用。北约和欧洲不应非此即彼（entweder－oder），而应当携手共进（sowohl－als－auch）①。

这主要出于两方面因素的考量：从德国内部来说，统一的德国在一定程度上引起国际社会的戒心，在安全和军事领域，德国尚需韬光养晦，不做“出头鸟”；此外，统一后的德国需要在东部进行一系列经济、政治、社会改革，无力承担过多军费。因此，继续依赖北约为德国提供安全保障是当时德国的最佳选择。但与此同时，德国也希望突出欧洲的力量，使欧洲与美国成为共同建构欧洲和平秩序的伙伴，从而在国际政治舞台上争取到更大的话语权。从德国外部环境来说，虽然苏联已经解体，但俄罗斯继承了苏联的巨大军事威胁力量：其储存的大量战术核武器和生化武器（2.7万枚核弹头）、装备精良的400万军队以及在前民主德国驻扎的30多万军队②都令德国如坐针毡。因此，一方面通过经济援助、政治合作保证俄罗斯国内政治稳定、加速其民主化进程，另一方面依靠北约，依然对俄罗斯保持戒心，是德国政界形成的共识。

总体来说，德国在冷战初期形成的欧洲和平秩序观，与《新欧洲巴黎宪章》中宣称的一样，希望建立一个“从温哥华到海参崴的和平秩序”，不但强调包括俄罗斯的统一“欧洲大厦”，并且强调该“欧洲大厦”里应当包括美国和加拿大。

第二节 “理想”的“欧洲和平秩序”逐渐实现：20世纪90年代中期到90年代末

在20世纪90年代初期到中期，德国政界一直秉持这种以西方民主价值观为核心，以北约、西欧联盟和欧安组织为复合型载体的欧洲和平秩序观。因此，在统一德国先后与中东欧国家签订友好睦邻协议时，均将“实现欧洲统一的和平秩

① Kohl, H. Konturen und Perspektiven einer neuen internationalen Ordnung, Retrieved August 21, 2016, from https://www.bundesregierung.de/Content/DE/Bulletin/1990－1999/1991/55－91_Kohl_1.html

② 数据来源参见：高德平，（1992），统一德国与东欧与独联体各国的关系，《俄罗斯东欧中亚研究》，第4期，78－84。

序”作为文件的出发点。尤其在1990年11月9日与苏联签署《睦邻、伙伴及合作条约》时，双方在前言中就写明：为了建立一个新的、在共同价值观基础上统一的欧洲，为了建立一个持久的、公正的欧洲和平秩序，德国与苏联签订该条约，并在条约中同意：承认、尊重、不改变欧洲目前的边界；将《赫尔辛基最后文件》作为合作的条约基础；确定德国和苏联的安全共同目标是促进欧洲统一进程①。

然而，随着冷战后美国与俄罗斯、中东欧国家与俄罗斯之间的安全利益分歧逐渐显露，德国这种理想主义的、“从温哥华到海参崴”和平秩序观很快被证明在短时间内是不可能实现的。因此，从20世纪90年代中期开始，德国政府在继续坚持欧洲和平秩序观中“欧洲统一”“民主制度”“尊重人权”等基本核心原则的同时，开始减少对欧洲和平秩序口号性的宣传，转而更为脚踏实地地研究如何在有限的条件下，尽可能打造德国外部和平环境。因此，尽管在各种官方文件和发言中，德国依然认为“统一的欧洲和平秩序”才是欧洲长治久安之道，也依然认为，在欧洲和平秩序的建构过程中，北约、欧共体国家、中东欧国家和俄罗斯缺一不可，但在其秩序建构伙伴的选择上，德国明确表示了不同伙伴的不同优先级：在欧洲安全秩序的维护上，北约依然是最重要的机构；西欧联盟既是欧盟的“武装臂膀”，又是北约的“欧洲支柱”（随着欧盟的出现，这项职能逐渐移交给欧盟，归入欧盟“共同安全与防务政策”框架下）。因此，作为欧洲和平秩序的最重要的承载机构，北约的东扩是必须的，北约的不断东扩，是欧洲和平秩序往欧洲东部覆盖的过程中不可缺少的制度保障。

与此同时，德国政府依然认为，缺少俄罗斯的欧洲和平是不可能持久的。鲁厄在1994年第一次车臣战争爆发之后，在“安全政治1995”的研讨会上以“新的欧洲和平秩序议程”为主题发言，并表示：“欧洲地区的和平与稳定必须要与俄罗斯一起建构，而不能对抗俄罗斯”，因此，德国应当继续与俄罗斯发展战略性伙伴关系，与俄罗斯保持广泛的、密切的合作，以促进俄罗斯国内的改革进程，与俄一起共同解决地区冲突②。同样在这次发言中，他也警告道，“俄罗斯国内发展的新态势令人担忧”，“虽然我并不认为，俄罗斯最近的一系列行为已经严重损害了过去几年中建立起来的欧洲稳定，但叶利钦总统不应当再继续现在的

---

① Vertrag über gute Nachbarschaft, Partnerschaft und Zusammenarbeit zwischen der Bundesrepublik Deutschland und der UdSSR. Retrieved August 21, 2016, from http: //www.kas.de/wf/de/71.4551

② Rühe, V. Agenda einer neuen Friedensordnung für Europa. Retrieved August 21, 2016, from https: //www.bundesregierung.de/Content/DE/Bulletin/1990—1999/1995/32—95_Rühe.html

发展道路。现在，俄罗斯需要进行更为强有力的民主改革。否则，俄罗斯就相当于自行放弃了共同建构新欧洲的权利。而一旦俄罗斯放弃这个权利，那么在未来，统一的欧洲繁荣昌盛之时，它也不能获得共同的经济机遇。”他同时强调，“俄罗斯是一个横跨欧亚大陆的强国。它还是欧洲大陆上军事实力（包括核武器和常规武器）最强的国家。因此，欧洲未来的安全秩序应当架构在战略性的力量平衡上。”① 这是自冷战结束之后，德国政府首次明确指出，北约应当保持其军事实力，以作为与俄罗斯的军事力量相抗衡的平衡性力量出现，认为欧洲的安全依然建立在北约能够形成对俄罗斯的有效军事遏制基础之上。

在这个阶段，德国还加强了对欧洲和平秩序架构中欧洲力量的建设。这表现在：一方面，加强对于西欧联盟的建设，从制度上、运作范围上、行动能力上对西欧联盟进行改革。1994 年 5 月 9 日，在卢森堡举行的西欧联盟上半年部长理事会上，西欧联盟决定同东欧、波罗的海九国建立“联系伙伴”关系，并强调继续发展西欧军事实力和实战能力。11 月 14 日，西欧联盟下半年部长理事会在荷兰诺德韦克举行，会议原则通过了《欧洲共同防务政策的基本原则》。文件规定，共同安全与防务是欧洲一体化的组成部分，西欧联盟要加快组织机构与军事机构建设，尽快成为欧洲联盟的军事机构。文件强调，西欧联盟与北约安全目标一致。作为北约的“欧洲支柱”，西欧联盟部队在作战时可接受北约指挥，并可在北约不参加的情况下使用北约的军队设施与后勤保障及设备，沿用北约的作战程序等。但西欧联盟是独立的军事组织，应逐步完善自己的作战指挥体系与部队②。

另一方面，通过《马斯特里赫特条约》，将单纯经济联盟的欧共体发展成为兼具政治和外交防务功能的欧洲联盟。在签订该条约时，德国政府就强调，前南斯拉夫地区的剧烈冲突和中东欧国家的不稳定局势都让欧盟国家再次认识到，欧盟（欧共体）最大的历史成就在于，使欧盟国家之间发生战争的可能性降到最低。欧洲统一始于德法友谊，而在欧盟成立之际，德法将继续成为欧洲统一的发动机。在相互尊重、共同合作的基础上继续发展欧洲国家的关系。使欧共体的成功经验继续覆盖整个欧洲，建立全欧的共同和平秩序③。

---

① Rühe, V. Agenda einer neuen Friedensordnung für Europa. Retrieved August 21, 2016, from https://www.bundesregierung.de/Content/DE/Bulletin/1990—1999/1995/32—95 _ Rühe.html

② 西欧联盟。引用于 2016 年 7 月 26 日，引用自 http://www.people.com.cn/GB/channel2/20/20000321/20067.html

③ Kinkel, K. Erklärung des Bundesministers zum Inkrafttreten des Maastrichter Vertrags über die Europäische Union. Retrieved August 23, 2016, from https://www.bundesregierung.de/Content/DE/Bulletin/1990—1999/1993/99—93 _ Kinkel.html; jsessionid=3D5F0544681D4C041AF4F9381A382137.s1t2

这种强调欧洲力量的倾向在施罗德政府上台后变得更为明确。1999 年 1 月 20 日，时任德国外交部长菲舍尔在巴黎发表讲话，认为：“为了实现欧洲共同外交与安全政策，应当确立一个以欧洲为核心的安全与防卫身份。在现今国际上单边主义倾向愈演愈烈的背景下，欧洲面临着与其他伙伴一起、在国际法基础上共同建构多边和平秩序的挑战。北约虽然依然具有防卫的功能，但也应加强其危机解决的能力。与此同时，欧盟也应当发展出自己的军事危机管制能力，以便在我们的北美伙伴不愿意参与到危机之中时，欧盟/西欧联盟也能拥有独立的行动力。”① 同年 2 月 6 日召开的慕尼黑安全会议上，施罗德也表示，“欧洲愿意承担起更大的外交和安全政策方面的责任，事实上，这也符合美国的利益。如果我们自己没有积极的意愿，去参与建构一个和平秩序的话，那么我们也就失去了相应的权利，去抱怨别人在搞单边主义了。”②

因此，总体而言，在 20 世纪 90 年代中期到 90 年代末，德国政府在提及“欧洲和平秩序”时，除了依然强调北约的安全保障作用之外，一般都将这个概念与欧洲自身的安全与防务力量建设以及促进中东欧国家和俄罗斯进行民主体制改革联系起来。尤其施罗德政府上台，面对美国逐渐发展成世界唯一的超级大国，并且开始实施单边主义外交政策路线之后，德国更是强调欧洲的和平秩序建构应当由欧盟作为核心主体。简言之：为了欧洲和平秩序的实现，欧盟国家应当团结一心，发展共同政治、外交、防务政策，而原属苏联的国家，则应按照西方国家价值观体系进行改革，尽早以稳定、民主、和平的国家身份，加入欧洲和平秩序的建构过程中来。为了达到上述目的，德国无论在欧盟建设层面，还是在对中东欧国家以及俄罗斯的经济援助方面，都做出了巨大的努力。但直到 20 世纪 90 年代末，德国政府也承认，尽管一直在追求一个持久的欧洲和平秩序，但欧洲离达到这个目标还有很长一段路要走③。

---

① Fischer J. Zukunftsfähigkeit und Legitimität der Europäischen Union. Retrieved August 23, 2016, from https: //www. bundesregierung. de/Content/DE/Bulletin/1990—1999/1999/04—99 _ Fischer. html

② Schröder, G. Ausgestaltung einer Europäischen Sicherheits— und Verteidigungspolitik. Retrieved August 23, 2016, from https: //www. bundesregierung. de/Content/DE/Bulletin/1990—1999/1999/08—99 _ Schröder. html

③ Scharping R. Grundlinien deutscher Sicherheitspolitik. Retrieved August 23, 2016, from https: //www. bundesregierung. de/Content/DE/Bulletin/1990—1999/1999/56—99 _ Scharping. html

第三节 “欧洲和平秩序”提法的沉寂：21世纪初至乌克兰危机

进入21世纪，随着“9·11”事件的发生，美国单边主义盛行，俄罗斯重新谋求国际大国身份，从而与西方联盟渐行渐远，国际秩序的混乱与重构等现实外交因素发生变化，德国政府极少再提到欧洲和平秩序这个概念，更多的是讨论国际秩序、国际格局以及德国、欧盟在现有国际秩序中的角色和定位。

在这个阶段，德国政府少数几次提到欧洲和平秩序，一般都在两个语境之下：一是在回顾冷战后历史时，尤其回顾与德国统一、欧安组织的发展、冷战后北约的转型等相关历史中。例如2005年10月3日，在德国统一十五年庆典活动上，时任德国联邦议院议长沃尔夫冈·蒂尔泽说道，“德国统一有助于欧洲统一和欧洲和平秩序的建构，因此，德国统一和欧洲融合进程，是一体两面的。”① 施泰因迈尔也于2008年12月4日在赫尔辛基召开的欧安组织部长理事会上回忆道，《赫尔辛基最后文件》和《新欧洲巴黎宪章》中所规定下来的，“从温哥华到海参崴的欧洲和平秩序”是欧洲历史性的进展，是欧洲从此走上新生道路的标志②。德国总理默克尔更是在2012年10月15日的“和解作为历史任务——德国从1945年二战结束以来所完成的工作”主题大会上将德国对于统一欧洲和平秩序的建构追溯到了联邦德国建国之初：“我们的父辈和母辈在1945年撰写《基本法》时，就已经将统一的欧洲和平秩序纳入了考量之中。我们在欧洲究竟应去往何方？我们在欧洲应当实现的目标究竟为何？《基本法》中的一句话已经做出了完美的回答：‘承蒙上帝和人民赋予我们的权利，德国将作为欧洲平等的一分子，在一个统一的欧洲中，为世界的和平做出贡献’”③。

二是在探讨新国际秩序和国际格局时，将欧洲和平秩序作为模板和多边秩序

① Thierse, W. Rede des Präsidenten des Deutschen Bundestages beim Festakt zum 15. Jahrestag der Deutschen Einheit in Potsdam. Retrieved August 23, 2016, https: //www. bundesregierung. de/Content/DE/Bulletin/2001 _ 2007/2005/10/2005—10—03—rede—des—praesidenten—des—deutschen—bundestages—wolfgang—thierse—beim—festakt—zum—15—ja. html

② Steinmeier, F. —W. Rede des Bundesministers des Auswärtigen, Frank—Walter Steinmeier, beim OSZE— Ministerrat am 4. Dezember 2008 in Helsinki. Retrieved August 23, 2016, from https: //www. bundesregierung. de/Content/DE/Bulletin/2008/12/136—3—bmaa—osze. html

③ Merkel A. Rede der Bundeskanzlerin Angela Merkel anlässlich des Kongresses „ Aussöhnung als Aufgabe - Deutschlands Arbeit an den Kriegsfolgen seit 1945 “. Retrieved August 23, 2016, from https: //www. bundesregierung. de/ContentArchiv/DE/Archiv17/Reden/2012/10/2012—10—16—bkin—cdu. html

的典范。例如默克尔于 2009 年 1 月 8 日在巴黎举行的一次学术研讨会上说，“二战结束之后的前数十年中，欧洲的最重要任务，是建构一个欧洲和平秩序，而在未来的数年中，欧盟的重要任务则是为建构一个国际秩序做出应有的贡献。我相信，在该国际秩序的建构过程中，欧洲已做好了充足的准备为其出谋划策。”①

第四节　“欧洲和平秩序”的重建：乌克兰危机至今

2013 乌克兰危机爆发后，尤其是 2014 克里米亚事件发生后，德国政界开始频繁重提“欧洲和平秩序”，将俄罗斯在乌克兰和克里米亚地区的所作所为定性为“对欧洲和平秩序的原则性破坏”，并因此呼吁应当在欧洲出现新形势、新挑战的情况下，设法“重构欧洲和平秩序”。

德国政府在乌克兰危机之后首次提到“欧洲和平秩序”，是在 2014 年 3 月 7 日的联邦政府新闻发布会上。在回答记者针对乌克兰局势提出的问题时，时任德国外交部新闻发言人沙夫（Schäfer）称，乌克兰东部（顿涅茨克地区）的混乱局势对于乌克兰国家的未来，同时对于欧洲和平秩序都是一个严肃的问题②。沙夫接着在 3 月 10 日召开的政府新闻发布会上继续表示，德国外交部长将乌克兰危机称为“柏林墙倒塌之后最严重的危机”，有可能导致“欧洲的重新分裂”。因此，为了消除欧洲和平秩序所面对的严重危险，他将致力于寻求一个不但符合德国利益，也同时符合德国价值观的解决模式③。

到了 2014 年 9 月，施泰因迈尔已经将乌克兰事件之后的欧洲局势与冷战时期的分裂联系起来，认为虽然乌克兰危机没有发展成为“热战”，但德国人同样不希望因此而重回冷战时代。德国人比任何人都要希望真正的和平，希望维持欧洲和平秩序④。10 月 16 日，默克尔在亚欧会议（ASEM）峰会上谈到，“乌克兰

---

① Merkel, A. Rede von Bundeskanzlerin Dr. Angela Merkel auf dem Kolloquium „ Neue Welt, neuer Kapitalismus “, Retrieved August 23, 2016, from https://www.bundesregierung.de/Content/DE/Bulletin/2009/01/02—2—bk—paris.html

② Regierungskonferenz vom 7. Mai. 2014. Retrieved August 23, 2016, from https://www.bundesregierung.de/Content/DE/Mitschrift/Pressekonferenzen/2014/05/2014—05—07—regpk.html

③ Regierungskonferenz vom 10. Mai. 2014. Retrieved August 23, 2016, from https://www.bundesregierung.de/Content/DE/Mitschrift/Pressekonferenzen/2014/03/2014—03—10—regpk.html

④ Friedenspolitik hat höchste Priorität. Retrieved August 23, 2016, from https://www.bundesregierung.de/Content/DE/Artikel/2014/09/2014—09—11—aa—etat 2015.html

危机破坏了国际法，并对欧洲和平秩序造成了损害。”[①] 并于11月17日在悉尼罗维国际政治研究所（Lowy Institute for International Policy）发表的讲话中将责任直接归于俄罗斯，认为“俄罗斯破坏了乌克兰的领土完整和国家主权，它将乌克兰视为自己的势力范围。而这种行为对冷战以来建立的欧洲和平秩序形成了挑战。”[②]她谴责俄罗斯破坏国际法，尤其是《布达佩斯备忘录》，因为乌克兰遵守诺言，放弃了核武器，但却没有享受到应有的权利，受到来自俄罗斯的安全威胁[③]。

2016年10月13日，施泰因迈尔在参加欧洲委员会的议会大会上发表讲话，阐述了何谓欧洲和平秩序，以及如何建构一个稳定的和平秩序，他表示，欧洲和平秩序是“一个多边的、以国际法为基础的秩序”。“但并不仅限于规范国与国之间关系的秩序，而是一种多重秩序结构（Ordnungsstrukturen），在这种秩序结构下，人们能够通过开放的多边对话解决问题、通过和平方式缓解紧张对抗的状态”。要建构一个稳定的和平秩序，“答案就在构词之中：通过秩序达到和平，通过世界制订规则来达到和平，通过法治的力量、而非强权的权势来达到和平，(die Stärke des Rechts statt das Recht des Stärkeren)。”[④]

纵观德国政界精英针对乌克兰事件所作的发言、表态，我们可以看出，“俄罗斯在乌克兰的作为严重破坏了冷战后建构起来的欧洲和平秩序”的结论是德国政府对此事的官方定性。他们不是将此次事件仅仅视为孤立的国与国之间的纠纷，而是将之视为一个严重的信号：俄罗斯为了争夺乌克兰的归属，不惜悍然动武，破坏他国边界。这说明冷战以来德国一直希望的“全欧和平”被以武力的形式打破。欧洲分裂的边界并未消失，只是向东移动了。德国赖以自豪的多边危机解决模式在面对俄罗斯的强硬时显得束手无策，而通过武力解决冲突则违背德国素来的外交政策方向，同时，一旦动用武力，形成热战，对德国东部边境的安全

---

① Merkel, A. Regierungserklärung von Bundeskanzlerin Angela Merkel zum ASEM—Gipfel. Retrieved August 23, 2016, from https://www.bundesregierung.de/Content/DE/Bulletin/2010—2015/2014/10/115—1—bk—bt.html

② Deutsche Außenpolitik. Retrieved August 23, 2016, from https://www.bundesregierung.de/Content/DE/Artikel/2014/11/2014—11—17—bundeskanzlerin—europa—asien.html

③ Merkel, A. Rede von Bundeskanzlerin Angela Merkel auf der 51. Münchner Sicherheitskonferenz. Retrieved August 23, 2016, from https://www.bundesregierung.de/Content/DE/Bulletin/2010—2015/2015/02/22—1—bk—sicherheitskonferenz.html

④ Steinmeier, F.—W. Rede des Bundesministers des Auswärtigen, Dr. Frank—Walter Steinmeier, vor der Parlamentarischen Versammlung des Europarats. Retrieved September 2, 2017, from https://www.bundesregierung.de/Content/DE/Bulletin/2016/10/119—1—bmaa—europarat.html

环境势必造成冲击性的不利影响。因此，德国政府认为，乌克兰事件表明，原本的欧洲和平秩序原则遭到了破坏，承载该和平秩序的安全保障机制（北约、欧盟、欧安组织等）也受到了极大挑战。

尽管德国政界的主流观点均认为，俄罗斯破坏了现有的欧洲和平秩序，但对于俄罗斯破坏和平秩序的深层次原因以及如何重构秩序的方式，各方认识还是有所不同。执政党官方言论中，都将俄罗斯的行为归结为“陈旧的势力范围”观念导致①，施泰因迈尔直指“这种划分势力范围的思维模式来源自现实主义强权政治的地缘政治理念，是与现今欧洲和平秩序理念背道而驰的②”。因此，“德国和欧洲都已经决定，要努力消除这种陈旧的‘势力范围’观念。为此，德国决定：（1）从政治上、经济上支持乌克兰；（2）要想尽办法与俄罗斯对话，寻求外交解决途径，重构互信；（3）继续对俄进行经济制裁，直至危机解决。”③

更具体而言，德国的行动重点包括三个部分：

1. 德国将为多边机制的建设进一步做出努力。首先在欧盟的框架之下，其次在跨大西洋联盟的框架之下，积极促使西方国家联盟更为团结地进行行动。德国将承担更多的国际责任。

2. 德国将更多地参与到危机管制和冲突解决的机制建设中去，包括危机预防、危机调解、危机管制和冲突后的重建工作等。

3. 在保障欧洲的安全时，德国应承担更多的责任。德国不仅要思考如何解决乌克兰问题，更要思考，如何在双方互信几乎已经丧失殆尽的情况下，使俄罗斯能够重新融入欧洲安全框架。解决乌克兰危机、阻止东西欧重新分裂，是建构稳定和平秩序的前提。

综上，德国政府认为，坚定不移地推行原有的欧洲和平秩序基本原则，团结欧盟国家和跨大西洋联盟国家，通过政治对话、多边协商机制和经济制裁等方式，使俄罗斯转变思路，放弃强权政治，重铸互信，重新参与到欧洲和平秩序的建构中来，是乌克兰危机乃至欧洲和平秩序危机的根本解决途径。为此，德国“愿意承担更大的责任”，也一再提醒俄罗斯“一个统一、稳定的欧洲不但符合德

---

① 可参见上文中默克尔的发言。

② Steinmeier，F. —W. Rede des Bundesministers des Auswärtigen，Dr. Frank—Walter Steinmeier，auf der 51. Münchner Sicherheitskonferenz. Retrieved August 23， 2016， from https：//www. bundesregierung. de/Content/DE/Bulletin/2010 — 2015/2015/02/23 — 1 — bmaa — sicherheitskonferenz. html

③ Deutsche Außenpolitik. Retrieved August 23，2016，from https：//www. bundesregierung. de/Content/DE/Artikel/2014/11/2014—11—17—bundeskanzlerin—europa—asien. html

国的利益，也同时符合俄罗斯的利益"①。

但与此同时，德国"政治精英"中也出现了不同的声音。与一部分德国学者一样，许多"政治精英"认为，造成俄罗斯行为的原因不是单方面的，西方国家也应承担一定责任。根舍曾经说过："随着冷战结束，东西方之间的裂痕本应就此消失。但有些人却并未将之视为欧洲分裂的终结，而是把它当成了将原本位于欧洲中部的分裂线往俄罗斯西部边境推移的机会。我认为，人们并未为俄罗斯设身处地地着想过，没有正确评估俄罗斯的权力丧失程度，也未建构性地开展与俄的交往，将它作为严肃的伙伴看待。但我们始终要认识到，没有俄罗斯，就不存在欧洲的稳定，与俄对抗是绝对不可取的。"②

德国前总理赫尔穆特·施密特在2014年3月26日接受《时代周报》采访时也表示，"乌克兰局势目前是很危险的，因为西方国家被激烈情绪所主导，坚信俄罗斯会进一步进攻东乌克兰。在我看来，这是一种错误的认识"③。无独有偶，德国《明镜》周刊专栏作家雅各布·奥戈斯坦恩也于2014年3月25日撰文指出，德国对俄罗斯存在错误的认识，认为俄的扩张欲望是没有止境的。德国总理默克尔和总统高克均出生在前民主德国，对俄罗斯具有天然的戒心，在实施对俄政策时，德国政治家总将俄罗斯及其领导人普京设想成地缘上的安全威胁。奥戈斯坦恩认为，这是德国和欧盟需要不断东扩的深层次原因，而欧盟的不断紧逼令俄罗斯倍感"被包围"，对乌克兰事件的强烈反弹不过是数年来俄罗斯被西方不断挤压战略空间之下最终的爆发而已④。

但无论德国政界对于俄罗斯的行为原因持何种观点，双方都承认，要在欧洲建构持续的、稳定的和平秩序，离开俄罗斯的合作是行不通的。"与俄罗斯一起，而非对抗俄罗斯"是德国政界的普遍认识。

---

① Steinmeier F. —W. Rede des Bundesministers des Auswärtigen, Dr. Frank—Walter Steinmeier, auf der 51. Münchner Sicherheitskonferenz, Retrieved August 23, 2016, from https://www.bundesregierung.de/Content/DE/Bulletin/2010—2015/2015/02/23—1—bmaa—sicherheitskonferenz.html

② Genscher, H. —D. (2014). Zeugen des Jahrhunderts. ZDF, 28.09.2014.

③ Helmut Schmidt hat Verständnis für Putins Krim — Politik. Retrieved August 23, 2016, from www.zeit.de/politik/2014—03/schmidt—krim—putin

④ Augstein, J. Putin und die Ukraine—Krise: Das falsche Feindbild. Retrieved August 23, 2016, from www.spiegel.de/politik/ausland/augstin—kolumne—putin—und—der—westen—in—der—krim—krise—a—960354.html

第五章

欧洲和平秩序观视角下冷战后德俄安全关系的演变

第一节 1990－1994年德俄“特殊关系”的形成

一、1990－1994年德俄双边关系综述

1990年10月3日，德国重新统一，1991年12月25日，苏联解体，俄罗斯正式独立。在面对冷战结束后变化的国际及欧洲外部环境时，德俄是两个几乎在同时获得新生、亟须探索和适应新安全格局的国家。在理想上，双方均希望建构欧洲共同安全[①]，实践上则同时靠向西方、靠向美国。1993年12月，当时的德国驻俄罗斯大使在接受“莫斯科新闻”的采访时称德俄关系是一种“特殊的双边关系”[②]。这不仅仅因为莫斯科在德国统一时给予的关键承诺，也在于两极格局结束之后双方在欧洲新秩序形成过程中的共同利益：维持中东欧和巴尔干地区的稳定对于德俄两国来说，比对其他欧洲国家来说更为重要。

在上述背景下，冷战后的德俄关系度过了一个“蜜月期”。1990年11月9日，统一的德国与苏联共同签订了《睦邻、伙伴和合作条约》，其中阐明了德苏友好的前提是“为了建立一个新的、在共同价值观基础上统一的欧洲，为了建立一个持久的、公正的欧洲和平秩序”[③]。该条约构成了冷战后德苏交往的法律基

---

① 德国在冷战刚刚结束时希望发展欧安组织，俄罗斯则希望北约和华约一起解散，建立“欧洲大厦”。[参见：左凤荣，(2009)，欧洲安全新构想能否成为现实，《解放军报》，12月6日，第004版。]

② 熊炜，(2008)，《统一以后的德国外交政策（1990—2004）》。北京：世界知识出版社，124。

③ Gesetz zu dem Vertrag vom 9. November 1990 über gute Nachbarschaft, Partnerschaft und Zusammenarbeit zwischen der Bundesrepublik Deutschland und der Union der Sozialistischen Sowjetrepubliken, Retrieved April 12, 2017, from http://www.aussiedlerbeauftragter.de/SharedDocs/Downloads/AUSB/DE/Russland/minderheit-udssr-nachbarschaftsvertrag.pdf?__blob=publicationFile

础。此外，苏联在1990年9月12日的《2+4条约》上签字，使德国最终扫清了统一的障碍，也成为构筑德俄“特殊关系”的起点。

1990年起，“德俄特殊关系”得到持续发展。一方面，德国对于实现和平统一充满感激，且苏联在从前民主德国地区撤军等统一后续事件中与德国积极配合；另一方面，作为在冷战中经历分裂，并处于东西方对抗前沿的国家，德国比任何国家都希望欧洲能够真正统一，从而消除德国东部的安全隐患。因此，从经济上援助俄罗斯、政治上接近俄罗斯，促进俄罗斯国内体制改革的顺利进行，以使俄罗斯最终融入欧洲，融入西方，是德国统一后的重点外交方向。1990年11月9日，苏联领导人戈尔巴乔夫作为德国统一后的第一位外国元首正式访问德国，使德苏关系进入了一个“新的阶段”①。1991年11月21日，俄罗斯总统叶利钦应邀访德，并发表《德俄共同声明》，在声明中，德国表示，它将全力支持俄罗斯“塑造市场经济的未来”，向俄罗斯提供贷款②。他强调要“全面地发展友好、睦邻与合作关系”，特别强调加强双边经济关系，表示要在运输、农业消费品生产、石油和天然气开采、环保等方面进行紧密合作③。在此次访问过程中，时任德国总理科尔和外长根舍还分别同俄罗斯方面来访人员进行了深层次会晤，对政治、经济、科技、文化等方面的合作可能展开探讨，对许多双方感兴趣的重要问题进行磋商，并签订了相关文件。这些声明和文件大大改变了两国间合作的质量，使两国合作提高到“一个更高的水平”④。

1993年，面对前南斯拉夫地区的动荡局势，鲁厄警告说，欧洲陷入了新的困境，欧洲的融合过程被某些地区碎片化的倾向所阻挠，欧洲的统一进程可能会陷入全新的危机。因此，他认为应更积极与俄罗斯合作，促使俄罗斯的改革顺利进行。在访俄期间，他得到了很大的信心：俄罗斯的改革必定会成功，但与此同时，俄罗斯非常需要德国的支持，使目前所取得的进步不会逆转。因此，对俄罗斯的援助政策从长远来看是非常有利的，但与此同时，德国付出了高昂的代价，承担了对俄、对东欧国家援助的相当大一部分。因此，他呼吁，欧洲人应当团结

① 高德平，(1992)，统一德国与东欧与独联体各国的关系，《俄罗斯东欧中亚研究》，第4期，78—84。

② 刘毅政，(1993)，《叶利钦其人其事》。北京：中国社会科学出版社，282。

③ 陈宪良，(2014)，《俄罗斯国家利益观的嬗变》。北京：社会科学文献出版社，61。

④ 高德平，(1992)，统一德国与东欧与独联体各国的关系，《俄罗斯东欧中亚研究》，第4期，78—84。

起来，共同帮助俄罗斯和东欧国家[1]。

这样的态度也获得了俄罗斯方面的积极响应。1992年，俄罗斯在逐步恢复德裔俄罗斯人的国家感合作备忘录中明确保障德裔俄罗斯人的民族和文化独立性，并配合德国意愿，于1994年8月将俄罗斯军队全部撤出德国。虽然撤军的费用由德国承担，但这些标志着两国关系已经走向正常化，消除了历史遗留问题[2]。

在叶利钦总统的领导下，俄罗斯放弃了长期坚持的"核均势"原则，与德国方面一直呼吁的削减大规模杀伤性武器的号召不谋而合；尤其在独联体的军事力量控制上，德国一直害怕独联体国家从苏联继承而来的核武器，因此，德国使用经济援助等方式，试图使独联体国家削减核武器。1992年2月，科尔就表示，要把对独联体的援助"同这些国家严格控制核武器和化学武器的情况联系起来"[3]。针对这种做法，俄罗斯积极配合，促使独联体国家削减和转移其核武器与常规武器。在这一阶段发生的南斯拉夫解体、波黑战争、南奥塞梯及阿布哈兹问题等重大国际事件中，俄罗斯也一再放弃传统安全利益，与西方国家站在同一阵线。但是，在华约解散后，北约不但没有解散，反而开始了向东扩张的动作。对于这一行为，德国认为"作为欧洲和平秩序的核心承载机构，北约的东扩是欧洲和平秩序覆盖全欧的前提条件"，并对此非常欢迎。而俄罗斯也认为，北约已经不再是对手，而是维持整个欧洲地区稳定的重要因素，并在1994年6月22日，正式加入北约"和平伙伴关系"计划框架，成为北约第21个"和平伙伴关系国"[4]。

与此同时，这一阶段的德俄关系也时有龃龉。首先，在苏联还未解体时，德国就积极支持波罗的海三国的独立，引起了戈尔巴乔夫的不满。后来在南斯拉夫解体过程中，俄罗斯希望保持南斯拉夫的领土完整，不愿意看到南地区的分裂，从而引发地区动荡。美国在该问题上与俄罗斯保持一致，都认为应当在冲突双方做出妥协之前尽可能维持南斯拉夫国家体制现状。但德国拒绝该方案，于1991年12月做出支持克罗地亚和斯洛文尼亚独立的决定，欧共体随后在1992年1月15日承认斯洛文尼亚和克罗地亚独立[5]。德国的这种做法一方面得罪了南联盟，

---

① Rühe, V. Die NATO als Fundament der Sicherheitsstruktur der Zukunft, Retrieved April 12, 2017, from http://www.glasnost.de/militaer/bund/93redruehe.html

② 闫俊屹，(2015)，冷战后德国外交政策探微，硕士学位论文。黑龙江：黑龙江大学，28。

③ 陈宪良，(2014)，《俄罗斯国家利益观的嬗变》。北京：社会科学文献出版社，99。

④ 同上，110。

⑤ 同上，111。

另一方面更是让独联体的领导人产生一定戒心。

总体而言，这一阶段的德俄关系发展平稳。双方都相信冷战中的欧洲分裂线就此消失，俄罗斯应迅速加入西方阵营，一起发展“从温哥华到海参崴”的欧洲和平秩序。为了达到这个共同的目标，德国方面对俄罗斯提供了许多经济援助和政治改革动力，相应地，俄罗斯实行“一边倒”外交战略，尽量满足西方国家制订的国际关系准则，符合其价值观体系。因此，德俄双边关系发展相对顺利。

这一阶段德俄安全关系的另外一个特征，是它被美国力量充分影响和制约。与其说德俄双边关系发展良好，不如说由于双方在冷战后都殊途同归地执行向美国倾斜的外交政策。在国际热点事务、欧洲区域安全建构、国家利益选择和价值观归属等问题上都唯美国马首是瞻，客观上形成了共同的合作框架。但是，随着之后北约的不断东扩、美国单边主义的兴起，俄罗斯与美国的分歧越来越大，而德国也开始逐渐强调“欧洲的德国”这一国家定位，德俄安全关系则开始具有更多的层次。

二、本阶段德俄安全关系分析

（一）国家层面：该阶段德俄双方的安全利益观

1. 德国的安全利益观

冷战结束后，德国自身的角色定位和外部安全环境都有了翻天覆地的变化。在全新的国际形势下，如何找到德国在世界、在欧洲的位置，如何维护德国的安全利益，同时不致引起别国戒心，是德国在 20 世纪 90 年代初期的主要外交任务。因此，当时德国的最重要国家利益在于两个方面：一是确保东部地区从政治上、经济上、社会上尽快融入统一的德国，保证德国自身的稳定发展；二是尽量维持欧洲整体的稳定，尤其是保障德国东部边界的安全，使德国的统一能够在和平、有序的外部环境中平稳渡过。

这两个国家利益层面是互有关联的。保证德国统一的平稳进行是最为核心的利益所在，一个稳定的外部环境则是其保障和前提。而如果想要维持一个稳定的外部环境，则要分析当时德国所面临的主要安全威胁。冷战结束后，意识形态对抗消失，德国国内普遍认为，针对德国本土的大规模军事威胁已经几乎不再有可能出现。但与此同时，随着苏联解体，中东欧国家纷纷独立，德国东部边境外的地区性不稳定因素增加。这其中包括：

（1）国家边境的变化导致武装冲突，同时产生难民向德国流动的状况，导致德国社会不稳；

（2）新兴国家的民主改革进程中充满不确定因素，一旦哪个国家改革失败，就有可能导致“失败国家”“碎片化国家”的出现，从而影响欧洲整体和平；

（3）苏联的“后继国家”继承了苏联的军事力量，包括核武器技术，从而对德国形成了潜在威胁。

为了解决上述问题，德国政府认为，应当从两个方面出发：一是从中东欧新兴国家内部着手，促使这些国家尽快走上改革的道路，从而融入西方联盟，从制度上杜绝战争的根源。时任德国国防部长斯托登伯在 1990 年 7 月 17 日的一次讲话中就援引了康德的《永久和平论》，认为建构欧洲和平秩序的关键在于，使所有欧洲民族国家都尽快完成改革。他同时认为，西欧一体化的成功经验应当推广至新兴的中东欧国家，通过让渡一部分主权给共同体组织的方式，从根源上消除战争的可能性①。

为了达到这一目的，德国政府积极支持新兴国家的改革进程。它首先支持波罗的海三国从苏联独立出来，继而在南斯拉夫解体的过程中，也坚定地站在克罗地亚和斯洛文尼亚独立派的一边。此外，在中东欧国家和俄罗斯进行改革和市场经济转轨时，德国也给予了较大的经济援助。在 1992 年 6 月，西方国家向俄罗斯提供的 240 亿美元贷款中，德国成为仅次于美国的第二大出资国。科尔曾经盛赞这一举动，称其为“新时代的马歇尔计划”，认为通过援助俄罗斯，促使俄罗斯早日完成体制改革，是对“欧洲整体和平”非常关键的因素②。他还强调，“欧洲的和平欠缺俄罗斯是不可想象的，反过来，俄罗斯的和平也不能缺少欧洲”。因此，德国是西方国家阵营中，最为强调欧洲统一和欧洲整体和平的国家。德国坚信，从长远看，只有促进中东欧国家进行由内而外的、以西方价值观体系和民主政治制度为基础的改革，并将其拉入在西欧已经形成一定规模的共同安全框架之下，才是欧洲和平秩序的建构之道。

另一方面，德国同时认为，要达到上述目标是一个长期而艰苦的过程。为了在中东欧地缘政治动荡、国家政权相对不稳的时期，确保欧洲和平秩序能够顺利覆盖全欧区域，从而确保德国外部政治环境的稳定，需要有一个强有力的多边机制来保驾护航。而由于德国特殊的历史背景，在冷战刚刚结束、德国统一之初，

---

① Stoltenberg, G. Zukünftige Gestaltung Europäischer Sicherheitspolitik, Retrieved April 12, 2017, from https://www.bundesregierung.de/Content/DE/Bulletin/1990 — 1999/1990/92 — 90 _ Stoltenberg.html

② 俄罗斯方面也认可这种说法。盖达尔就曾经说：“从西方这次援助计划的规模和国际意义的角度看，此计划可与马歇尔计划相媲美，它为俄罗斯经济振兴铺平了道路。”参见：学刚 & 姜毅，（2001），《叶利钦时代的俄罗斯（外交卷）》。北京：人民出版社，11。

整个国际社会都对德国抱有一定戒心，德国本身也无力发展独立安全政策的时候，德国自然而然地将一直以来的安全机构——北约视为最重要的保护者。但与此同时，德国政界也多次提出北约在冷战后新时代中所具有的局限性：成员国没有覆盖中东欧国家，欠缺东西欧之间交流的桥梁作用；作为传统的军事机构，在危机管控和冲突防御方面较为薄弱等。因此，德国一方面呼吁北约进行功能上的改革，增强危机预防和管制方面的能力，并极力支持北约的东扩，认为“北约的东扩是欧洲和平秩序东扩的前提和保障”；另一方面则认为，应当在北约之外成立辅助型机构。其一是西欧联盟，目的是为了加强西欧国家在安全防卫方面的能力和行动力，以便在纯欧洲事务上能够更多发挥欧洲的作用。其二就是欧安组织，目的是为了通过欧安组织，加强东西欧之间的磋商和沟通，使欧洲所有国家都能够加入欧洲和平秩序的建构中来。

综上，由于德国的地理位置，也由于德国刚刚统一的特殊历史背景，这一时期德国的主要安全利益在于维护德国东部边界的稳定和欧洲整体局势的和平。从这个安全利益出发，德国的具体做法符合其一贯的价值观倾向和外交政策选择，即融入西方，坚定西方所信奉的所谓民主、人权、法治原则，希望通过制订国际秩序规范，依靠区域组织和多边对话机制，在全欧范围内形成相互融合的安全利益和政治利益，从而避免欧洲范围内出现战争和冲突的可能性，最终形成集体安全框架结构。

此外，在这一阶段，德国外交政策的重要目标还包括德国外交的“正常化”。根据汉斯·昆德纳尼的观点，这里的“正常化”包括三个层面的要素：它用来描述一个具有自过去纳粹时期以来的连贯逻辑并且能够自由地追求一种“不受约束的”或者“自信的”外交政策，也被用于描述一个“正常的”北约盟国，一个有意愿并且能够仿效其他北约成员国那样使用军事力量的国家；它还被用于描述一个仿效其他国家的行为方式来追求自身国家利益的主权国家[①]。尽管从冷战结束后，德国已经成为一个完整的主权国家，也一直是北约成员国，但它并不能执行一个“不受约束的”外交政策，也不能毫无顾忌地使用军事力量，在追求国家自身利益时也受到诸多限制。因此，为了进一步获得国际社会的承认和信任，德国政府在统一初期韬光养晦，虽然也在一定程度上透露出希望在国际舞台，尤其在欧洲区域事务上承担更多责任的倾向，但总体而言，这种想法并不明显。在对待中东欧、对待俄罗斯事务上，德国也更多地以“跨大西洋联盟”和“欧共体”

---

① 汉斯·昆德纳尼（著），罗湘衡（译），（2014），统一以来德国外交政策“正常化”的概念，《太平洋学报》，第22卷第7期，20。

成员的身份进行活动，而很少通过双边关系与这些国家，尤其是俄罗斯开展联系，这也是为了消除欧洲其他国家对于德俄结盟的戒心。

2. 俄罗斯的安全利益观

1991 年 12 月 25 日，苏联正式解体。新成立的俄罗斯与新统一的德国具有相似的国家优先利益：对内维持发展和稳定，对外保证中东欧地区乃至欧洲整体的和平。但俄罗斯与德国面对的具体国内外局势大为不同。首先，俄罗斯自 1992 年 1 月 2 日开始实行“休克疗法”，这一激进的改革方案本意是希望俄罗斯能够尽快摆脱经济危机，建立市场经济体制。但实际结果却适得其反。1992 年前 9 个月，俄罗斯工业产值与 1991 年同期相比，月平均下降 17.6％，而通货膨胀率却达到了 1350％，被认为是“真正的恶性通货膨胀”[①]。在这种情况下，俄罗斯领导人认为，目前当务之急是摆脱经济困境，1993 年《俄罗斯外交政策构想》明确指出，“俄罗斯将动员金融和技术资源来建立有效的市场经济、发展俄罗斯生产者的竞争能力以及保证他们在世界市场上的利益、促进国内社会问题的解决”作为外交任务的主要优先方面[②]。而为了达到这一目的，俄罗斯需要大量的资金支援。因此，俄罗斯希望能够通过加入西方阵营，以获得西方发达国家的资金援助，从而迅速重回发达国家的行列。

正由于俄罗斯将恢复国家经济作为国家的最核心利益，那么也就没有任何精力应付来自外界的安全威胁。因此，维持外部环境的稳定和和平，是俄罗斯对外政策的另一重点。在社会主义阵营受到重大挫折，西方国家联盟取得了意识形态对抗中的胜利之际，彻底倒向西方，以尽快加入西方阵营，从而消除西方对俄罗斯的敌对情绪，并且成为西方集体安全框架的一分子，这似乎是俄罗斯唯一的选择。另外，当时俄罗斯的领导层也深受西方民主价值观的影响，想要在最短的时间内摒弃俄罗斯传统的价值取向，也疏远以往的传统盟友，从而尽快向西方靠拢。有学者指出，历史证明，凡是对前一种社会制度进行颠覆性变革的国家，往往在初期执行其内外政策时，会带有明显的感性色彩。俄罗斯这个情感厚重的民族更是如此，其感性色彩更多地表现在对前世的否定和对后世追求的渴望上[③]。因此，俄罗斯在独立之初，激进地采取“一边倒”的外交方针，他们强调，俄罗斯与西方国家的意识形态之争消失了，那么也就意味着，俄罗斯与西方国家之间的矛盾消失了，俄罗斯从此是西方国家阵营的一分子，应当获得与西方国家一样

① 陈宪良，(2014)，《俄罗斯国家利益观的嬗变》。北京：中国社会科学出版社，58。
② 同上，59。
③ 同上，126。

的身份、一样的经济机会和一样的安全合作机会。

为了获得这样的身份和机会，俄罗斯配合西方国家的各种要求，做出了许多让步。在执政理念、价值判断和政策实施等方面唯西方马首是瞻，由于美国在西方世界的领袖地位，这种对西方的“一边倒”，在实践中主要表现为对美国的“一边倒”①。

在该思想的主导下，俄罗斯放弃一直以来执行的“核均衡”战略，进行大规模核裁军。俄的本意是俄美作为“战略伙伴”，一起削减核武器，但真正实行的情况却与其初衷不符。一个例证便是1992年6月16日—18日，叶利钦对美国进行国事访问期间签署的《关于进一步削减战略核武器的谅解协议》。该协议规定，俄美两国在2003年前分两个阶段将各自的战略核导弹削减2/3，美国从现有的9986枚减至3500枚，俄罗斯从现有的10237枚减至3000枚。看起来挺公平。但究其实质，协议规定到2003年全部销毁陆基多弹头洲际弹道导弹，这就意味着俄罗斯的“撒手锏”SS—18中型洲际弹道导弹从此将不复存在，而美国的空基、海基战略导弹优势却不同程度地保存下来②。因此，这是一个有利于美国实现核武器优势的协议。在该协议刚刚提出时，叶利钦和俄罗斯军方都对该项决议有所不满，但最终却接受了美国的建议，并且在1993年1月继续签署《第二阶段削减战略武器条约》。

根据俄罗斯一贯的传统地缘政治观念，冷战后初期俄罗斯的国家安全利益本应包括将“后苏联国家”继续维持在俄罗斯的势力范围。但由于其“一边倒”的主导外交理念，使俄罗斯在独联体事务上频频妥协。首先，它与美国和其他西方国家一起，促使乌克兰、白俄罗斯和哈萨克斯坦三国承认非核国家，并销毁所有境内的核武器资源。然后，在解决独联体内部领土和民族冲突时，充分与西方国家进行合作，如在解决南奥塞梯和阿布哈兹问题时，俄罗斯及时向联合国进行通报，并积极配合美国派出的专职协调员的工作；在面对北约不但没有解体，反而有意向东推进的局面时，时任俄罗斯外长科济列夫则于1991年12月23日在回答记者提问时表示，“显然，我们不将北约视为一个侵略性的军事集团，而将其视作欧洲乃至整个世界的稳定机构之一。我认为，北约当前并不针对谁，更何况随着其变化，将来相互接近就更不针对任何人了”③。最后，在面对国际热点问

① 郑羽，(2006)，《既非盟友，也非敌人——苏联解体后的俄美关系》。北京：世界知识出版社，96。

② 陈宪良，(2014)，《俄罗斯国家利益观的嬗变》。北京：中国社会科学出版社，97。

③ 同上，109。

题，尤其是在俄罗斯传统势力范围中出现的热点问题时，俄罗斯在这个阶段也表现出了唯西方是从的态度。例如在波黑战争中，虽然俄罗斯不愿意承认波黑独立，但在美国和欧共体的压力下，俄罗斯最终于 1992 年 4 月 27 日承认波黑独立，并在同年 5 月 29 日支持联合国对波黑塞族的制裁行动。

总体来说，俄罗斯从自身的国家利益和安全利益出发，也由于当时俄罗斯领导层对西方民主制度的向往，希望从根本上改变苏联的社会政治模式，导致俄罗斯在这个阶段执行“一边倒”战略。尽管在此过程中，俄罗斯对于西方国家的做法也有过一定不满，并在俄罗斯国内引发不同政党和民众的争议，也为之后俄罗斯不再执行“一边倒”外交理念埋下了种子，但整体而言，这个阶段的俄罗斯极力迎合西方国家，尤其是美国，从而使西方国家和俄罗斯的关系看起来处在一个良好的发展曲线上。

3. 结论

在 1990—1994 年这个阶段，德俄双方从不同的内外政治因素出发，均执行“全面靠向西方”的外交政策。尽管程度不同，但基本都以美国为主导力量，尽量与美国的价值观和利益方向靠拢。因此，由于有共同的方向和目标，这个阶段的德俄关系处于一个友好的、互助的发展状态。

但究其实质，德国和俄罗斯虽然都“靠向西方”，但其思维模式却并不一致。虽然两国均从自身的安全利益出发，但是德国之所以坚持西方民主价值观、希望以北约为安全制度主导建构欧洲和平秩序，是因为德国依然秉持阿登纳以来的自由主义安全范式，希望依靠区域组织和多边对话机制、制订规范和原则、通过集体安全的模式保证和平。而俄罗斯对于西方民主观念的接受只有短短几年，西方的民主、共和、法治的理念并未深植俄罗斯民族的内心深处。俄罗斯执行倒向西方的战略，一方面是出于对过去的摒弃，另外一方面则依然是受到现实主义国家利益观的影响，是由于国家内部经济复苏的需要以及在国际舞台上希望通过加入西方阵营，从而重回大国行列的愿望。从这个层面上来说，德国与俄罗斯虽然都在遵循西方价值观和和平秩序观，但德国是规则的共同创建者，俄罗斯是规则的跟随者。从历史、价值观认同以及对国际秩序的认知上，俄罗斯实际上都与西方国家大不相同，但在冷战后的特殊历史时期，阵痛后新生的俄罗斯在面对当时的国内外局势时，试探性地走了看似最合理的一条道路。这是俄罗斯领导层有意识的选择，但这种选择同样受到现实因素的制约。因此，在俄罗斯领导层观念以及国内外现实因素发生改变之后，这条道路很快就被俄罗斯放弃了。

但无论是从何种角度出发、以何种思维方式做出的上述选择，德俄双方在当时都坚定认为：东西欧之间的界限已经消失，冷战期间东西方之间一直存在的矛盾和差异已经不复存在。因此，东西方之间爆发直接战争的可能性也就几乎接近于零了。在这种前提下，欧洲应当把握机会，实现统一，建立持续性的欧洲和平秩序。在该和平秩序模式下，欧洲所有国家应当奉行秩序的最高目标：即保持欧洲的和平与稳定。为了达到这个目标，欧洲国家应当遵循以下行为准则：通过促进欧洲国家的民主制度改革，以消灭国家之间的地位和认同的差异，一旦欧洲国家之间发生矛盾，应共同通过联合国、北约、欧安组织等多边解决机制，使之和平解决。双方都认为该和平秩序的核心保障机构是北约。但与此同时，德国同样重视《马斯特里赫特条约》后欧盟的力量，而德俄双方都希望通过欧安组织建构全欧的磋商平台。因为德国认为，欧洲和平秩序的建构不能离开俄罗斯，而俄罗斯则认为，在上述机构中，只有欧安组织将俄罗斯包括在内，俄罗斯不愿意在冷战后欧洲新秩序的建构过程中被边缘化。最后，德俄两国在谈及冷战后欧洲新秩序的建构时，均将北美包括在内，赞同《新欧洲巴黎宪章》中提及的“从温哥华到海参崴”的欧洲和平秩序范围。

（二）区域层面：中东欧地区的稳定是欧洲和平秩序建构的重心

如前所述，冷战结束后，德俄双方都认为，由于意识形态分歧而带来的武装冲突或大规模战争的可能性已经几乎不复存在。但苏联的解体带来了一系列后续问题，其中就包括后继各国之间的民族矛盾和领土纠纷导致的地区武装冲突。据统计，苏联解体初期，独联体各国之间有争议的领土达 200 多处①。这无疑导致了欧洲安全的不稳定局面。其中，德国由于其特殊的地理位置，俄罗斯则由于与苏联后继国家的历史渊源，双方都将中东欧地区视为实现冷战后国家安全利益的最重要区域。1991 年 8 月 29 日，德、法、波兰三国外长在魏玛会晤，并共同发表声明，强调了中东欧国家在欧洲未来秩序中的重要性，并承诺，将“对中东欧国家和苏联所进行的改革进行全面的帮助，以使欧洲不再因为贫穷和富裕而重新陷入分裂”②。而俄罗斯在 1993 年 4 月出台的《俄罗斯联邦外交政策构想》中，将与独联体的关系排在其外交具体方向的第一位，强调“在俄罗斯的周围建立睦邻地带”③。

---

① 陈宪良，(2014)，《俄罗斯国家利益观的嬗变》。北京：中国社会科学出版社，103。

② Deutschland, Frankreich und Polen in der Verantwortung für Europas Zukunft - Erklärung der Außenminister in Weimar. Retrieved May 16, 2016, from https://www.bundesregierung.de/Content/DE/Bulletin/1990—1999/1991/92—91 _ — _ 1.html

③ 罗英杰，(2009)，《利益与矛盾——冷战后俄罗斯与欧盟关系研究》。北京：世界知识出版社，17。

尽管德俄双方都认为，中东欧局势的稳定是尽快实现欧洲统一和欧洲和平的最重要因素，但其所面临的中东欧局势并不相同，从而导致其外交重点和实施途径均有较大区别。冷战结束后，社会主义阵营解体，中东欧诞生了一大批新的民族国家，并纷纷开始大刀阔斧的改革。这些国家一方面急需摆脱过去社会主义意识形态的影响，另一方面，希望尽量获得西方资本主义国家的援助，以实现经济复苏、社会稳定。因此，都对西方国家抱有友好心态，相反对俄罗斯抱有敌意，害怕俄罗斯会动用政治、经济乃至军事力量重新发展势力范围。

在俄罗斯独立初期，其利益核心是国内经济的复苏、政治上的和平改制和外交上尽快加入西方阵营，因此，尽管俄政治文件中多次将与中东欧国家的关系视为俄罗斯外交政策的优先发展方向，但在外交实际操作中，却一直跟随西方国家的脚步，弱化以往的地缘政治思想，甚至将与俄罗斯关系最近的独联体国家视为“包袱”，无暇顾及①。

但俄罗斯的现实主义地缘政治思想有着悠久的历史渊源，很难在短时间内彻底改变。随着俄罗斯与中东欧国家的矛盾愈演愈烈，俄罗斯周边环境严重恶化，俄罗斯重新认识到中东欧地区的重要性，提出了“近外国”（near abroad）的概念，以“保护俄罗斯少数民族在中东欧和独联体国家利益”为说辞，开始加强与独联体国家和中东欧的关系，力图利用俄罗斯的传统影响力，强化集体安全条约。1994 年 7 月，集体安全条约国通过了《集体安全构想》，成立了集体安全理事会，使集体安全条约的共同防御政策由空洞化逐渐向实体化推进②。

对德国来说，要实现中东欧地区的稳定，应当首先实现中东欧国家和俄罗斯的制度改革。使这些国家彻底摆脱苏联的影响，以独立的、民主的、法治的主权国家身份加入欧洲和平秩序的建构中来。因此，在帮助新兴的中东欧国家和俄罗斯进行改革的同时，德国认为，继承了苏联绝大部分军事力量、横跨欧亚大陆的俄罗斯是最有可能阻碍中东欧改革进程的潜在力量。因此，德国一方面多次表示，在建构共同欧洲和平秩序时，一个“开放的、稳定的、民主的俄罗斯，一个经济实力强大的可靠的俄罗斯”，是德国最为重要的伙伴之一。“只要俄罗斯对欧洲说‘好’，德国绝不会对俄罗斯说‘不’。”但另一方面也同时警告，俄罗斯国内依然还有一些顽固力量，希望俄罗斯可以重回苏联时代，而这将会造成俄罗斯

---

① “包袱”言论参见：陈宪良，(2014)，《俄罗斯国家利益观的嬗变》。北京：中国社会科学出版社，138。

② 同上，179。

的孤立和欧洲内部的对抗①。

在对待中东欧国家和俄罗斯的问题上，德国强调，要将德国的中东欧政策和独联体政策与德国的对俄政策分裂开来。将与这些国家的关系视为对俄关系的附属是绝对错误的。德国希望建构一个跨大西洋安全秩序结构，并将中东欧国家吸纳进来。俄罗斯也应当受益于该安全秩序结构，不应将欧洲的共同发展视为威胁，而应当视为双赢：双方都赢得了欧洲的稳定、安全和经济机会。

针对中东欧地区发生的动荡和不稳定局面，德国坚持，应当在欧安组织的框架下、通过所有相关方的共同政治谈判进行平等解决。对于俄罗斯提出的“近外国”观念，德国表示强烈的不赞同，认为在欧洲一体化发展的今天，任何欧洲国家对其他欧洲国家来说，都可以被称为“近外国”，这个概念意味着俄罗斯的邻国与其他欧洲国家不具有同等地位，这是不可接受的。此外，独联体国家和中东欧国家在规模、经济、文化和外交各层面上都是千差万别的，简单被一个俄罗斯“近外国”的概念涵盖，是对这些国家的同质化对待。俄罗斯最重要的外交任务，应当是与这些新邻国在互信、互相尊重的基础上建立双边关系，而这是欧洲是否能够获得持续性和平和稳定的关键性问题。

针对俄罗斯提出的保护在中东欧国家的俄罗斯少数民族利益的问题，德国认为，少数民族的利益确实应当保护，但由于这涉及别国内政问题，应通过国际法和多边组织的努力来进行解决，例如欧安组织下设的少数民族特派员就在该问题上取得了许多成就。此外，俄罗斯应当与这些国家进行平等的、友好的协商，例如签署双边的互相保证对方在境少数民族利益的条款就是一条很好的途径。试图通过继续控制这些“原苏联国家”或者势力范围，从而确保俄罗斯少数民族的利益是不可取的。

综上，在这个阶段，德俄均希望保证中东欧地区的和平，以保证国家外部环境的稳定。在俄罗斯独立初期，俄罗斯基本认同德国的观点，同意尽早实现苏联后继国家的独立自主和改革，同意西方价值观联盟向东扩展，并希望与西方国家作为平等伙伴，共同建构全欧和平秩序。但到了 1994 年左右，随着俄罗斯传统地缘政治观念的觉醒，俄罗斯开始认为，其地缘生存空间受到了挤压，开始对独联体国家重新加强控制，与中东欧国家加强联系，想要重新打造“势力范围”，这无疑与德国对中东欧地区的和平秩序设想产生了矛盾。因此，到这个阶段后

① Kinkel，K. Chance für Freiheit，Demokratie und Rechtsstaatlichkeit in Russland - Rede von Bundesaußenminister Dr. Kinkel in Bonn，Retrieved May 15，2016，from https：//www. bundesregierung. de/Content/DE/Bulletin/1990—1999/1994/14—94 _ Kinkel. html

期，德俄两国在区域问题上的矛盾开始逐渐显露出来。

（三）多边层面："从温哥华到海参崴"的欧洲和平秩序

在冷战后初期，重新统一的德国和新独立的俄罗斯在国际舞台上都具有较为尴尬的地位：德国的经济实力和俄罗斯的政治、军事实力在世界上名列前茅，但一方面由于历史的原因，另一方面也由于两国在一定程度上都是以一个全新的角色出现，因此当务之急都是实现国内政治的平稳过渡（德国的统一进程、俄罗斯的体制改革），以及在国际舞台上确定自己的身份和地位。此外，虽然欧洲的意识形态分界线消失了，"欧洲统一""欧洲力量"似乎是合乎逻辑的下一步发展阶段，但实际上欧洲自身问题多多。尤其在安全政治上，长期依赖北约，欠缺一个以欧洲为核心的安全力量，自然也就并不具备独立建构欧洲和平秩序的身份。

在这种背景下，由于冷战后的世界格局中，美国是当仁不让的唯一超级大国，是西方价值观的代言者和国际规则的制订者，因此德俄两国都不约而同地实施了"向西方靠拢"的外交战略，更具体一点说，是"向美国靠拢"。因此，该阶段的德俄安全关系受到美国极大的影响。双方外交上都唯美国马首是瞻。在提及建设欧洲统一和平秩序的概念时，德俄都将美国包含在内。德国一再指出，所谓的"欧洲大厦"事实上是一个"从温哥华到海参崴"的庞大框架，美国和北约是被包括在这个"大厦"之中的。俄罗斯则在《俄罗斯联邦外交政策构想》中强调，与美国的关系应该是俄罗斯最优先考虑的问题之一，"这反映了美国在世界事务中的地位"[①]。戈尔巴乔夫则在回忆录中指出了缓和同美国关系的重要性："我本人和我的国际事务同仁，都认为应当从美国入手。美国既是一个超级大国，又是公认的西方世界的领袖。没有它的首肯，任何企图求得东西方关系突破的尝试都将无果而终，甚至会被看成是'阴谋'、'离间'等。"[②]

尽管德俄两国都将美国视为冷战后重建欧洲和平秩序的最重要伙伴，但双方的出发点并不相同。德国在二战后成功通过欧洲一体化的模式解决了德法宿敌的百年恩怨，从而最终实现国家统一、主权恢复，重回正常民族国家之列。因此，德国一直强调地区融合、共同安全，以将一部分国家主权让渡给区域组织和国际组织的形式，换取欧洲整体的和平和稳定，从而实现国家安全利益。在这个理念前提下，德国虽然承认，美国在冷战后欧洲和平秩序的构建过程中起到核心作用，但与此同时，无论是美国、还是德国，抑或是俄罗斯，都是一个"欧洲大厦"框架下的，共同为了欧洲和平而努力的平等建构伙伴。因此，德国强调北

---

① 陈宪良，(2014)，《俄罗斯国家利益观的嬗变》。北京：中国社会科学出版社，91。

② 同上，93。

约、欧安组织和欧共体（欧盟）的作用，一方面希望继续贯彻二战后西方国家所树立起来的价值观体系和国际法制度，另一方面，也同时希望北约进行功能上的改革，更强调“欧洲和平秩序”的维护者这一角色定位，认为在欧洲地域的具体事务上，欧洲国家和组织应该发挥更大的作用。在维护欧洲地区和平的方式上，德国更加强调以协商、谈判的政治方式来解决冲突，而美国则更愿意通过军事优势和武力手段，来获得“强制的和平”①。

俄罗斯则将与美国搞好关系视为俄罗斯重回世界大国行列，再次成为强权国家的通行证。这符合俄罗斯现实主义强权政治的外交理念。为了达到这个目的，俄罗斯积极迎合美国和其他西方国家的意愿，在外交政策上做出多次让步。同时，它积极寻求加入西方阵营合作框架的机会。早在 1989 年 11 月，戈尔巴乔夫就提出了要举行欧安组织特别首脑会议，希望根据其“欧洲大厦”的设想，将欧安组织建成“泛欧安全组织”，用以取代华约和北约两大军事集团②。1990 年 11 月 19—21 日，欧安组织特别首脑会议在巴黎举行，并通过了具有历史意义的《北约与华约的联合声明》《限制欧洲常规武装力量条约》和《新欧洲巴黎宪章》这三个文件。从这三项协议内容来看，苏联希望北约和华约消失，以平等身份共同构建欧洲大厦的设想并未实现，而是更多体现了美国的意志：确保美国和北约在欧洲的影响力继续留存，将西方的价值观念和政治制度变为整个欧洲的行为准则。尤其是通过《限制欧洲常规武装力量条约》，使苏联销毁的武器装备比北约所有国家销毁的武器总和还要多得多，而美国利用一项“串联”原则，将其大约 2000 件较新设备转给了盟国，一件都未销毁③。

俄罗斯独立之后，更加清楚自己已经丧失原本的“一极”地位，根据当时的现实情况调整对外战略，希望成为西方国家的平等伙伴，从而以强国身份重返国际舞台。1991 年 12 月 20 日，科济列夫明确指出，“20 世纪末到 21 世纪初，俄罗斯在法国、德国、美国这些国家中曾占有应有的地位。现在我们必须回到这个范围中去。俄罗斯应当同其他大国平等地参与维护世界和平”④。在后来的政治实践中，俄罗斯努力加入七国集团（G7）组织，以成为与西方发达国家平起平坐的世界秩序构建者，在欧洲层面，则继续强调欧安组织的作用，以在欧洲不被“边缘化”。

---

① 王军，（2006），《朋友还是对手——冷战后的欧美关系解读》。北京：人民出版社，74—75。

② 方连庆等，（2006），《国际关系史（战后卷）》。北京：北京大学出版社，784。

③ 同上，785。

④ 转引自：陈宪良，（2014），《俄罗斯国家利益观的嬗变》。北京：中国社会科学出版社，85。

尽管德俄彼此目的不一，德、美、俄三国想要谋求的欧洲和平秩序乃至世界新格局也不尽相同，但在冷战结束后初期，这些不一样的声音都被掩盖了。德俄自身的问题和尴尬的国际角色，加上美国作为仅剩的超级大国，在世界上无可置疑的领导地位，导致这个阶段的欧洲和平秩序几乎是按照美国的构想树立起来的。德国仅在有限的范围内推进了欧洲一体化的扩大和深化，但前提是将跨大西洋关系置于更重要的位置，同意继续将北约视为欧洲安全维护的最重要机构；俄罗斯更是一再让步。苏联解体前后，北约曾表示，无意向东欧扩展，并提出要改变职能，由军事组织改造成主要为政治性组织，但时隔不久，美国就抛弃了这个承诺。1991 年 11 月，北约在罗马召开首脑会议，成立“北大西洋合作委员会”，并允许波兰、匈牙利、捷克加入该北约的外围组织，1993 年 10 月，北约实行“和平伙伴关系”计划，开始吸收中东欧国家，以作为北约东扩的过渡阶段。1994 年 1 月，在北约布鲁塞尔首脑会议上，正式决定扩大北约。面对北约不但没有解散，反而逐步向东推进的行为，俄罗斯做出的反应是，在 1994 年 6 月也加入“和平伙伴关系”计划，希望通过该计划，能够获得参与北约事务的机会[①]。等到俄罗斯终于醒悟，美国根本无意将俄罗斯视为平等伙伴，而是希望进一步削弱俄罗斯的力量，从而保持其世界唯一超级大国的地位时，之前积累下的矛盾就逐渐凸显了。

综上，在这个时期，美国实际上主宰了欧洲冷战后和平秩序的建构方向，但它并没有像德国和俄罗斯所希望的那样，真正发展俄罗斯与西方国家的关系，以彻底消除东西欧之间的裂痕，从而在美国、欧洲和俄罗斯之间建立平等的合作伙伴关系，以实现整体欧洲的持续性和平。而是利用这个机会，进一步削弱俄罗斯的力量，并将欧洲置于美国和北约的从属位置，以进一步巩固美国的唯一超级大国地位。在当时的历史背景下，美国的这种构想成功实行了一段时间，但同时埋下了矛盾的种子，也埋下了今日欧洲重新分裂的种子。

第二节　1994－1999 年德俄“特殊关系”的发展

一、1994－1999 年德俄双边关系综述

1993 年，欧共体实现向欧盟的转变。欧洲一体化不再局限于经济层面，而

① 参见：顾关福，(2008)，《战后国际关系》。北京：时事出版社，267－269。

增加了政治和外交与安全两根支柱，开始建构欧洲独立的对外政策和安全联盟。德国也逐渐强调德国和欧洲应当在欧洲事务中承担更多责任，以“联系北美与俄罗斯，在雅尔塔体系结束之后，在欧洲建立起新的和平秩序”①。与此同时，1993 年 4 月开始，在《俄罗斯联邦外交政策构想》文件中，俄罗斯决定推行“双头鹰”外交，承认俄罗斯与西方国家有一致的利益又存在许多矛盾，甚至对立之处②，并开始强调“俄罗斯的大国地位”，对其外交政策进行调整。到了 1994 年 12 月，在布达佩斯会议上，俄美就北约东扩问题展开激烈争论，叶利钦严厉批评了西方国家坚持北约东扩的理念，认为“欧洲没有成功摆脱冷战遗产，陷入了一种‘冷和平’的状态”，并警告说，“北约东扩将导致出现两个集团，有重新开始‘冷战’的危险，也有可能使欧洲重新燃起战火。”③ 俄罗斯“一边倒”的战略至此终结。

在上述背景下，德俄安全关系进入了调整期。从德国方面看，在美俄矛盾逐渐凸显的情况下，一方面，德国虽然从原则上坚定站在美国一边，批评俄罗斯阻止北约东扩是“陈旧”的想法，将会导致俄罗斯的孤立；另一方面，德国将欧洲和平置于国家安全利益的最高优先级上，并根深蒂固地认为，欧洲的和平在缺少俄罗斯的情况下是不可能实现的，要是一直罔顾俄罗斯的国家利益，导致反弹，将会对欧洲和平产生极其不利的影响。另外，在德国主张欧盟东扩，从而扩大欧盟影响和德国影响的政策前提下，获得俄罗斯的支持也是非常重要的。因此，为了拉拢俄罗斯，德国也不主张北约过快的扩张，希望美国执行更加温和的对俄政策，并极力在双方之间进行斡旋。

从俄罗斯方面看，尽管感觉到来自西方国家的“背叛感”，认为前期“一边倒”的战略并未为俄罗斯赢得应有的利益和地位，但俄罗斯的最重要安全威胁还是来自不断东扩的北约，希望构建一个“不把俄罗斯排除在外”的没有分界线的统一“大欧洲”，形成有效的欧洲安全保障机制，并以此化解北约东扩的影响，维护俄罗斯在欧洲安全体系中的地位和作用。其实质是向国际社会，尤其是美国表明，欧洲是欧洲人的欧洲，欧洲国家（包括俄罗斯）应该为欧洲安全承担责任④，从这个层面来说，这个阶段俄罗斯与德国的欧洲和平秩序构想是较为一致

---

① Rühe, V. Agenda einer neuen Friedensordnung für Europa. Retrieved March 2, 2016, https://www.bundesregierung.de/Content/DE/Bulletin/1990—1999/1995/32—95_Rühe.html

② 左凤荣，(2014)，《俄罗斯：走向新型现代化之路》。北京：商务印书馆，336。

③ 转引自：陈宪良，(2014)，《俄罗斯国家利益观的嬗变》。北京：中国社会科学出版社，141。

④ 罗英杰，(2009)，《利益与矛盾——冷战后俄罗斯与欧盟关系研究》。北京：世界知识出版社，19。

的。此外，在与美国矛盾逐步扩大的时期，俄罗斯一方面加大了与传统盟友和东方国家的联系，但另一方面也希望获得其他西方国家的支持，这其中，与俄罗斯一直保持“特殊关系”，尤其在经济关系上维持密切合作的德国，是俄罗斯最重要的西部伙伴之一。

因此，在这个阶段，德俄双边关系获得了较大的发展。尤其在经济领域和文化领域，双方交流和合作的频率上升，从而增强了一定程度的互信。1997 年，德俄双边贸易额达到 270 亿马克，比前一年增长了 12%。此外，德国政府还大力支持对俄直接投资，同样在 1997 年，通过一项公民框架计划，德国向对俄贸易往来提供了 15 亿马克的资金支持。此外，德国还为一项鼓励德俄两国企业到对方国家投资的项目提供了 10 亿马克的支持。其中，有 4 亿马克已经分配到了具体的投资项目中去。相应地，在 1997 年 3 月，“德国经济办公室”在莫斯科设立，这为德国企业，尤其是中小型企业在俄罗斯开展业务提供了相当大的便利和帮助。此外，德国在能源上也开始依靠来自俄罗斯的进口。

在此期间，德国通过补贴、短期和长期信贷等方式为俄罗斯的改革提供了最大的财政援助，并通过塔西斯计划（TACIS）向俄罗斯提供大量技术支持和政策建议，以使俄罗斯尽快完成市场经济体制的改革。

文化方面，俄罗斯和德国积极开展文化交流活动，成为双边关系的一个重要层面。例如在 1999 年 4 月 27 日召开的“波茨坦德俄文化论坛”上，时任德国总统罗曼·赫尔佐克（Roman Herzog）高度评价了德俄在近几年的文化交流频率和质量，认为，“德俄两国密切的文化交流已成为双边外交关系的一个新维度”“德俄之间的文化交流将成为德俄未来交往中的坚实桥梁，两国政治关系可能有高峰有低谷，但这道桥梁却会一直留存。”①

政治上，德俄安全关系的良好发展主要表现在德国欢迎俄罗斯参加欧洲事务，俄罗斯也积极予以回应。在这一阶段，俄罗斯与德国建立了双边首脑对话机制，并且促成了俄、德、法三国首脑定期会晤制度（原定每年一次，但事实上只在 1998 年 3 月 26 日在叶卡捷琳堡举行过一次，1999 年科索沃战争爆发，该会晤机制中止，并未再恢复）。三国首脑会晤是苏联解体以来俄、德、法三个欧洲大国首脑之间的首次会晤，尽管时间很短，且并未签署任何书面文件，但叶利钦认

① Herzog, R. Kulturdialog als neue Dimension einer Außenpolitik der Zukunft. Retrieved March 2, 2016, from https://www.bundesregierung.de/Content/DE/Bulletin/1990-1999/1999/23-99_Herzog.html

为，这个“不系领带的外交”为安全、信任奠定了坚实的基础①。

与此同时，这阶段的德俄安全关系也时有龃龉。主要体现在对俄罗斯国内事务和欧洲热点事务的不同意见上。例如 1994 年 12 月 11 日爆发的第一次车臣战争，俄罗斯为了维护国家领土完整而使用军事力量的行为遭到了西方国家，包括德国的一致批评。1995 年 1 月 5 日，欧安组织领导人谴责俄罗斯进攻车臣的行为，并要求俄立刻停止军事行动。在 1999 年 10 月 5 日爆发的第二次车臣战争中，德国更是直指俄罗斯的行为“侵犯人权”“制造人道主义灾难”②。此外，在南斯拉夫问题，尤其在科索沃战争时期，德国坚定站在以美国为首的西方国家一边，与俄罗斯矛盾加剧。

总体而言，随着俄罗斯放弃“向西方一边倒”的战略思想，德俄双方在外交理念上的矛盾开始有所显露，尤其在一些涉及俄罗斯传统安全利益的地区冲突中，双方看问题的出发点和处理问题的方式大相径庭。但与此同时，德国依然坚持“没有俄罗斯就不会有欧洲的和平”思想，俄罗斯也希望通过加入“大欧洲”，从而对抗北约的影响，继续在欧洲事务上拥有话语权。因此，这段时间的德俄安全关系依然体现出在矛盾中缓慢向前发展的态势。

二、本阶段德俄安全关系分析

（一）国家层面：该阶段德俄两国的安全利益观

1. 德国的安全利益观

1990—1993 年期间，德国东部经济形势一再恶化。1990 年东部地区生产总值比上一年下降 16.4%，1991 年再下降 31.4%。受东西部经济发展不平衡的影响，外加世界经济的不景气，德国整体经济在 1993 年经历了战后最严重的衰退，但随之 1994 年回升强劲，国内生产总值增幅达 2.9%。此外，1993 年《马斯特里赫特条约》的签订，使欧共体增加了政治和外交与安全领域的功能，而德国与法国一起，被公认为欧盟一体化进程的“发动机”。因此，到 1994 年，德国已经拥有了较强的综合国力，从经济上、政治上都已经成为世界上重要的国家力量，并希望在国际政治舞台上发挥更大的作用。其中一个例证就是对加入联合国安理会的诉求。德国直言“对联合国安理会的结构和工作方式不满”，“为解决重大国际问题，安理会必须扩大。……安理会的组成必须更好地反映真实的国际力量

---

① 罗英杰，(2009)，《利益与矛盾——冷战后俄罗斯与欧盟关系研究》。北京：世界知识出版社，20—21。

② 陈宪良，(2014)，《俄罗斯国家利益观的嬗变》。北京：中国社会科学出版社，174—175。

对比。”

与此同时，在外交与安全层面上，德国意识到，欧洲依然欠缺共同的军事行动力，欧安组织也基本沦为论坛式机构，几乎没有实质的执行力。因此，尽管德国依然需要北约的安全保障，但也同时开始追求相对独立的外交与安全政策。在1994年德国发布的《安全政策白皮书》中，德国向未来的北约提出了三点核心要求：(1) 北约应当承担国际冲突防御和危机管制的任务；(2) 向欧洲东部提供稳定的环境是欧洲—大西洋区域中所有成员国的责任；(3) 在北约未来的建构方向中，应强调两方面因素：一是重视欧洲新构建的独立安全和防卫身份，二是在透明和互补的基础上，加强北约与西欧联盟的紧密合作①。

在1995年4月20日的讲话中，鲁厄也表示，“尽管扩大和深化跨大西洋关系符合我们的利益，但仅仅重复对欧洲、对北约的传统角色认知是不够的。国际形势起了新变化，这要求我们创建新的组织、实施有远见的行动。”② 他同时指出欧盟目前的主要任务应当在于：增强欧盟外交和安全政治上的行动力，使欧盟成为全球性的行为体；德国的东部邻居应当尽快融入北约、欧盟和西欧联盟；与俄罗斯的关系应当重新建构；应在更广泛的基础上继续加强和深化欧洲与北美的关系③。

德国越来越重视欧洲的统一和团结，希望通过深化和扩大欧盟的方式，增加欧洲自身在处理欧洲事务，乃至国际事务上的话语权和行动力，因此，从战略上而言，这一阶段，俄罗斯对于德国的安全利益更为重要了。同样是在1994年发布的《安全白皮书》中，德国强调，“俄罗斯对于维持欧洲持续性的稳定和和平具有关键性的作用。欧洲的长治久安只有在俄罗斯的支持和合作的前提下才有可能实现。因此，德国政府将努力使俄罗斯与欧盟、与北约成为合作伙伴。”④

综上，这一阶段的德国安全利益，主要在于：

(1) 与法国一起，建构欧盟共同外交与安全政策，同时继续增加欧洲国家在北约中的话语权。

(2) 使德国在国际组织中能够承担与自己国力相适应的责任，发挥更大作用。

(3) 此外，平衡北约和俄罗斯的关系，在不引发俄罗斯反感的情况下，继续向东推进德国的欧洲和平秩序构想。

---

① Weißbuch zur Sicherheitspolitik der Bundesrepublik Deutschland 1994，48.

② Rühe，V. Agenda einer neuen Friedensordnung für Europa. Retrieved March 2，2016，from https：//www. bundesregierung. de/Content/DE/Bulletin/1990—1999/1995/32—95 _ Rühe. html

③ 同上。

④ Weißbuch zur Sicherheitspolitik der Bundesrepublik Deutschland 1994. 54.

(4) 继续发展国际组织在维持世界和区域和平稳定中的作用，德国希望在这些组织中承担更大的责任，在这些多边机制的基础上、以西方国家传统的价值观和国际法为依托来建构国际秩序和欧洲秩序，德国相信，德国在西欧一体化进程中所获得的地位和利益能够在全欧范围内通过同样的方式实现，但要达到这个目的，需要获得相关各方——包括美国、俄罗斯，也包括欧盟成员国和欧盟的东部各邻国的支持。因此，一个全方位的外交政策符合德国这个阶段的国家安全利益。

2. 俄罗斯的安全利益观

俄罗斯独立之初向西方“一边倒”的外交政策并没能换取西方国家的完全信任，反而遭遇愈演愈烈的警惕和遏制①。北约的不断东扩更使俄罗斯深感战略空间遭受挤压，导致其对外部安全环境产生忧虑。在国际热点问题上，北约也经常抛开联合国，完全不顾俄罗斯的意愿，用武力对俄罗斯传统势力范围的国家内政进行干涉。1994—1995 年北约对波黑塞族实行的空中打击、1996—1998 年对伊拉克进行的空袭和 1999 年发动的科索沃战争，都使俄罗斯深受威胁。尤其是第一次车臣战争，由于西方国家的压力，导致俄罗斯未能真正解决国家统一问题，这不但伤害了俄罗斯的民族感情，更是使俄感觉到直接威胁到国家安全的巨大危险。

此外，俄罗斯国内形势也开始了变化。左翼力量抬头，1995 年 12 月，俄罗斯共产党成为杜马第一大党，且以俄共为首的左翼力量在杜马中占据 44%的席位。1995 年底的杜马选举中，俄共和自由民主党获得了多数选票，叶利钦的支持者遭到失败。为了在 1996 年总统大选中获胜，叶利钦开始转变外交政策，任命激烈批评科济列夫的普里马科夫为外交部长，标志着向西方“一边倒”的外交政策彻底结束②。左翼力量的壮大，使俄罗斯对外政策也日趋强硬③。

俄罗斯的这种国内形势变化反过来又进一步加深了西方国家对俄的疑虑。1995 年 4 月 24 日，鲁厄在“安全政治 1995”的研讨会上以“新的欧洲和平秩序议程”为主题发言时就称，俄罗斯国内发展的新态势令人担忧。车臣武装冲突、时任俄罗斯国防部长格拉乔夫对北约的陈旧想法（1993 年 11 月，格拉乔夫：“俄罗斯不赞同通过损害别国利益来扩大北约”④；1995 年 10 月，联大会议上，

① 陈宪良，(2014)，《俄罗斯国家利益观的嬗变》。北京：中国社会科学出版社，141。
② 同上，336—337。
③ 同上，191。
④ 同上，158。

"俄罗斯将采取相应措施予以回应"，11 月，独联体国家国防部长理事会上，"俄罗斯将在独联体内建立军事联盟，并在亚洲、中东寻求盟友以对付北约"[①]）以及屡次威胁要破坏现有俄罗斯与西方签订的和平条约等行为都是很危险的，这将使俄罗斯自己被孤立出去。现在这些举动就已经带来了不利的后果：时任美国参议员多尔称："由于北约的扩张，俄罗斯开始不断威胁潜在的北约成员国，这恰恰证明了北约扩大的必要性"[②]。

此外，即使在实施"一边倒"外交战略的时期，俄罗斯事实上也没有放弃谋求大国地位的愿望。在独立之初，俄罗斯希望通过与西方国家，尤其是美国建立"平等的伙伴关系"的方式，重回大国行列。但在国际事务的实践中，俄罗斯的诉求经常被忽略，这使俄罗斯相当不满。此外，由于俄罗斯唯美国马首是瞻，导致其国际影响力大幅下降，再加上其与传统盟国的疏远，俄罗斯无论在独联体地区、中东问题、朝核问题还是在中东欧问题上，影响力都几乎荡然无存。这无疑不符合俄罗斯传统的现实主义外交政策倾向。

因此，这一阶段的俄罗斯，其核心安全利益在于：

（1）抵制北约东扩，避免安全空间继续被挤压；

（2）放弃"一边倒"外交战略，发展全面外交政策，不再将希望寄托在美国身上，而是开始寻找俄罗斯的全新定位；

（3）寻找新的盟友，利用俄罗斯的军事、政治和地缘影响力，重新恢复大国影响力；

（4）与独联体国家再次联手，希望重新建立集体安全集团，以对抗北约的影响；

（5）拉拢欧洲国家，呼吁建立"大欧洲"，希望通过与欧洲增强联系，削弱美国对欧洲的影响。

综上，这个阶段德国和俄罗斯的关系要一分为二地看：一方面，德国和俄罗斯的外交理念出发点依然不同，德国批评俄罗斯的现实主义外交倾向，认为其建构势力范围、抵御北约东扩的做法是不可取的、过时的。每个国家都应当遵循国际法的约束，在多边组织框架下解决安全问题；俄罗斯则认为西方国家的价值观并不能适用于所有国家，俄罗斯应当采取与自己国情最为适合的外交行为模式，并重新追逐大国地位。但另一方面，在现实外交实践中，双方都希望建构欧洲统

---

① 陆齐华，(2001)，《俄罗斯与欧洲安全》。北京：中央编译出版社，291。

② Vgl. Volker Rühe: Agenda einer neuen Friedensordnung für Europa, unter: https://www.bundesregierung.de/Content/DE/Bulletin/1990—1999/1995/32—95_Rühe.html, 24.04.1995.

一的和平秩序，以增大欧洲影响力，抵御美国的单边主义政策，使世界格局从“一超多极”向“多极格局”发展。只不过德国希望一个统一的欧洲成为“多极”中的一极，而俄罗斯则是希望通过与欧洲各国、欧盟搞好关系，首先成为欧洲和平秩序的共同建构伙伴，从而使俄罗斯获得更大的国际影响力，单独成为新的一极。

（二）区域层面：

1. 该阶段德国对欧洲和平秩序的设想

1993年，随着《马斯特里赫特条约》生效，欧洲共同体发展成欧盟，从一个纯经济共同体发展成为兼具政治、外交与安全功能的广泛联盟。1997年12月12日—13日的卢森堡欧盟首脑会议上，则正式敲定了欧盟向中东欧扩展的路线图和时间表。欧盟在深度和广度上都有了质的飞跃。而这种发展是与德国对欧洲一体化的设想不谋而合的。1994年9月1日公布的《朔伊伯勒—拉梅尔斯文件》是德国政府就德国欧洲政策发表的纲领性文件，文件指出，欧洲正面临抉择，要么重新回到实力政策和民族主义的旧秩序中去，要么实行一体化，组成一个相互制约、共同发展的国家联合体。科尔在以后的讲话中强调了《朔伊伯勒—拉梅尔斯》文件的精神：如果欧洲国家对德国有戒心、想要遏制德国的力量，那么至关重要的就是加强欧盟。在1995年12月7日联邦议会上，科尔重申，“我们的外交及欧洲政策的核心在现在和将来都应该始终如一地推进欧洲的统一大业。欧洲统一的政策对德国和欧洲都是一个生死攸关的问题，实际上它也是关系到21世纪是战争还是和平的问题。”德国孜孜以求欧洲的统一，不愿再回到两次世界大战的时期。它也使得“东扩成为欧盟的一个中心目标”。欧洲的统一缺少了中东欧国家总是不完整的，东扩势在必行①。

在德国设想的欧盟东扩范围中，并不包括俄罗斯。这一方面是因为德国对俄罗斯的疑虑：一个力量强大、却在民主体制改革和市场经济改革进程上迟迟达不到德国标准的国家，一旦加入欧盟，很难确定会对欧洲一体化进程产生什么影响；另一方面则是因为需要考虑到新入盟的中东欧国家对俄罗斯的疑虑；以及美国与俄罗斯的矛盾。因此，在俄罗斯对欧盟东扩保持中立态度的情况下，向中东欧地区东扩，既符合德国的利益，也符合中东欧国家和美国的利益。

与此同时，欧盟东扩与北约东扩有着本质不同：欧盟的东扩并不将俄罗斯视为假想敌，它符合德国冷战后一贯的欧洲和平秩序设想：通过机制和规范的力

① 郑小素，(2008)，德国统一与欧盟东扩，硕士学位论文，武汉：华中师范大学，11。

量，将已经“民主共和化”的国家拉入欧盟这个框架之下，促使欧盟内部国家之间增强经济、政治、文化交流，并将一部分主权让渡给欧盟这个上级组织，以最终消除战争的可能性，达到欧洲的永久和平。这个和平的范围越往东扩展，德国的东部边境就越安全。因此，德国希望向东延伸欧盟的边界，依然还是出于对和平和安全的向往。德国也因此从这个思维模式出发，呼吁俄罗斯支持欧盟的东扩进程，德国“政治精英”一再强调：一个稳定和平的中东欧地带不但有利于德国，也有利于俄罗斯。俄罗斯的国土面积更大，面对的边境问题更为复杂，欧盟的东扩能够保证俄罗斯的西部边境之外的地区保持稳定，这就能够使俄罗斯无后顾之忧地去解决其他方向的纠纷和冲突问题。

与此同时，随着欧盟的不断东扩，欧盟的东部边界越来越向俄罗斯方向推移，德国也需要消除俄罗斯的戒心，避免俄的反弹。为了达到这个目的，德国方面不但频繁与俄罗斯沟通，充当起了欧盟与俄罗斯之间的斡旋者，同时，更是大力促进欧盟与俄罗斯的合作。早在 1993 年 12 月，欧盟成立之初，俄欧双方就在布鲁塞尔召开了欧盟委员会和欧盟理事会主席与俄罗斯总统的最高级会议，并签署了《俄罗斯与欧洲联盟之间关于建立伙伴和合作关系的联合政治声明》，1994 年 6 月 24 日，签署正式《伙伴关系与合作协定》。这是俄罗斯与欧盟签署的最广泛、最全面的双边协议，是发展俄欧关系的法律基础，它将双方的政治对话制度化了。时任俄罗斯外长伊万诺夫称赞该协议是一份“在建立俄罗斯与统一欧洲伙伴关系中起着历史作用的文件”。[①]

1996 年 2 月 28 日，俄罗斯正式成为欧洲委员会的成员，这不仅表明欧盟对俄罗斯意识形态的进一步认同，有利于加强俄罗斯与欧盟之间的相互理解和沟通，而且也有利于提高俄罗斯在欧洲社会的地位。对此，伊万诺夫评价，“该组织变成了真正的全欧性结构”[②]。1995 年 11 月，欧盟理事会提出了《欧盟一俄罗斯行动计划》，并在 1996 年 5 月举行的欧盟外长会议上得到批准。这是一个政治意味极浓的框架性行动纲领，目的在于推动俄罗斯体制和经济改革进程，巩固和平和安全，避免在欧洲出现新的分界线，实现俄罗斯融入“自由民主国家”联盟中去[③]。

---

① 罗英杰，(2009)，《利益与矛盾——冷战后俄罗斯与欧盟关系研究》。北京：世界知识出版社，60。

② 同上，61。

③ Strategy on EU－Russia Relations.（1995）. Bulletin of the European Union. N11，134.

2. 该阶段俄罗斯的“大欧洲”战略

1993年4月，俄罗斯在出台的《俄罗斯联邦对外政策构想》中，首次表明要拒绝完全倒向美国的大西洋主义，转而推行“双头鹰”外交战略。1994年2月，叶利钦提出俄罗斯外交要“永远符合俄罗斯大国地位应有的最高标准”，“要结束有缺陷的单方面让步的做法”，要“发展全方位伙伴关系战略”①。在这个“全方位的伙伴关系战略”下，俄罗斯积极推进与独联体国家的一体化进程，不再向美国无限制地让步，同时开始将欧洲和美国一分为二地看，将欧洲视为一个独立的国际角色，并希望加入欧洲政治进程，成为欧洲和平秩序的构建者。

在这个理念的指导下，俄罗斯在这个阶段制订的欧洲外交战略目标是，将《新欧洲巴黎宪章》作为欧洲安全合作的政治法律基础，构建一个“不把俄罗斯排除在外”的没有分界线的统一“大欧洲”，形成有效的欧洲安全保障机制，并以此化解北约东扩的影响，维护俄罗斯在欧洲安全体系中的地位和作用②。

但是俄罗斯理解的“大欧洲”与德国理解的“欧盟”并不相同。它指的是一个延伸至乌拉尔地区的欧洲，是一个全新的欧洲政治领域。它并不认为欧盟能够代表大欧洲的含义，而是希望建立一个全面但却松散的框架机制，以增进欧洲国家在经济、文化、人际上的广泛交往，从而建立互信，使俄罗斯在欧洲的“他者”身份得到彻底转变，让欧洲其他国家承认俄罗斯的欧洲地位，以“欧洲”的身份认同，对抗西方价值联合体的认同，以使欧洲其他国家（尤其是德国和法国）在处理欧洲事务，乃至国际事务时，能够站在俄罗斯的一边，形成欧洲同盟。此外，俄罗斯认为，一旦俄罗斯获得欧洲身份的承认，并在欧洲和平秩序建构的过程中掌握话语权，就能通过俄罗斯的传统影响力，使欧洲未来的秩序向俄罗斯有利的一方面发展。这样，俄罗斯就不再是西方国家规则的遵守者，而能够成为规则的制定者。

为了达到上述目的，在外交实践上，俄罗斯与德国一样，积极促进俄罗斯与欧盟的合作关系。1999年11月18日，俄罗斯在欧安组织成员国国家元首和政府总理会议上签署了《欧洲安全宪章》，该文件表示：“坚定不移地忠实于建立自由、民主和更加统一的欧洲安全与合作组织地区的事业”，在“平等伙伴关系基

① 上海国际问题研究所，(1995)，《国际形势年鉴(1995)》。上海：中国大百科全书出版社上海分社，370。

② 罗英杰，(2009)，《利益与矛盾——冷战后俄罗斯与欧盟关系研究》。北京：世界知识出版社，19。

础上”确立以合作为基础的安全纲领原则，这些原则涉及军事、政治、人以及经济安全等各个方面[①]。此外，俄罗斯还谋求与德国、法国建立特殊伙伴关系，于1998年同德法建立了三方首脑会谈机制。

3. 小结

综上，在这一阶段，虽然双方出发点并不一致，对欧洲和平秩序的未来设想也大相径庭，但是从这一阶段的政治实践看，德俄双方都积极促进欧盟与俄罗斯的外交联系，强调欧洲的力量，也强调德俄合作在欧洲和平秩序中的关键性作用。因此，欧盟东扩在这一阶段得以顺利进行，德俄双方也都强调欧安组织的重要性，希望欧俄在欧安组织和欧洲委员会的框架下，共同建构欧洲和平秩序。

但与此同时，这一阶段的德俄安全关系在欧洲区域的发展也依然存在意见分歧。最主要的表现依然还是对中东欧国家的关系处理上。从冷战结束后，德国就一直强调中东欧地区对于欧洲和平秩序的重要性，将欧盟东扩视为建立统一欧洲和平秩序的基本前提，绝不同意俄罗斯将这些国家视为“势力范围”的理念。同时，中东欧国家也对俄罗斯充满戒心，害怕俄罗斯对其领土主权进行侵犯，从而不愿意看到俄罗斯与欧盟走得太近。在独联体中的欧洲国家层面，德国认为，应当将这些国家同样视为欧洲平等的主权国家，它们有权决定是否加入欧盟，甚至加入北约，而不应当受到俄罗斯的过大影响。相反，俄罗斯在这个阶段，加强了与独联体国家的联系，将以法德为首的西欧国家和中东欧国家区别对待，在谈到作为平等伙伴共同建构欧洲秩序时，只强调西欧国家和俄罗斯的作用，忽略中东欧国家的意愿，至于独联体中的欧洲国家，则一直被俄罗斯视为俄的同盟国家，而非欧盟的潜在发展对象。

最后，在这个阶段，虽然俄罗斯实行“大欧洲”战略，但这个战略只是其全方位外交战略中的一个组成部分。俄罗斯一方面希望融入欧洲，实现其“欧洲身份”，但另一方面，俄罗斯的外交视野绝不仅限于欧洲，对大国和强权的追求深植在俄罗斯政治根源之中。在20世纪90年代中后期，以美国和西欧为代表的西方国家依然是国际秩序的制订者，而俄美矛盾频现的时候，俄罗斯将欧洲作为外交战略的优先发展方向，但这个优先级是随时可以改变的。因此，随着日后俄罗斯外交的战略利益重点发生转移，俄罗斯就开始不再将维持与欧洲的关系，维持欧洲和平秩序置于国家利益的重要天平上。这时，俄罗斯宁愿打破欧洲和平秩序的基本原则，也要占领克里米亚的行为，也是自然的结果了。

---

① 方连庆等编，(2006)，《国际关系史（战后卷）》。北京：北京大学出版社，773。

（三）多边层面：国际格局变化下的欧洲和平秩序及德俄安全关系

20世纪90年代中期开始，世界格局依然以“一超多极”为主要特征。但与此同时，“世界多极化的趋势正在加强”[①]。美国作为唯一超级大国的地位受到一定挑战，全球化潮流兴起，世界格局面临新的挑战和变化。

如米勒所写的那样，地区和平秩序要受到全球和平秩序的制约和影响，同时也会反过来影响全球和平秩序。在欧洲层面，欧洲和俄罗斯在逐渐崛起。欧美关系开始有了新的变化，俄美关系更是矛盾频发。面对新的局势，德国和俄罗斯采取了不同的应对方式，美国则为了保持其在欧洲的影响力而采取了一系列措施，在一定程度上影响了欧洲和平秩序的建构进程，也影响了德俄安全关系的进一步发展。

由于美国担心在欧洲的影响力被削弱，也担心西欧国家与俄罗斯结盟，从而成为美国安全的潜在威胁，在这个阶段，美国开始大举推进北约的东进进程。其主要目的在于：一是压缩和限制俄罗斯。美国战略家布热津斯基就曾经指出：“俄罗斯的地盘比美国、中国和扩大了的欧洲都大，领土不应当是它的问题”，因此，俄罗斯的当务之急是实现自身的现代化，而不是“徒劳地努力恢复它作为一个全球大国”的地位；二是维持美国在欧洲的主导权。时任美国国务卿奥尔布赖特认为，如果不扩大，“北约将停留在过去，面临失去重要性，甚至解散的危险。我们在欧洲的领导地位将受损，与我们传统盟友的关系将恶化”[②]。

在该思想的指导下，1995年9月，北约发布《北约东扩研究报告》，提出八项加入北约的条件，1996年10月，美国宣布将在1999年吸收第一批新成员，1997年7月8日—9日，在北约马德里首脑会议上，宣布吸收波兰、匈牙利、捷克作为第一批加入北约的新成员国，并在1999年3月12日正式接纳这三国。同样在马德里首脑会议上，北约通过了《北约东扩宣言文本》和《北约－乌克兰特别伙伴关系宪章》这两个重要文件，标志着北约的东扩进程正式开始。

在1999年3月接纳波兰、匈牙利、捷克三国成为北约新成员国后，奥尔布赖特随即表示：这三个国家是加入北约的第一批新成员，“但并不是最后一批，因为北约的东扩不是一个事件，而是一个进程”[③]。由此表明美国对于北约扩大的坚决意愿。

---

① 方连庆等：《国际关系史（战后卷）》。北京：北京大学出版社，769。

② 顾关福，(2008)，《战后国际关系》。北京：时事出版社，267—269。

③ 同上。

对于北约的东扩，俄罗斯表现出了极大的不满。1995 年 9 月，叶利钦警告美国，“北约东扩可能点燃欧洲的战火”。同年 10 月，科济列夫也表示，“北约东扩将引发新的冷战”。1996 年 9 月 28 日，俄罗斯新上任的外长普里马科夫在出席第 51 届联合国大会时对记者说：“俄罗斯不赞成北约东扩，北约东扩将迫使我们采取对等行动，很可能迫使我们重新考虑一系列条约，其中包括常规武器条约的效率问题。”1997 年 3 月，俄罗斯国家杜马连续两次通过反对北约东扩的文件，文件指出，北约东扩将改变欧洲的地缘政治现状，从而损害欧洲安全利益，并导致欧洲大陆出现新的分界线和壁垒①。1997 年 12 月 17 日，俄罗斯出台了《俄罗斯联邦国家安全构想》，其中明确将北约视为俄罗斯国家安全的一大威胁。

尽管俄罗斯极力抵制北约东扩，但由于俄美之间政治、军事、经济上的巨大差异，俄罗斯事实上无力制止北约东扩的进程，只能尽量设法降低北约东扩带来的地缘政治损失。1997 年 5 月，俄罗斯与北约签订《俄罗斯与北约的基本文件》，本意是希望同北约缓和关系，希望北约不再积极东扩。但实际上，与 1994 年的《伙伴关系》协议一样，这个文件依然成了北约对俄罗斯的“安慰剂”，俄罗斯实质上做出了妥协，默认了北约的东扩进程。在这个文件中，美国拒绝了俄罗斯参与决策的意愿，在文件中阐明“不向俄罗斯或者北约任何一方提供否决另一方行动的权力”；针对俄罗斯提出的“北约不得在新扩展的地区部署核武器”的要求，文件只用“北约既无打算、也无计划、更无必要”部署核武器的言论一笔带过，并未做出实质承诺。对于俄罗斯提出的“波罗的海三国是红线，绝不允许北约吸纳该三国”的要求，美国更是毫不犹豫地加以拒绝，“北约将向所有中东欧国家敞开大门”②。因此，在这个阶段，俄罗斯依然最终对北约扩大作出妥协，但对于美国毫不在乎俄罗斯的强烈抗议、执意扩大北约的行为，俄罗斯国内反应激烈，并导致了之后俄美矛盾的一再升温。

对于美国主导的北约东扩进程，德国一方面指责俄罗斯，认为俄不应当对北约东扩抱有这么大的戒心，因为“北约的东扩是保证欧洲和平秩序的向东延伸的制度性条件”；但另一方面，为避免过度刺激俄罗斯，德国也主张北约东扩以更温和的方式进行。由于北约的东扩，德国实际上成为北约和俄罗斯之间的斡旋者。这从客观上加强了德俄安全关系。

另一方面，这一阶段，德美矛盾也开始显现出来。其主要的分歧在于，面对欧洲和世界局势出现的新变化，跨大西洋同盟应当朝着什么样的方向发展，以及

① 陈宪良，(2014)，《俄罗斯国家利益观的嬗变》。北京：中国社会科学出版社，159。
② 顾关福，(2008)，《战后国际关系》。北京：时事出版社，272。

由谁主导这个发展。早在1991年，美国前总统尼克松就在其所著的《透视新世界》一书中指出，跨大西洋联盟面临一种核心困境：如果不给这一联盟注入一种新的活力，美欧将不可避免地分道扬镳①。因此，摆在欧美双方面前的问题在于：如何将跨大西洋关系建立在一个新的坚实基础上，以面对未来的挑战②？1995年12月，欧美双方对这个问题进行了回答：双方签订了《跨大西洋新议程》，确立了双方在更广泛领域展开合作关系；1998年，又签订了《跨大西洋经济伙伴关系》文件，以促进欧美共同推动双边和多边层面上的贸易和投资合作。这一切都是因为，原本促使欧美紧密联系的意识形态敌人消失，因此，双方都认识到，为了保证欧美关系的继续向前推进，需要寻找新的合作平台。

虽然欧美双方都在努力继续推进跨大西洋关系，但在如何进行合作，尤其在建构欧洲和平秩序的主导权方面，却日渐出现分歧。美国依然想要维持其在欧洲的绝对影响力，强调美国的领导地位。而德国却认为，欧美已经是伙伴关系，而非上下级关系。北约在欧洲仍然具有关键作用，但这并不意味着对美国人唯命是从。在冷战后欧洲新秩序的问题上，德国也表示，欧盟等欧洲组织应当发挥更多的作用，并大力与法国合作，推动欧洲一体化和欧洲防务建设③。

1999年的科索沃战争是德美关系的一个拐点，也是德俄关系的一个拐点。美国不顾联合国的决议，悍然发动军事袭击的行为使德国意识到，美国的单边主义已经到了一个较为严重的程度，这与德国所坚持的欧洲和平秩序观并不一致。施罗德因此强调，对南空袭是一个“例外”，不应成为今后的“惯例”，“作为一条规则，军事干涉必须通过联合国授权”。之后，德国又提出结束科索沃战争的六点计划，赞成回到联合国寻求政治解决途径，有别于美国的立场④。

科索沃战争不但显示了德美在处理热点国际事务上不一样的价值取向，也同时凸显了欧洲在安全防务能力上的薄弱。科索沃战争是一个欧洲问题，中途却不得不邀请以美国为首的北约接手，这让德国认识到，一个欠缺独立军事实力和防务体系的欧盟，面对一个军事实力强大、单边主义倾向严重的美国，是不太可能在欧洲安全问题上拥有话语权的。因此，加强欧盟独立防务体系建设大有必要。与此同时，当俄罗斯在战争的最后关头以200余名空降兵占领普里什蒂纳机场，

---

① 王军，(2006)，《朋友还是对手——冷战后的欧美关系解读》。北京：人民出版社，69—70。

② 同上。

③ 黄正柏，(2007)，略论德国1990年统一以来对外政策的连续性与新特点，《武汉大学学报（人文社科版）》，60（2），235。

④ 同上，236。

而美国将军克拉克要求英国军队对进驻该机场的俄罗斯部队采取军事行动，从而将欧盟国家推向与俄罗斯军事对抗最前沿的时候，欧盟认识到，美国在关键时候不会顾及欧洲人的安全利益，因此，更是坚定了“欧洲是欧洲人的欧洲”这一信念①。在这一信念作用下，德国更加不愿意跟随美国的意愿去继续遏制、削弱俄罗斯的力量，而是希望与俄罗斯发展合作关系，一方面对美国有一定牵制作用，另一方面则是重视俄罗斯在欧洲整体和平中的作用。

综上，这一阶段全球格局的变化导致欧洲和平秩序建构中重要的三大角色：欧盟、美国和俄罗斯的战略也发生了变化。其中，俄美矛盾加剧，焦点在于北约东扩；欧美虽然在大方向上保持步伐一致，但在对欧洲和平秩序的发展方向和安全保障途径上出现了分歧。由于美国的单边主义倾向日益严重，德俄开始逐渐靠近。

第三节　1999 年末－2005 年德俄关系的“蜜月期”

一、1999 年末－2005 年德俄双边关系综述

1999－2005 年的这六年期间，德俄关系进入了一个“蜜月期”。德俄不但在经贸关系领域继续加强合作，也开展了比以往任何时候都要频繁的政治对话。施罗德政府上台后就表示，德国对俄政策的基本点是将俄罗斯纳入广泛国际合作之中，在“更广阔的基础上”发展德俄关系②。

1998 年开始，德俄开启年度双边最高级别政府间磋商机制。通过该机制，两国在双边重要问题上展开密切的、开诚布公的部长级对话。2001 年则召开了第一届彼得堡论坛，其目的在于，增强两国间多层面的交流，以增强公民社会的互信和理解。该论坛每年举办一次，2014 年由于乌克兰危机而取消当年的活动。同时，德国还希望促进俄罗斯军事改革，拟加强对俄军事关系，谋求建立“德俄军备合作委员会”，进行三军交流和联合军事演习，帮助俄培训官员，旨在向俄传授德国治军方略，推动俄军队进一步改革，朝专业化方向发展③。

这期间，德俄双边互访频繁。2000 年 6 月 14 日至 16 日，俄罗斯总统普京访

---

① 罗英杰，(2009)，《利益与矛盾——冷战后俄罗斯与欧盟关系研究》。北京：世界知识出版社，62－63。

② 黄正柏，(2007)，略论德国 1990 年统一以来对外政策的连续性与新特点，《武汉大学学报（人文社科版）》，60 (2)，238。

③ 孙春玲，(1998)，德国新政府内外政策走向，《国际参考研究》，第 10 期，5。

问德国，该次访问被施罗德称为“德俄双边关系实质性的新开端”。2001年9月25日，普京再次出访德国，与施罗德进行会谈，并在联邦议会发言。2002年4月9日至10日，德俄间政府磋商与彼得堡论坛同时开幕。这种互访在伊拉克战争期间更是频繁。仅2003年一年，德俄部长以上级会面就多达7次。双方就伊拉克问题展开深入讨论，并采取统一立场。

德俄政治关系的发展不仅得益于政府间的正规往来，也得益于施罗德和普京的个人友谊，得益于从科尔和叶利钦时代就开始的德俄“休闲外交”传统。2000年初，普京访问德国，使用自己流利的德语，迅速与施罗德拉近关系。接下来，普京更是利用圣诞假期，请施罗德夫妇来自己家做客。期间，普京与夫人全程陪同，两对夫妇听歌剧、赏雪、喝酒聊天、叙说友情。到圣诞节假期结束时，俩人已经变成了“铁哥们”。施罗德对普京的评价颇高。2004年7月8日，在施罗德访俄期间，他高度赞扬了普京“坚决的改革政策”。同年11月22日，施罗德在接受ARD电视台采访，并被问到“是否认为普京是一个纯粹的民主主义者”时，回答道：“是的，我坚信他是”。

2002年4月10日，施罗德和普京联合举行记者会，宣布他们已经解决了长期困扰两国关系的债务问题，并就此达成了最后协议①。根据该协议，德国同意俄罗斯方面只用偿还15亿美元左右的债务，这比之前柏林方面所坚持的64亿美元减少了四分之三，在达成债务协议同时，双方还签订了13亿美元的贸易合同。

在这期间，德俄经贸关系更是取得了极大的发展。德俄之间贸易额仅2001年一年就增加了50％。德国是俄罗斯在欧盟地区最大的出口对象国，也是最大的进口来源国。2000－2006年期间，俄罗斯对德国出口总额占俄罗斯对欧盟出口总额的20.1％，进口总额占对欧盟进口总额的31.8％。进出口贸易总额占俄罗斯与欧盟27国累计贸易总额的24％②。德国对俄罗斯直接投资也是欧盟国家中数额最大的。2005年，德国对俄罗斯的直接投资占当年欧盟25国对俄直接投资总额的20％③。

德俄双方还建立了长期经济合作机制：2000年，德俄共同设立经济和财政战略工作小组（SAG），其目的在于加强双边经济合作，并为两国经贸交流提供更好的经济和法律框架条件。

---

① 赵立宇，(2003)，休闲外交——政要们的公关利器，《公关世界月刊》，第2期，44。

② 郑羽 & 蒋明君编，(2008)，《普京八年：俄罗斯复兴之路（2000－2008）外交卷》。北京：经济管理出版社，213。

③ 同上，216。

德俄这一阶段的经贸关系发展特色还体现于双方在能源领域展开的合作。2004 年 7 月 8 日，施罗德与普京在莫斯科就经济问题举行会谈。施罗德随行带来了一个由高级别经济专家组成的代表团。在会谈过程中，俄罗斯和德国达成协议，要在能源领域进行更紧密的合作。其中最重要的标志性项目是北欧天然气管道项目。2005 年 9 月 8 日普京对德国进行了一天访问。德俄双方在这次访问中，签署了一项在波罗的海海底修建天然气管道的协议。接着，由德国 BASF 公司、E. ON 公司和俄罗斯的 Grazprom 公司签订了北欧天然气管道协议。该天然气管道由俄罗斯芬兰湾的维堡经由波罗的海海底到达德国北部的格莱夫斯瓦尔德，年输气量为 200 亿～550 亿立方米，开发总投资为 57 亿美元。这极大地推动了德俄在能源方面的合作，加强德俄经贸关系，同时令俄罗斯更好地融入欧洲。

这一阶段，德俄两国还在反恐行动中展开广泛合作。2004 年 8 月 31 日，施罗德、普京和法国总统希拉克在索契举行三方会谈，并讨论国际反恐斗争等问题。2004 年 9 月 9 日，普京和施罗德共同发表声明，表示两国将共同合作，打击恐怖主义。

总体来说，这一阶段的德俄关系虽然也时有摩擦，但确实是冷战后两国关系最密切的时期。

二、本阶段德俄安全关系分析

（一）国家层面

1. 德国的安全利益观

本阶段的德国安全利益观与上一阶段的既有延续性，也有一定变化。其中，延续性主要体现在：

第一，德国的自主意识继续增强，希望在国际事务，尤其在欧洲事务中承担更多责任。为了适应新安全环境的需要，德国国防部调整了国家安全战略，于 2003 年 5 月发布了新的《防务政策指针》，允许德国参与北约国家防区以外的行动[①]。与此同时，更强调欧盟统一行动的重要性，继续促进欧盟形成相对独立的外交与安全政策。自从 2001 年的《尼斯条约》第一次提及军事合作，欧盟共同安全与防务机制逐渐开始出现突破。“9·11”事件后，欧盟于 2004 年 6 月制订的《反恐行动计划》以及在此基础上形成的《2010 年总体目标》标志着不断发展过程中规则的完善及任务的制定。为了整合各成员国的力量，2001 年底发起

---

① 魏光启，(2014)，冷战后德国的北约战略及德美关系研究，《德国研究》，第 1 期，37。

的能力行动计划（ECAP）、2002年底和北约达成的军事资源共享协议、2004年7月成立的欧洲防务局（EDA）和同年提出的战斗群概念，使得欧盟到2007年初已经达到能够同时具有投放两场不关联战争的快速反应能力。在上述过程中，虽然德国比起法国来，并不是最积极的政策推进者，但德国也同样试图借助共同外交与安全政策，逐渐摆脱对美国的从属地位，提高双边关系中德国的地位，并争取以欧盟领导国的身份与美国平等对话①。与此同时，德国还对北约的存在提出质疑。2005年2月11日至13日，第41届慕尼黑国际安全政策会议上，施罗德提出新的安全理念和安全政策建议。他表示，随着战略安全威胁和挑战的改变，欧洲不必担心再受军事进攻，美国在欧洲的军事存在也不再具有安全政策的优先性。北约不再是跨大西洋伙伴磋商和协调其战略设想的首要场所，必须改革北约②。

第二，认为欧洲和平秩序的建构重点依然应当放在促进欧盟内部的团结、维持中东欧地区的和平与稳定以及与俄罗斯保持积极的合作关系基础上。在2006年颁布的《德国国防白皮书》中，可以看到这样的表述："欧盟是德国与其他各成员国的政治稳定、安全和繁荣的保证。德国安全政策的首要目标是通过巩固和发展欧洲团结和欧盟对东欧、南高加索、中亚和地中海地区国家积极的睦邻政策来加强欧洲地区的稳定形势。同样重要的是发展和加强与俄罗斯的长期和有活力的伙伴关系。"③ 与此同时，施罗德政府尤其强调"欧洲人决定欧洲事"的理念，认为应加强欧盟与俄罗斯交流的桥梁，在欧俄磋商合作的基础上进一步建构欧洲和平秩序。

第三，继续贯彻德国一贯秉持的多边化外交思路。强调通过超国家组织（如联合国、欧盟、北约、欧安组织）和多边对话机制解决国际问题和欧洲问题。坚决反对军事手段的使用，进一步要求削减全球常规军备和核武器的储备。认为应当进一步敦促各国遵守已有的国际规范和行为准则，通过政治和外交方式解决国际冲突。尤其在欧洲和平秩序建构层面，施罗德政府强调，坚决不能使用武力手段，应通过政治和外交途径解决问题。因此，施罗德政府时期对美国的单边主义行为表示出了极大的不满，德美关系因此陷入冷战后的谷底。

德国安全利益观在这一阶段的主要变化在于：

---

① 吴志成 & 杨娜，(2006)，欧盟共同外交与安全：大国态度的比较分析，《欧洲研究》，第2期，89。

② 孙恪勤，(2009)，走向大国的努力与挫折——施罗德政府的外交与安全战略，见刘力群 & 连玉如编，《德国·欧盟·世界》。北京：社会科学文献出版社，228—229。

③ Weißbuch der Deutschen Sicherheitspolitik 2006.

第一，在全球化浪潮兴起、国际格局朝着多极趋势发展的背景下，德国开始在世界舞台上寻求自己的位置，希望在全球秩序建构中承担更大责任，成为世界政治规则的制定者，并开诚布公地谈到德国国家利益的实现。但与此同时，德国依然受到克制文化的影响，因此，更多地希望在欧盟的框架下在世界事务中发挥作用，这就要求欧盟增强其政治影响力与外交和安全方面上的行动能力，并且在德法的领导下更加团结，对外用一个声音说话；也要求德国处理好与世界其他几极国家的关系，尤其是从地缘位置、历史渊源上都与德国具有特殊关系的俄罗斯，对于德国实施巩固欧洲和平秩序，从而参与建构全球秩序的外交政策更是有重要意义。

第二，面对全球恐怖主义的兴起、气候变暖、跨境犯罪等新型安全威胁，德国政府意识到，对于欧洲和平秩序中“和平”的定义应当适当放宽。“和平”不仅仅只指国与国之间不再发生战争，而同样应该表示，欧洲国家和人民能够在安全、稳定、富足的环境中生存。这就要求德国从各个层面保障欧洲的这些安全利益。因此，德国一方面加强对欧洲危机管理和冲突防御机构的建设，另一方面与世界其他国家一起，共同讨论和研究如何反恐、环保和打击跨境犯罪。在这个过程中，德国既重视欧盟和美国的作用，同时也非常重视俄罗斯和其他新兴大国的作用。在反恐、伊拉克战争等热点问题上，德俄法在这个阶段结成了同盟，采取一致立场，从客观上对欧洲整体和平秩序的建构有积极的作用。

2. 俄罗斯的安全利益观

2000 年 3 月 27 日，普京正式当选俄罗斯联邦总统，基本继承了叶利钦后期的对外政策，并在 2000 年 6 月 28 日签署的《俄罗斯联邦对外政策构想》中，强调俄罗斯外交政策应注重“平衡性”。这意味着，在进入 21 世纪之后，俄罗斯明确表明希望恢复强国地位，与世界经济实现一体化、展开东西方平衡的多向外交以建立广泛的伙伴关系①。这成为俄罗斯该阶段外交政策的指导思想。

在这一阶段，俄罗斯开始认识到，经过 20 世纪 90 年代的政治实践，俄罗斯有在世界和欧洲被边缘化、成为“二流国家”的趋势，这在全球化浪潮背景下是非常危险的处境。因此，俄罗斯“政治精英”强调，应当尽快发展俄罗斯经济，加强俄罗斯与国际社会的关系，成为国际主流组织和机构的成员，从而重回世界主流国家行列。在 2001—2004 年的四份《国情咨文》中，普京多次强调，“我们有责任吸收新的能量加入我们与欧洲和其他国际机构的关系中”，“在可预见的未

---

① 郑羽 & 蒋明君编，(2008)，《普京八年：俄罗斯复兴之路（2000—2008）外交卷》。北京：经济管理出版社，24。

来，俄罗斯应当在世界上真正强大的、经济先进的和有影响力的国家中牢牢占有一席之地”，“如今任何一个国家，无论大小贫富，如果与外部世界隔绝，都不能顺利发展。相反，成功总是伴随着那些有意识地、和谐地、快速地融入世界经济的国家。”①

为了实现这个目的，在外交上，俄罗斯在这个阶段的政策重点在于，确保俄罗斯周边环境的稳定和安全，使俄罗斯能够心无旁骛地发展国家的社会经济。执行“最大限度地避免冲突的方针，特别是同那些俄罗斯经济发展所依赖的国家和地区”②。

普京政府同时采用务实的方针贯彻上述外交理念。因此，在这个阶段，俄罗斯非常重视同欧盟和欧洲重要国家的友好关系，认为俄罗斯首先应当“融入欧洲”，才能“融入世界”。在外交与安全政策上，普京更是强调欧洲的安全为先，以保证俄罗斯周边环境的稳定。因此，对于欧盟的大规模东扩，普京本人于2004年6月1日给予了积极评价，他认为这为俄罗斯与欧盟的一体化进程提供了更加便利的条件：“欧盟东扩，我们需要的不仅是地理意义上的互相接近，而且是经济和精神层面上的。我认为，这不仅是俄罗斯经济，也是整个欧洲经济取得成功的前提。这意味着新市场和新投资的出现。总之，未来的大欧洲将会面临新的机遇。”③

因此，普京的第一个任期中，其外交政策的主要核心在于：以发展俄罗斯经济为核心，希望通过振兴俄罗斯经济重回强国行列，尽快与西方国家缩小差距；秉持务实的外交风格，搁置与西方国家的争议，与其建立伙伴关系，加大俄罗斯与这些国家的合作；将与欧洲的关系放在重要的位置，认为实现欧洲与俄罗斯的战略伙伴关系是实现俄罗斯进入主流国家行列的第一步。

尽管从2005年开始，尤其是2003年格鲁吉亚的“玫瑰革命”和2004年乌克兰的“橙色革命”过后，普京的外交思想有了很大的变化，逐渐形成“主权民主”思想，在外交风格上日趋强硬，并于2006年拒绝在《欧洲能源宪章》上签字。但俄罗斯同欧洲和德国的关系并没有产生本质改变，因为俄罗斯当时的经济状况和国际地位并没完全改善，因此，获得欧洲的支持，以继续在相对平稳的环境中实现俄罗斯的经济发展，是俄罗斯更为重要的利益所在。

---

① 郑羽 & 蒋明君编，(2008)，《普京八年：俄罗斯复兴之路（2000—2008）外交卷》。北京：经济管理出版社，26。

② 同上，27。

③ 同上，29。

综上，德俄双方的国家利益有重合之处，尤其在欧洲区域层面，双方都强调欧洲一体化和欧洲共同外交与防务政策的重要性。因此，这个阶段，德俄双边关系获得了长足的发展，两国也在建构欧洲和平秩序上共同付出了许多努力。但与此同时，也需要注意到，俄罗斯并未放弃对大国地位的追求，在强调“融入欧洲”的同时，也更加注重通过欧洲一体化获得更多的经济机会和稳定的外部环境，以最终实现俄罗斯重归强国行列的愿望。这与德国对欧洲和平秩序的构想还是大不相同的：德国希望在欧盟的主导下巩固欧洲和平秩序，并最终在欧洲和平秩序的模板上建构世界和平秩序。

（二）区域层面：欧盟为主导的和平秩序建构和“融入欧洲”战略

1. 施罗德政府：欧盟为主导的欧洲和平秩序建构

施罗德政府上台后，更加强调德国独立自主外交政策，也强调欧盟在欧洲事务中的作用。事实上，施罗德所在的社会民主党在1997年有关国际战略与外交政策文件中，就已经较完整地提出了自己的欧盟政策。其要点包括：德国不可能脱离欧盟自我发展，应奉行积极的欧盟政策；德国应在欧盟建设中发挥特殊作用；在欧洲一体化建设进程中应维护社会民主党主张的社会模式；必须在中东欧国家推广民主，建立和平结构，确保德国和西方盟国的外部安全；欧盟东扩符合德国的安全和经济利益；欧盟应该向有行动能力的政治联盟发展，包括建立欧洲共同外交与安全政策①。在2001年4月，经过三年的政治实践，红绿联盟出台了更加完整的纲领性文件《对欧洲承担责任》，在这份文件中，施罗德政府强调，应“使欧洲承担起自己的国际责任，促进欧洲统一，促进欧盟深化改革，构筑欧洲未来的民主形态”②。

从施罗德政府上台后的重要文件和言论中可以看出，新政府的欧洲和平秩序建构理念与20世纪90年代相比，既有连续性，也有一定变化。延续性表现在，德国政府坚持的欧洲和平秩序基本原则并没有变，依然以民主、人权、法治建设为欧洲和平秩序的内核；以实现欧洲整体和平，从而保证德国外部环境的稳定为最高目的；将中东欧地区视为欧洲和平秩序建构中最关键的区域，并认为只有实现真正的欧洲统一才能最终解决该地区的冲突和矛盾。

其变化则主要表现在以下三个方面：

第一，在建构欧洲和平秩序时，施罗德政府已经逐渐采取更务实、更强调德国利益的思路。尽管通过欧洲一体化进程最终实现欧洲统一和欧洲和平依然是德

---

① 孙恪勤，（2001），施罗德政府的欧盟政策，《现代国际关系》，第12期，13。

② 同上，14。

国外交政策天平上最重的砝码，但施罗德政府中的“政治精英”绝大部分属于战后成长起来的一代，因此不像前任一样背负沉重的历史包袱，在实施欧洲政策时更敢于强调德国利益，希望按照德国的构想建构欧洲新秩序。施罗德在竞选时就多次重申，德国在欧洲问题上的立场应当是出于国家利益，而不是出于某种道义上的责任①。因此，德国敦促欧盟在1999年前通过《财政改革方案》，强调要加强成员国经济和财政政策协调，保证就业充足和社会公正。力求欧盟财政开支和成员国摊款合理，继续要求欧盟调整德国的摊款额，逐步削减30%②。在推动欧盟扩大方面，更是一如既往地要求东扩优先，暂缓南扩，这符合德国的地缘政治利益；此外，德国在这个阶段一方面继续强调德法作为发动机的作用，另一方面积极改善德英关系，以增加德国在欧盟中实质上的影响力，确保其在欧盟中的实际领导地位。

第二，在建构欧洲和平秩序的主导权上，德国比以往更加强调欧盟的作用，希望以此弱化北约在欧洲的影响。针对欧盟内部出现的不同声音，尤其是新入盟国家在安全政策上向美国，而非欧盟靠拢的倾向，施罗德深感不安。尤其1999年的科索沃战争让施罗德政府感受到了欧盟在安全防卫能力上的软弱，因此，加强欧盟防卫能力建设，同时逐渐降低北约在欧洲事务中的掌控力，是这一阶段施罗德政府的欧盟政策重点。

第三，在建构欧洲和平秩序的手段上，德国不再一味地排斥使用武力，在有限的范围内、适度地派兵参加有联合国授权的军事行动和维和行动。早在1994年，德国联邦宪法法院就裁定，“防卫”不限于德国国境，也包括制止国际间的纷争与危机，德国国防军可在联合国与北约的框架内参加海外军事行动③。但即使如此，由于德国国内主流和平主义民意的抵触，直到2001年，德国国防军才跟随美国出兵阿富汗，施罗德政府因此承受了巨大的国内政治压力，一定程度上导致在2003年的伊拉克战争中，德国政府采取了坚决反战态度。

2. 普京第一任期的“融入欧洲”战略

普京上台后，继承了20世纪90年代中后期的“大欧洲”战略，逐渐形成了“融入欧洲”的外交政策理念。这一方面是俄罗斯为了维护自己的政治经济利益所作出的现实选择，其最终目的就是实现与欧洲的一体化，建立共同的经济、安

---

① 孙春玲，(1998)，德国新政府内外政策走向，《国际参考研究》，第10期，4。

② 同上，4。

③ 胡琨，(2014)，围绕国家利益进行的外交“突围”——战后联邦德国周边外交的思想与战略，《人民论坛》，第7期（上），19。

全、文化空间[①]；另一方面，也是由于普京政府对俄罗斯“欧洲属性”的认同。在普京看来，俄罗斯虽然地跨欧亚大陆，但“从文明的角度看，俄罗斯是一个拥有欧洲文明的国家”[②]。从国家安全的视角看，欧洲的安全与稳定对于营造俄罗斯外部和平环境，使俄罗斯能够心无旁骛地发展国内经济，是至关重要的。因此，在普京执政期间，一直将俄罗斯与欧洲的关系摆在仅次于独联体的重要位置。

在“融入欧洲”的思想指引下，作为欧洲大陆上最重要的政治经济行为体——欧盟的重要性自然不言而喻。因此，在外交实践中，普京治下的俄罗斯努力与欧盟保持良好关系，希望在俄罗斯和欧盟之间形成一个统一的经济、政治、文化空间。在2002年的《国情咨文》中，他强调，“我们将更继续积极地做欧盟的工作，以便形成统一的经济空间。”2003年的《国情咨文》中，他则将与欧洲的一体化扩大到经济以外的领域：“我国外交的重要方面是与欧洲广泛接近和切实地融入欧洲……要活跃双边关系，与欧盟发展战略伙伴关系，积极参与欧洲委员会的工作。”[③]

因此，俄罗斯发展与欧盟关系的重要原因包括：(1) 通过与欧盟在经济上保持良好关系，充分获取欧盟的资金、技术等方面帮助，从而为俄罗斯的经济增长提供外部动力。此外，吸取欧盟国家成功经验，尽快使俄罗斯完成经济体制的改革，从而进入欧洲乃至世界主流经济体系。(2) 通过将自己摆在与欧盟平等的“战略合作伙伴”的地位，确保俄罗斯依然是一个欧洲大国。普京政府务实地认识到，20世纪俄罗斯追求与美国获得平等地位的想法是不切实际的，因此，首先应当使俄罗斯巩固其欧洲大国的地位，在欧洲事务上保证一定话语权，再图谋国际地位的提升。因此，避免在欧洲被孤立、被边缘化，积极参与欧洲和平秩序的建设，树立一个与欧盟平起平坐的欧洲建构伙伴形象，有利于俄罗斯的政治利益的实现。(3) 在欧盟力量上升，欧盟与美国在欧洲事务主导权上出现竞争的时期，站在欧盟一边，利用美国对俄罗斯的戒心加深美国对欧盟的疑虑，分化欧美关系，使欧洲秩序中的几大势力趋于平衡。

因此，俄罗斯开始加强与欧盟的战略合作。2005年5月10日，在俄欧莫斯科首脑峰会上，通过了关于建立俄欧四个统一空间“路线图”的一揽子文件，俄

---

① 罗英杰，(2009)，《利益与矛盾——冷战后俄罗斯与欧盟关系研究》。北京：世界知识出版社，23。

② 同上。

③ 郑羽 & 蒋明君编，(2008)，《普京八年：俄罗斯复兴之路（2000—2008）外交卷》。北京：经济管理出版社，28。

欧伙伴关系得到全面提升[①]。俄罗斯还推动建立“欧洲统一经济空间”，加强与欧盟的经济联系，并加大俄罗斯经济改革力度，终于在 2002 年 5 月被欧盟承认为市场经济国家，并在 2005 年 5 月 21 日签署了关于欧盟支持俄罗斯加入世界贸易组织的议定书[②]。在安全层面上，俄欧也展开密切对话，对话内容涵盖欧洲独立防务、反恐、巴尔干地区、中东局势等欧洲乃至全球热点问题。尤其在 2003 年爆发的伊拉克战争中，俄罗斯与德法保持高度一致，共同谴责美国的单边主义行动，成为欧洲安全层面俄欧共同声音的代表性行动。

综上，在这个阶段，德俄殊途同归地积极加强了对欧洲和平秩序的建构。双方都同意，应当以欧洲的力量主导欧洲和平秩序的建构，也都承认俄罗斯在欧洲和平秩序中的平等地位。为了实现欧洲共同战略空间、增强俄欧之间的利益交织、同时初步作出俄欧安全共同体的尝试，双方加强了战略伙伴关系的建设。德国承认俄罗斯的欧洲身份、民主地位和市场经济状况，俄罗斯则承认欧盟作为政治经济一体化组织的重要地位，并积极支持欧盟东扩。双方都希望通过“靠近”来求合作、求共同发展，也都希望削弱北约在欧洲秩序建构中的话语权。

但好景不长，俄欧在价值观上的差异和国家政治经济发展过程中的不平衡导致双方经常小有龃龉，例如 2003 年俄罗斯在签署《京都议定书》过程中反复的态度，以及双方在车臣问题上针对人权状况的争执。到了 2006 年，随着欧盟持续东扩、俄罗斯国内政治经济形势的好转以及新入盟的欧盟国家与俄罗斯之间的传统矛盾凸显等，俄罗斯的“融入欧洲”战略未能持续。

（三）多边层面：恐怖主义的出现和美国继续实施单边主义

随着欧盟力量的上升、俄欧关系的接近、国际新兴力量的兴起，美国的“超级大国”地位受到了严重挑战。在欧洲区域，则体现为欧洲与美国在欧洲秩序建构过程中对主导权的争夺上。这其中包括：欧洲热点事务上美国单边主义与欧洲多边主义之争；美国“先发制人”的预防性打击理念与欧洲“多边政治磋商、危机控制和有效裁军”的和平解决模式之争以及对俄战略之争等。这些争论又进而导致“新欧洲”和“老欧洲”的分界线出现，使欧洲和平秩序在原苏联国家地区产生了新的裂痕。美国的单边主义作为、北约在 2002 年开始的第二轮东扩，对在科索沃战争中已经陷入低谷的俄美关系来说更是雪上加霜。

---

① 罗英杰，(2009)，《利益与矛盾——冷战后俄罗斯与欧盟关系研究》。北京：世界知识出版社，25。

② 同上，26。

2001年的"9・11"恐怖主义袭击使欧美俄之间的矛盾有所缓解。一方面，恐怖主义的袭击使世界各国都意识到了恐怖主义对国家安全形成的冲击性挑战，也因此纷纷将国际联合打击恐怖主义列为国家安全的首要任务。在欧洲的层面上，则体现在原本明争暗斗的三大势力即欧盟、美国和俄罗斯开始掉转枪头，一致对外。借助共同反恐平台，欧俄关系继续升温，俄美关系趋于好转，跨大西洋联盟关系也因此得到巩固。

在这种背景下，2001年9月12日，德国与其他盟友一起，启动了北约第5条款，为军事援助美国铺平了道路。2001年10月7日的阿富汗战争中，德国为配合美国"反恐"的需要，首次派出国防军，将近万名士兵部署到国外，在北约的领导下直接参与对基地组织和塔利班政权的军事打击行动。同时，为了适应新安全环境的需要，德国国防部调整了国家安全战略，于2003年5月发布了新的"防务政策指针"，允许德国参与北约国家防区以外的行动[①]。俄罗斯则通过情报支持、提供武器援助、对美军进入中亚地区大开绿灯等举动支持美国为首的反恐军事行动。欧、美、俄三方面在共同反恐的框架下，结成反恐伙伴关系，从而在这个历史时期达到了暂时的相互谅解。

但是，在阿富汗战争后期，德美俄之间的矛盾再一次凸显出来。"9・11"事件之后，美国逐渐调整安全利益天平上的优先级，传统西欧地区的重要性降低，中东欧、中亚和中东地区逐渐成为美国在欧亚大陆上的战略重点。在阿富汗战争获胜之后，美国没有进一步在多边磋商机制框架下寻求与其他国家合作，共同通过政治和危机管理途径对抗恐怖主义，而是将自己视为反恐行动中的领导人，继续使用强硬军事手段，希望通过"先发制人"的预防性打击方式，乘胜追击，将恐怖主义的苗头扼杀于萌发中。这与德国的和平观念背道而驰。德国国防军参与阿富汗战争的行为已经使施罗德政府在国内面临极大压力，在解决"燃眉之急"之后，德国本希望能够与其他反恐联盟国家进行冷静协商，通过更温和的途径解决阿富汗战争和反恐行动的后续问题，尤其强调应当在联合国框架下，而非在美国领导下建立反恐联盟，应当先对话、后采取行动，避免误伤无辜等。但美国并不理会德国和欧盟的意愿，一意孤行地执行单边主义外交政策，对于德国看重的国际法和国际条约越来越藐视。2002年3月，美国能源和环境协会与核政策律师委员会在对美国履行的包括《不扩散核武器条约》《反弹道导弹条约》等8个

---

① 魏光启，(2014)，冷战后德国的北约战略及德美关系研究，《德国研究》，第1期，37.

主要国际条约的执行情况进行分析后指出，美国“不仅拒绝加入新建立的国际法律机制，而且未能履行已经批准的条约中规定的义务”，这引起欧盟的强烈不满，指责美国蔑视国际法，破坏了安理会的信誉。①

同样在阿富汗战争后期，俄美的反恐联盟也开始产生裂痕。在阿富汗战后政权重建的过程中，美国不愿看到俄罗斯支持的北方联盟获得阿富汗的政权，而因此支持阿富汗南部的普什图族，最终在阿富汗组建的临时政府中，北方联盟取得了内政、国防和外交三个部门的重要职务，而普什图族则掌控财政、金融和经济等部门②。此外，阿富汗战争结束后，美军不愿撤出中亚地区，而扩大与中亚国家的军事合作，并在中亚安全局势较为稳定之后，推动中亚国家的改革进程，并在 2005 年 3 月吉尔吉斯斯坦政治变局和 5 月乌兹别克斯坦安集延事件中推波助澜。③ 这无疑不符合俄罗斯的安全利益。为了对抗美国在中亚地区增大的军事影响，俄罗斯于 2002 年 5 月 14 日成立独联体集体安全条约组织，这是一个以中亚地区为主要活动区域的军事组织。此外，俄罗斯还极力反对美国在中亚地区的政治行动，并于 2005 年底与乌兹别克斯坦建立了战略同盟关系。俄美两国在中亚地区的争夺开始愈演愈烈。

德美和俄美的矛盾在伊拉克战争中发展到顶峰。由于在阿富汗战争中，美国迅速取得了胜利，使布什政府的国内外声望都有所提高，致使美国的单边主义政策发展到顶峰。2002 年 1 月 29 日，时任美国总统小布什在《国情咨文》中宣布伊朗、伊拉克和朝鲜为“邪恶轴心”。并在接下来的一年中，宣称伊拉克支持国际恐怖主义行动，并在秘密研发大规模杀伤性武器，对美国乃至全球安全构成威胁，表示要以武力推翻萨达姆政权。这招致了以德法为代表的西欧国家和俄罗斯的一致反对。针对美国的“邪恶轴心”论，菲舍尔公开批评道，“国际反恐联盟并不是对某一国家采取行动，尤其是单方面采取行动的基础。”④ 在之后美国宣布要以武力推翻萨达姆政权时，施罗德更是表示，德国绝对不会参加伊拉克战争，“只要他在台上一天，美国就别指望德国会参加这场战争，也别指望德国会出一分钱。”⑤ 德国司法部长甚至将小布什与希特勒类比，称“布什抓住伊拉克

---

① 王军，(2006)，《朋友还是对手——冷战后的欧美关系解读》。北京：人民出版社，159—160。

② 郑羽 & 蒋明君编，(2008)，《普京八年：俄罗斯复兴之路（2000—2008）外交卷》。北京：经济管理出版社，52—53。

③ 同上，54。

④ 顾俊礼，(2003)，施罗德执政以来德美关系何以矛盾迭起，《和平与发展》，第 2 期，49。

⑤ 同上。

问题不放，目的是转移美国人对国内问题的关注。”“这是个很普遍的方法，甚至希特勒也会那么做。”[1] 尽管施罗德政府在这番言论之后撤销了这位司法部长的职务，并希望修复德美关系，但小布什并不领情，在施罗德再次当选德国总理时，甚至都没有去电祝贺。德美关系因为伊拉克战争而降到低点。

在伊拉克战争问题上，俄罗斯同样对美国持反对态度。2002 年 9 月 8 日，伊万诺夫在俄罗斯外交部成立 200 周年纪念活动上的讲话指出，不应以反恐为借口干涉别国内政，也反对不经联合国授权擅自对别国动武的行为。这与德国的态度不谋而合。在 2003 年 3 月 20 日伊拉克正式打响之后，普京谴责美国发动这场战争“是一个巨大的政治错误”[2]。

美国的一意孤行拉近了德俄安全关系。2002 年底开始，德俄双方领导人频繁会晤，就伊拉克问题进行磋商。2002 年 11 月 12 日，普京和施罗德在奥斯陆会面，就伊拉克问题、车臣问题进行磋商，并同意扩大德俄之间的能源合作；2003 年 2 月 10 日，德俄法三国领导人在巴黎会晤，共同要求在伊拉克问题上寻求政治解决渠道；2003 年 2 月 24 日，俄罗斯联合德国和法国，向联合国安理会递交了一份伊拉克问题解决方案，要求加强对伊拉克的武器核查工作；2003 年 3 月 5 日，伊万诺夫、菲舍尔和德维尔潘等三国外长在巴黎会晤，三方阐明了在伊拉克问题上的共同态度；3 月 17 日，德俄法三方向联合国安理会提出针对伊拉克问题召开特别会议的要求；4 月 4 日，三国共同表达了对伊拉克人权问题的担忧，敦促联合国应当立即在伊拉克发挥核心作用；4 月 9 日，俄罗斯方面再次重申与德法的一致立场；4 月 11 日至 12 日，借彼得堡对话论坛开幕之机，俄德法三国最高领导人再次会晤，商讨伊拉克局势问题。

德俄法关系的接近，尤其是德法在伊拉克战争中旗帜鲜明的反美态度，使美国大为恼火。2003 年 1 月 22 日，时任美国国防部长拉姆斯菲尔德将支持伊拉克战争的波兰、罗马尼亚等国称为“新欧洲”，把反对伊拉克战争的德法等国称为“老欧洲”。在欧洲大陆上再次划出了一条人为的分界线。这些“新欧洲”国家的存在证明了中东欧国家在安全上更加信任美国的保护，而不愿意支持欧洲共同安全政策，与德法一起建构欧洲人为主的欧洲和平秩序。同时，这些国家在历史上与苏联的特殊关系，导致其对俄罗斯有天然的戒心，因此也在德俄共同建构欧洲

---

① 顾俊礼，(2003)，施罗德执政以来德美关系何以矛盾迭起，《和平与发展》，第 2 期，49。

② 郑羽 & 蒋明君编，(2008)，《普京八年：俄罗斯复兴之路（2000—2008）外交卷》。北京：经济管理出版社，56。

和平秩序的道路上设置了一个新的障碍。

2003 年 5 月，布什宣布在伊拉克的大规模军事行动基本结束。在伊拉克战争中与美国分庭抗礼的德俄两国开始逐渐缓和对美关系。基于经济利益和与美缓和关系的考虑，俄罗斯积极参与伊拉克的战后重建工作，并与美国重新开展合作。2003 年 8 月末，普京在出访意大利期间表示，俄罗斯愿意在伊拉克战后稳定与重建过程中发挥自己的作用，并支持向伊拉克派驻一支由联合国安理会批准的多国部队，即使这支部队由美国来领导。2004 年 5 月，时任俄罗斯外长拉夫罗夫进一步指出，“我们不希望美国人在伊拉克遭受失败，这对我们不利，因为这会使整个地区的局势不稳。”① 因此，尽管在伊拉克战后重建的主导权上双方依然存在分歧，但总体来说，随着伊战结束，俄美的关系开始有所好转。而德国也意识到，在欧洲内部还存在政治分歧、欧洲安全和防务政策也未有实质进展之机，无论是在处理欧洲事务上，还是对抗全球新型安全威胁上，德国和欧洲都不能离开美国。在 2004 年 2 月份召开的第 40 届慕尼黑安全会议上，德国政府希望借此机会消除伊拉克战争造成的德美关系阴影，菲舍尔更是在开幕词中就提到，要通过欧美合作，实现中东地区的和平和现代化，但该提议并未获得美国方面的积极响应。此外，在伊拉克问题上，双方依然大打口水战。德国坚持应当建立“有效的多边主义”国际秩序，美国却依然坚持单边主义。但在会议结束时，德美双方都强调，两国之间存在分歧是正常的，这不应当影响德美关系的正常发展。

在这个阶段，北约东扩的问题依然是影响德俄安全关系的重要因素。在 2002 年开始的北约第二轮东扩进程中，美国不顾俄罗斯一再提出的“接纳波罗的海三国加入北约是俄罗斯绝对不能接受”的警告，将这三国接纳进北约，这大大损害了俄罗斯的地缘利益。但普京施行务实的外交政策，明知以俄罗斯现在的实力无法阻止北约的东扩进程，因此，对此轮东扩，俄罗斯反应较为温和，尽管依然强调“这是一个错误”，但并未采取实质性的行动来阻止这一进程。

在北约第二轮东扩的进程中，德国主张美国应采取谨慎态度，西方应当“尊重俄罗斯的情绪”，不要在欧洲制造新的分裂。因此，德国有条件地支持北约东扩，认为北约东扩的前提应当是改变和扩大北约的职能，要求北约必须遵循《华盛顿条约》规定的四个条件②，并防止北约东扩步子迈得过大，以免刺激俄罗

① 罗英杰，(2009)，《利益与矛盾——冷战后俄罗斯与欧盟关系研究》。北京：世界知识出版社，58。

② 孙春玲，(1998)，德国新政府内外政策走向，《国际参考研究》，第 10 期，5。

斯，对欧洲和平产生不利影响。

综上，国际局势的变化客观上促进了德俄在欧洲和平秩序建构上的合作。美国单边主义的盛行使德国和俄罗斯更加接近，更加不愿意在欧洲事务上听从美国的安排。北约的第二轮东扩对俄罗斯地缘形成了合围之势，这不符合俄罗斯的安全利益。对德国而言，虽然德国依然对俄罗斯抱有戒心，也在原则上同意北约东扩，但归根结底，德国也都不希望在“原苏联地区”出现既不亲欧，又对俄罗斯抱有强烈敌意的地带。因为一方面，在欧洲大陆上出现“新欧洲”“老欧洲”的分界线无疑与德国希望建构的欧洲和平秩序理念背道而驰，这些国家在安全上对美国的极度依赖使它们在欧洲和平秩序建构上与德国并不持有同一的价值理念，也不支持德国想要建构的欧洲共同安全与防务政策；另一方面，虽然这些国家在安全上更加依赖美国，但它们在政治和经济上处于欧洲一体化进程之中，因此，它们对俄罗斯的强烈敌意将会挑起欧盟与俄罗斯的矛盾，使欧盟直面俄罗斯的安全威胁。

此外，在国际反恐行动和伊拉克战争中的合作使德俄更加认识到彼此的重要性。面对世界上新出现的多方面安全威胁，德俄双方都认为，应该首先确保欧洲本身的和平与稳定，才有余力应付其他威胁。在一个危机频发的全球环境下，更需要保证原有欧洲和平秩序的有效性，促进欧洲的进一步统一，使欧洲冷战后建立起来的和平局面不受到破坏。其次，在全球反恐行动中，德国作为欧盟的领导国家，其政治力量、危机管理能力和遵循国际规范的模范作用在处理新型危机中发挥了很大作用，而俄罗斯由于其传统国家影响力和军事威慑力，其能够发挥的作用也非常明显。德俄双方因此在欧洲事务之外找到了新的合作平台：在国际事务中相互合作和支持，构建互信，扩大双方共同利益基础。

第四节　2005－2013 年德俄关系的务实发展

一、2005－2013 年德俄双边关系综述

相对于施罗德执政时期德俄关系的蜜月期，2005 年至 2013 年的德俄关系最大特征是冷静而务实、有矛盾也有合作。双方的经贸关系，尤其是能源合作关系得到进一步发展，但与此同时，几次天然气之争也在一定程度上损害了俄罗斯作为能源供给国的可靠形象；政治关系上，德国进一步帮助俄罗斯加强民主体制和市场经济体制改革，对俄罗斯的民主和人权状况表达出一定忧虑；对外关系上，

德国一方面继续充当美国与俄罗斯、欧盟与俄罗斯之间的“斡旋者”，另一方面坚定地归依跨大西洋价值观同盟，在“颜色革命”、欧洲反导系统、格鲁吉亚战争、车臣问题等热点事件中，德国政府均秉持与美国类似的价值取向，在外交实践上却极力阻止使用武力，希望通过进一步加强与俄罗斯对话的方式，以敦促俄罗斯尽快进入民主社会、改变“陈旧的安全观念”、重视他国主权和人权；在国际热点事务上，双方依然认为，只有德俄合作，才能更有效地在世界反恐行动、应对全球气候变化、解决局部战争导致的人道主义问题和难民问题等方面获得更好的成果。

在政治层面，德俄依然保持较高频率的高层互访。仅以默克尔的第一个任期为例，双方保持每年至少两次的高层互访频率。2006 年 1 月 16 日，默克尔刚刚出任德国总理不久便出访俄罗斯，与普京就德俄双边经济关系和能源安全问题进行了交流。同年 4 月 27 日至 28 日，德俄政府间磋商在托姆斯克举行。普京和默克尔就能源问题和如何解决伊朗冲突问题交换了意见。10 月 10 日至 12 日，普京出访德国，并参加彼得堡对话论坛。12 月 21 日，施泰因迈尔访问俄罗斯，并先后与拉夫罗夫和普京进行会晤。双方就共同感兴趣的问题进行了探讨，包括近东政策、伊朗核问题等。2007 年 1 月 21 日，默克尔再次出访俄罗斯，在索契与普京进行会谈，主要谈及俄波之间的纠纷。2007 年 10 月 14 日至 15 日，德俄政府间磋商和彼得堡对话论坛在威斯巴登举行。同年 12 月 18 日，施泰因迈尔出访俄罗斯，与梅德韦杰夫和普京分别进行会晤。2008 年 3 月 8 日，默克尔再次出访俄罗斯，与普京和梅德韦杰夫进行会谈，主要探讨了科索沃和北约东扩等问题。2008 年 10 月 2 日，第十届德俄政府间磋商在圣彼得堡举行。默克尔呼吁德俄两国应当在互信的基础上进行开诚布公的对话，并重点探讨了俄罗斯与格鲁吉亚的冲突问题。2009 年 1 月 16 日至 17 日，俄总理普京造访位于德累斯顿的森珀歌剧院舞会。16 日上午，普京与默克尔在柏林就天然气争端一事进行商谈。同年 3 月 31 日，在前往即将在伦敦举行的 G20 峰会的途中，俄罗斯总统梅德韦杰夫、德国总理默克尔和外长施泰因迈尔在柏林举行会晤。他们就双边问题进行了探讨，并发表对峰会的准备演讲。6 月 10 日，施泰因迈尔在俄罗斯科学学院就德俄关系发表讲话。在此次出访俄罗斯期间，他也与俄罗斯总统梅德韦杰夫和总理普京进行了会晤。在与施泰因迈尔会晤之后的媒体发布会上，普京表示，俄罗斯将支持由美国发起、由其他核力量国家共同参与的削减核武器计划。7 月 14 日至 16 日，彼得堡对话和德俄政府间磋商在慕尼黑举行。8 月 14 日，德国总理默克尔造访索契，与俄罗斯总统梅德韦杰夫进行工作会晤。11 月 9 日，梅德韦杰夫接受德国《明镜周刊》的采访，并在柏林参加了柏林墙倒塌的周年庆祝活动。

可以说，尽管德俄双方在这个阶段有一些矛盾，但双方都努力维持政治对话渠道的畅通，更多强调双方共同利益。德国方面更是强调，与俄罗斯加强联系，促进俄罗斯政治思想转变，才是德俄关系能够长久友好发展之道。2006 年 9 月 4 日，在芬兰举行的欧盟外长会议上，施泰因迈尔以“通过联结促成转变”为关键词，提出了一份促进欧俄关系的文件。文件中指出，欧盟应当继续增强与俄罗斯的合作关系，以促进俄罗斯的改革进程早日完成，从而实现欧俄真正的战略伙伴关系。

德俄经贸关系在这期间也有了长足的发展，其中，主要体现在通过每年政府磋商签署的一系列商业合作协议以及能源方面的深入合作上。在 2006 年 4 月 27 日至 28 日的政府间磋商过程中，德俄双方签订了一系列经济合同，其中包括俄罗斯天然气工业开放式公司（Gazprom）和德国巴斯夫（BASF）公司的合作协议以及俄罗斯铁路集团和德国铁路公司之间签订的合同。2007 年 6 月 10 日，多家德国企业参加了在俄罗斯举行的第十一届圣彼得堡经济论坛，并签订多份商业合同。普京在论坛上表示，要建构一个“国际经济关系的全新结构”。同年 6 月 21 日，德意志铁路董事长哈特姆德·梅多尔（Hartmut Mehdorn）和俄罗斯铁路康采恩总裁弗拉基米尔·贾昆尼（Wladimir Jakunin）在莫斯科宣布，将共同建立一个物流集团。2011 年 11 月 16 日，普京在莫斯科会见由德国经济东部委员会以及对德俄经济关系起重要作用的德国企业代表。他表示，2011 年德国与俄罗斯的贸易往来将排在第二位，居于中国之后。

在能源领域，德俄一方面继续加强能源合作。2010 年 9 月 16 日，在索契举办的第十届国际投资论坛上，俄罗斯天然气工业开放式公司（Gazprom）、意大利能源康采恩埃尼集团（Eni）、法国电力集团（Edf）以及德国巴斯夫公司的子公司（Wintershall）在普京在场的情况下，共同签署了关于建设天然气管道“南溪管道”的合同。但另一方面，也由于俄罗斯与白俄罗斯、乌克兰的“斗气”之争，在一定程度上损害了德国利益，从而有损俄罗斯在德国心目中可靠的能源供给者形象。

在这个阶段，默克尔政府经常批评俄罗斯的人权问题、对格鲁吉亚的侵略问题和车臣问题等。2006 年 10 月 11 日，欧洲宪法法院作出裁决，判定俄罗斯政府应当为俄罗斯军队在入侵车臣的过程中，造成五名车臣人死亡的行为承担责任，并裁定俄政府向死者家属赔偿 22.7 万欧元。2008 年 8 月 15 日，默克尔在索契与梅德韦杰夫会晤，就南奥塞梯问题与梅德韦杰夫进行磋商。在此次会晤和之后的新闻发布会中，默克尔直接批评了俄罗斯对格鲁吉亚出兵之举，并于 8 月 17 日与格鲁吉亚总统在第比利斯会谈中，强调“俄罗斯应立刻从格鲁吉亚撤军”。2012 年 11 月 16 日，德俄政府间磋商在莫斯科举行。俄罗斯总统普京和德国总理默克尔在结束政府间磋商之后，按惯例参加了彼得堡对话论坛。默克尔借此机会公开批评了俄罗斯的国内发展问题。2013 年 3 月 22 日，时任德国外长韦斯特维勒与德国联邦议会的人权特派专员公开发表言论，称俄罗斯政府针对俄非官方组织的作为是令人忧心的。虽然言论中并未特别提及德国基金会在俄办事处所遭受的经历，但德国外交部随后邀请俄罗斯使馆人员就此事进行会晤。

但与此同时，默克尔对俄罗斯的政策也还是张弛有度的。例如，2008 年 4 月 3 日，在北约布加勒斯特峰会上，德国对北约在波兰和捷克部署反导系统表示支持。但同时，却连同法国和其他一些国家阻止了美国将乌克兰和格鲁吉亚吸纳进北约的计划。

综上，2004 年乌克兰“橙色革命”的出现、普京总统第一任期后期俄罗斯综合国力的上升以及欧盟与北约的历史性东扩使俄罗斯在外交安全政策上再次发生巨大转向，俄罗斯在地缘政治上的不安全感上升，希望重新成为多极化世界中重要一极的愿望更加强烈。而 2005 年德国政府更迭，亲美疏俄的默克尔政府上台，使德俄特殊关系一度举步维艰。之后发生的南奥塞梯危机、格鲁吉亚战争、俄乌“斗气”事件等，都使双方关系有所下降。但如果与俄罗斯和其他西方国家的关系进行横向比较的话，德国依然承担着西方与俄罗斯之间的斡旋者角色。此外，德俄经贸关系的继续发展和公民社会层面的友好交流表明，德俄关系虽然存在矛盾，但双方都在务实的外交风格指引下，强调共同利益，继续深化合作。

二、本阶段德俄安全关系分析

（一）国家层面

1. 德国的安全利益观

施罗德执政时期的外交政策一直具有极大争议。一部分德国人认为，施罗德的外交政策是他的最大功绩之一，德国提高了自主性，在国际舞台上获得了更大影响力，在伊拉克战争中表现出来的坚决反对美国单边主义和反战态度更是赢得了人民的好感和支持。但另一部分德国人却批评道，这是新时期的“德意志特殊道路”，是值得警醒的。德国保守派历史学家汉斯·彼得·施瓦茨就指出，施罗德政府“在欧盟中搞法德双头领导令欧盟其他成员国反感和生厌；迷信权力政治而立主土耳其加入欧盟，直接导致欧洲宪法条约在法国和荷兰公投中失败，利用欧盟以期建构‘平衡’美国的势力更是可笑而不自量力的。”①

作为保守党派的代表，默克尔自然倾向于后一种观点。尤其在 2005 年施罗德政府下台之后，德国安全处境上确实面临一系列问题：与美国疏远，但美国和北约依然是德国及欧洲安全的最大保护者；极力倡导德法为核心的欧盟一体化建设，但与许多欧盟国家（例如英国、新入盟的中东欧国家等）却在安全利益观上渐行渐远；强调建立欧洲共同外交和安全政策，却进展缓慢，尤其在欧盟东扩之后，面对更加复杂的内外局势，欧盟在外交与安全政策上行动力低下、缺乏统一而有力的决策意愿以及制度建构过程中的混乱等问题一再凸显，导致一度出现针对欧盟“民主赤字”的抨击；为了抵制美国单边主义在欧洲的影响，大力发展与俄罗斯关系，相信俄罗斯已经完成体制改革，希望将俄罗斯和欧盟放在平等的位置，共同建构欧洲和平秩序，但事实上，俄罗斯的国家利益，尤其是欧洲政策并不具有像德国一样的延续性，它会随着俄罗斯国内局势和国外环境的变化而发生变化。在普京总统的第一个任期中，最为符合俄罗斯国家利益的外交策略是融入欧洲，与欧洲建设欧俄一体化，因此与施罗德的欧洲秩序构想不谋而合。但从 2005 年开始，俄罗斯就调整了这个外交政策方向，德俄矛盾也因此增大了。

因此，默克尔上台之初，就大力调整德国的外交和安全政策方向。虽然德国依然秉持“欧洲统一”和“大西洋伙伴关系”这两个基本要点，并依然强调德俄安全关系的重要性，但在外交实践和优先级上已经有了一系列变化。

①实施“价值观”外交，将“价值基础”放在“利益导向”之前，尤其强调大西洋伙伴关系的基础是“价值观共同体”，以重构与美合作的战略平台。默克尔时期不再像施罗德政府那样，强调德美在价值观上的差异（例如多边主义和单边主义；是否严格遵循国际法、尊重他国主权；追求军事力量的强大抑或追求国际机制的完善等），而是更加强调德美在西方国家“普世价值观”上的统一，如民主、人权、自由等。因此，虽然德国依然反战，坚持在国际法的框架下，通过政治途径（多边对话、国际组织的监督与协调等）解决地区纠纷，但也不再与美国针锋相对，尤其不再大张旗鼓地对美国外交政策提出批评。尤其在 2008 年奥巴马政府上台之后，德美价值观共同体更是获得了长足的发展，德美关系由冷转热；

②在欧洲政策方面，默克尔首先将德国的欧洲政策与德国的利益政策联系起

---

① 转引自：连玉如，(2006)，德国默克尔政府的外交与欧洲政策辨析，见朱绍中编，《德国在扩大的欧盟中》。上海：同济大学出版社，127。

来。在2005年的联合执政协议中，她就明确指出："德国的欧洲政策是一项利益"政策。然而，这里的"利益"与施罗德执政时期主张的"德国利益"有明确的不同。施罗德认为，德国利益的体现，应当表现在，欧盟和欧洲秩序建构的方向应当符合德国的利益，因此，德国应该与法国联手，主导欧盟的发展方向，在欧盟乃至世界上更加体现德国的声音。但默克尔则强调：加强德国与欧洲伙伴的全方位合作，使德国更加融入欧盟，才是最符合德国根本利益的。因此，德国不但应加强与法国的关系，同时也应该加强与其他欧盟国家的关系，促使扩大了的欧盟形成更强的凝聚力；针对有可能加入欧盟的国家，应当严格入盟要求，以免在欧盟内部造成新的分裂。这样的政策是在欧盟制宪条约在法国和荷兰都遭遇失败的背景下提出来的，正由于这一失败，德国政界开始意识到，在欧盟本身还面对重重困难的情况下，谈及德国的领导地位显然只会加大欧盟内部的矛盾，从而损害德国的利益。因此，在欧盟层面，默克尔政府采取了更加务实的政策。

"欧洲政策是一项利益政策"的另一个意义还在于，德国不再一味为了欧盟利益而放弃自己的国家利益。在2005年的《施政声明》中，默克尔政府就已经表示：德国愿意为解决欧盟财政危机作出必要妥协，但是新政府将"全力以赴维护德国的利益，不会接受过分的财政负担，因为我们自己的财政状况和问题不允许这样做"①。在欧债危机中，德国贯彻了这个思想。它强调，不应通过某一个或者某几个国家慷慨解囊的方式救其他国家于水火，而应在欧洲团结的情况下解决这次危机。在提供援助时，默克尔政府也展现了强硬的一面，提出"只有遵守规则，才能索要援助"，迫使陷入债务危机的国家都接受她的紧缩财政政策，以从根源上杜绝债务危机再次发生的可能。

③在北约政策上，默克尔政府比施罗德政府更加强调北约的作用，称北约是保护欧洲安全层面上的"基石"。2006年德国发布的《安全政策和联邦国防军的未来白皮书》明确指出，北约盟友关系将继续作为德国未来安全和防务政策的基石，"它构成了两个大陆联系的纽带，它为维护和重建和平提供综合的政治和军事手段。从长远来看，如果没有建立在互信基础上的北约盟国，德国将无法应对安全上所面临的全球挑战。欧洲安全的根本问题只能通过美欧共同努力才能解决，这在可以预见的未来都是如此。"② 2010年10月，在默克尔与时任北约秘书长拉斯姆森会晤时，她重申北约是跨大西洋安全的支柱，北约新战略概念的准备

---

① 连玉如，(2006)，德国默克尔政府的外交与欧洲政策辨析，见朱绍中编，《德国在扩大的欧盟中》。上海：同济大学出版社，127。

② 转引自：周庆建，(2009)，"9·11"事件以来德国防务政策的调整，《史志鉴研究》，第4期，68。

工作沿着正确的道路推进。而在2010年11月19日至20日召开的北约里斯本峰会上，她强调，无论是基于对现存危险的分析，还是基于同盟对这些威胁作出的反应，北约均驶入了21世纪①。

此外，为适应北约的需要，联邦国防军开始逐渐向“积极和多层面参与行动”的方向发展，默克尔任总理后，2006年《国防白皮书》建议把德军维和部队增加到1.4万人。这一“姿态”被认为是：德国虽有自主需求，但主要是美国施加影响的结果②。

同时，默克尔政府也希望通过德国和欧洲的力量促使北约组织作出变革。首先，她希望北约不仅仅作为一个军事联盟，而应成为维系跨大西洋两岸盟友的广泛政治纽带。虽然在默克尔任下，德国防军更为配合北约的要求，但从行动目标、行动手段和行动后果来看，德国更多只在人道援助、战后重建、集体安全行动和危机管理上作出反应，对单纯军事干预行为敬而远之。冷战后德军所参与的北约军事实践表明，美欧之间军事技术和进行现代战争能力的差距是北约危机反应和联合行动的“软肋”。“欧洲以外的世界已非常清楚地看到：欧洲大国，无论是单独的国家还是欧洲整体，对于在欧洲大陆以外冲突地区动用决定性军事力量的能力和意愿，都是微乎其微而不足以依赖的”③。

这种“微乎其微”的能力和意愿，导致默克尔在前后三次担任总理后发布的施政纲领中，都强调北约不应仅是一个集体防御和集体安全的组织，还应是一个处理军事、民事、政治等事务的综合平台④。秉持这个宗旨，2011年3月17日，在联合国安理会关于在利比亚设立禁飞区的1973号决议表决中，德国投了弃权票，与其北约盟友背道而驰，并且没有参与同年3月19日，由法国、英国和美国领导的“奥德赛黎明”行动。对于这一决定，时任德国常驻联合国代表彼得·维特希解释说：“德国完全支持经济制裁，但是，作出使用军事力量的决定常常是极其艰难的。我们看到了巨大风险。德国将不会用自己的武装力量来为这样一场军事行动作贡献。”而当时的德国国防部长德迈齐埃则表示：“虽然心（对军事行动）在说‘是’，但冷静下来的头脑说：随它去。”⑤ 事后，为了弥合这个决定

---

① 魏光启，(2014)，冷战后德国的北约战略及德美关系研究，《德国研究》，第1期，41。

② 刘惜戈，(2009)，使命与能力：德国联邦国防军的转型与域外行动评析，见刘力群 & 连玉如编，《德国·欧盟·世界》。北京：社会科学文献出版社，245。

③ 同上，246。

④ 魏光启，(2014)，冷战后德国的北约战略及德美关系研究，《德国研究》，第1期，41。

⑤ 转引自：郑春荣，(2013)，利比亚危机以来德国安全政策的新动向，《德国研究》，第2期，6。

对德国和北约盟友之间造成的分歧，默克尔政府采取了一系列步骤主动示好，例如加强德国在阿富汗的军事投入以减轻北约负担，但无论如何，这次事件充分显示了德国在处理国际危机事件时，与美国为首的北约之间存在的手段上的差异。

④在欧洲共同安全与防务政策上，默克尔虽然继续强调欧盟共同外交与安全政策，但这一时期，默克尔政府的工作重点主要倾向于加强欧盟的合法地位、增强欧盟国家的团结合作、主张欧盟对外用一个声音说话。因此，德国加强与各方协调，尽力协调各方的观点立场[①]。并认为，欧盟的优势在于危机管制与调控，而非军事力量。欧盟在安全领域发展自主行动能力是对北约的补充，而不是替代[②]。

⑤在对美和对俄政策上，默克尔明显亲美疏俄。这与默克尔本人的政治背景有关，与施罗德时期对美政策强硬、新政府需要修补德美关系的现实要求有关，也与欧洲和国际局势发生变化、俄罗斯对外战略调整有关。因此，2006 年 1 月，在默克尔正式上台后不久，她便出访华盛顿，对布什承诺维持德美两国在跨大西洋同盟中的坚强“友谊”[③]。但与此同时，默克尔的务实作风使她在调整对美和对俄关系时并不反应过度。对美国，她就布什总统对她的公开褒扬与热情接待保持冷静，没有回避双边关系中的分歧如关塔那摩监狱问题；对俄罗斯，她一方面针对敏感问题展开坦诚的对话，另一方面也表现出理解俄罗斯的特殊国情[④]。但总体而言，她认为美国与德国具有同一价值观，是值得信赖的，但俄罗斯“只是伙伴，而非朋友”[⑤]。

2. 俄罗斯的国家安全观

2004 年的别斯兰事件和同年底乌克兰发生的“颜色革命”是普京外交政策的一个转折点。首先，在 2004 年 9 月 1 日，俄罗斯南部北奥塞梯共和国发生了别斯兰人质事件。在俄罗斯看来，这无疑是一场车臣分裂分子组织的恐怖主义行动，是应当受到国际谴责、并对之采取严厉行动的。但美国和其他西方国家一方面谴责恐怖分子，另一方面却敦促俄罗斯不要使用武力，而与车臣分裂分子进行

---

① 刘立群，(2008)，德国外交的得与失——盘点 2007 年，《德国研究》，第 1 期，5。

② 连玉如，(2006)，德国默克尔政府的外交与欧洲政策辨析，见朱绍中编，《德国在扩大的欧盟中》。上海：同济大学出版社，130。

③ Theiler, O. (2009). Deutschland und die NATO. In Böckenförde, S. & Gareis, S. B. (eds.). Deutsche Sicherheitspolitik. Opladen & Farmington Hills: Verlag Barbara Budrich, 309.

④ 连玉如，(2006)，德国默克尔政府的外交与欧洲政策辨析，见朱绍中编，《德国在扩大的欧盟中》。上海：同济大学出版社，131。

⑤ 刘立群，(2008)，德国外交的得与失——盘点 2007 年，《德国研究》，第 1 期，8。

谈判。这引发了普京的极度不满，并认为西方国家的所谓价值观不过是双重标准，是意图干扰俄罗斯走适合自己国情的发展道路①。

2003—2004年，格鲁吉亚和乌克兰分别发生“玫瑰革命”和“橙色革命”，并在美国的干预下，最终均由亲美派上台执政，并立刻开始执行亲美去俄的外交政策，导致俄罗斯地缘政治利益受到严重威胁。普京本人和俄罗斯政府在不同场合表述了对推进民主和国家繁荣与稳定的不同理解，这些思想后来被概括为普京的“主权民主”思想②，即对内加强国家对民间组织及社会舆论的监督，对外则反对西方国家借用“民主”侵犯俄罗斯主权③。

随着欧洲反导体系的部署、北约持续东扩、俄格战争等事件的发生，俄美在地缘政治利益上的分歧一再凸显，也刺激了俄罗斯的“主权民主”思想继续发酵。这在俄罗斯的对内政策上表现为不再依照西方价值观和民主制度对国内政权进行改革，而是努力发展适合俄罗斯国情的国家制度；对外则表现为强调俄罗斯大国地位，谋求俄罗斯外交政策的独立自主，力图成为多极化世界中的一极力量，以在国际秩序中成为规则的制定者。

俄罗斯内外政策变化不仅与俄罗斯外部地缘环境的恶化有关，也与俄罗斯本身国力的逐渐强大有关。普京执政的几年间，俄罗斯经济有了持续、快速的增长。1999—2007年，俄罗斯GDP年均增长6.9%，大大超过世界经济4.7%的平均增长速度。2007年名义GDP规模达到1.25万亿美元，上升到世界第十位。人均GDP从2003年的3000美元增加到2007年的9000多美元。2000—2007年，居民实际收入增长两倍④。

经济上的腾飞增强了俄罗斯的民族自信，也使俄罗斯国内爱国情绪和强国意识达到冷战后的顶峰。俄罗斯社会在思想上达到了冷战后的空前统一。在2007年3月批准的《俄罗斯联邦外交政策概论》中，普京明确指出，“俄罗斯的国际地位大大增强。强大而且更加自信的俄罗斯已经成为世界上积极变化的一个重要部分。”“俄罗斯不应当仅仅局限在落实国际社会的发展日程方面，而应该同时制订和形成这一日程。”“俄罗斯作为一个强国回到了世界舞台上”。2007年12月31日，普京又在发表新年贺词时表示：“坚信俄罗斯人民已经选择了一条正确的通向成功的道路。”⑤

---

① 郑羽编，(2012)，《新普京时代（2000—2012年）》。北京：经济管理出版社，176。

② 同上，177。

③ 陈宪良，(2014)，《俄罗斯国家利益观的嬗变》。北京：中国社会科学出版社，249。

④ 同上，252。

⑤ 同上，252—254。

在国内外形势均发生变化的情况下，普京的外交政策风格日趋强硬。他不再推行全盘西化的民主制度改革，也不再简单地把俄罗斯定位为欧洲国家。他重提“多极化”世界格局，认为应当重建全球安全结构，在这个结构下，不应当以美国为首的西方国家为主导和核心，而应兼顾国际上各个主权国家的利益平衡。因此，俄罗斯不再满足于仅仅寻求俄欧一体化，而是积极参与国际热点事务，表达俄罗斯独立的外交态度，联合其他新兴国家和新兴集团，试图与美国、西方国家分庭抗礼，在G8和G20组织中，不再愿意仅仅以参与者的身份出现，而是越来越多地表达出俄罗斯的秩序意见。

在梅德韦杰夫执政时期，“主权民主”思想有所削弱，这是梅德韦杰夫的个人执政风格所致。他更强调民主的“普世性”。在2010年9月俄罗斯雅罗斯拉夫尔国际政治论坛上，梅德韦杰夫指出，“我们认为，联合国千年声明中所宣布的‘我们将不遗余力地发展民主加强法制，并确保所有国际公认的人权’对我们所有人来说都具有实际意义。……与人权一样，民主标准也应该是国际公认的。”① 他同时承认，俄罗斯在民主制度建设方面还有很多不尽如人意的地方，必须继续渐进式发展路径。但与此同时，他认为，发展民主的先决条件应当是国家的强大和人民的生活富裕，而不应当为了民主的梦想放弃俄罗斯切实的国家利益。

梅德韦杰夫的上述观点使他一度获得西方国家“政治精英”的极大好感。但一方面，梅德韦杰夫事实上依然强调俄罗斯利益位于民主目标之上，并依然将俄罗斯定位为世界性大国，极力维护其大国地位；另一方面，由于俄罗斯政权结构特点，俄罗斯在制定国家政策时不可能忽视普京的影响。因此，在对外政策上，梅德韦杰夫作风依然强硬。尤其在2008年8月，格鲁吉亚企图收复南奥塞梯地区时，俄罗斯不顾国际社会的谴责，果断出兵，并打败格鲁吉亚，承认南奥塞梯和阿布哈兹地区的独立，且与之建交。

综上，在这一阶段，由于俄罗斯国力提升，外部地缘政治环境却一再恶化，导致俄罗斯重提“多极化”世界思路，认为俄罗斯已经成为世界中的重要一极，因此也要求获得相应的秩序建构权力。俄罗斯不再简单将自己界定为欧洲国家，也不再将主要视野定于欧洲层面，而是以俄罗斯和环绕俄罗斯的独联体国家为外交政策核心，向全世界范围辐射俄罗斯的影响力。可以说，从这个时候开始，俄罗斯对欧洲的依赖性大大降低，也不再热心与欧洲国家一起建构欧洲和平秩序，而是将视线转向全球，将欧洲作为俄罗斯全球战略中一个较为重要的组成部分，

---

① 陈宪良，(2014)，《俄罗斯国家利益观的嬗变》。北京：中国社会科学出版社，316。

虽然在对外政策的优先级上依然处于较前位置，但更多时候，都不值得俄罗斯牺牲国家或者其他区域的利益，以与欧洲国家达成妥协。俄罗斯的这种国家利益观的变化，无疑为后来的乌克兰危机埋下了种子。克里米亚的归属对于俄罗斯是否能够实现欧亚帝国的梦想有着决定性作用，在俄罗斯的国家利益天平上早已位列于实现欧俄一体化、欧俄共同发展、共同建构欧洲秩序之上，因此，俄罗斯悍然撼动欧洲和平秩序的行为也是可以理解的了。

（二）区域层面：欧盟的持续东扩和俄罗斯的欧洲政策变化

这一阶段，欧洲和平秩序的建构似乎进入了一个瓶颈期，同时也是平静期。在 2005 年欧盟一口气吸纳了新入盟的 10 个国家之后，欧盟原有的制度和理念从内部受到了挑战。因此，德国采取了更务实的欧洲政策，重点置于改革欧盟机制，协调欧盟内部关系，促进欧盟在对外政策上用一个声音说话。在欧盟的安全政策上，则更加依赖北约，将欧盟共同安全政策作为北约的补充。在欧盟的对外政策上，则强调欧盟与外部国家发展全方位的友好关系，无论是欧美关系、还是欧俄关系，在这个阶段都在按部就班地向前发展。相对而言，欧美关系发展更为迅速，欧俄关系则由于能源纠纷、反导系统、北约东扩等问题而发展速度有所放缓。但总体而言，双方都秉持务实的外交风格，求同存异，在有共同利益的地方继续发展合作关系，从客观上对欧洲和平秩序的稳定发挥了积极作用。

俄罗斯也同样认为，与欧盟扩大合作是符合俄罗斯国家利益的。这一方面有利于俄罗斯经济的继续发展，另一方面也有利于俄罗斯外部环境的稳定。因此，2005 年 5 月 30 日，俄罗斯与欧盟签署了四个空间协议。但与此同时，在欧盟提出的先决条件面前，坚持本国在一些重大问题上的立场，如对《欧盟能源宪章》的政策①。

在欧洲层面，这个时期对德俄安全关系和欧洲和平秩序的建构提出严重挑战的，是美国在欧洲部署反导系统战略，并引发俄罗斯的强烈反弹。这在本文第六章“案例分析”中有具体论述，在此不再赘述。

综上，2005—2013 年间，德国和俄罗斯都没有将国家安全重点放在欧洲。这是因为，双方都认为欧洲区域内的和平状况已经趋于稳定，对两国的直接安全威胁也相对较低。相反，全球格局的变动、恐怖主义和跨国犯罪的兴起、世界其他热点地区的动荡不安、失败国家对全球秩序造成的不利影响、金融和经济危机等对国家安全提出了非传统挑战，两国安全观也随之变化了。为了应对这种局

① 郑羽编，(2012)，《新普京时代（2000—2012 年）》。北京：经济管理出版社，181.

面，德国采取了安全上依靠北约、政治和经济上整固欧盟、外交实践上强调国际法和国际组织作用的做法，希望通过打造以欧洲和平秩序为样本的世界秩序，从而继续获得在世界政治上的话语权，保障德国在新世界格局中的国家利益。而俄罗斯则采取了强国战略，加强俄罗斯经济实力、军事实力和政治实力，希望以独立自主的形象参与国际事务，像美国一样，通过自身的影响力来建构符合俄罗斯利益的全球秩序。在区域政策上，则表现为不再积极参与明显已经不可能取得主要话语权的欧洲事务，而将视野向东扩展，希望建立一个以俄罗斯为中心的欧亚联盟。

尽管双方都认为欧洲和平和欧洲秩序已经稳定，但这是建立在欧盟现有的机制不再向东扩张的前提之下的。因为欧盟一旦再向东扩，把乌克兰也吸纳入内，就将影响俄罗斯建立欧亚联盟的构想，从而影响俄罗斯以欧亚联盟主导国的身份在世界上获得强大而独立的国际地位，这违背了俄罗斯的区域构想和全球构想。但从德国角度而言，欧盟的扩大是一种"机制的要求"，是"欧洲统一"的要求，是统一之初就定下来的欧洲和平秩序的要求。一时的务实政策不代表德国对于欧洲统一和平秩序的理想就此消失。而对于经历了欧债危机之后，实质上已经成为欧盟领导国家、希望在全球承担更多责任、推行"积极有为"外交政策的德国来说，欧盟再次扩大的时机已经成熟。

（三）多边层面

1. 国际格局的新变化

这个阶段，国际格局有了新的变化，主要体现在以下方面：

（1）美国的单边主义政治已经不再适用。这一方面是由于新兴力量的逐渐涌现和强大，另一方面是随着全球化和全球性危机的兴起，在越来越多的国际事务上，美国都无法自行其是，而需要其他国家的配合。

（2）国际冲突频发，恐怖主义兴起，世界安全受到新型危机的挑战。"先发制人"的打击手段已经被证明是失败的政策，在没有后续有力的政府接任这些国家的情况下，打败极权国家只会导致失败国家和失败政权的出现，从而更加滋生恐怖主义。如何有效防范恐怖主义的进攻，平稳区域局势，是摆在所有国家前的一个重要命题。

（3）新兴国家力量越来越多地在国际上发出自己的声音，希望参与建构国际新秩序，对西方所谓"普世价值观"从不同层面提出挑战。走"有自己特色"的发展道路是这些新兴国家的共同特征，这也使国际秩序的走向更加扑朔迷离。

（4）金融危机、经济危机、难民危机、环境和气候的变化等非传统危险出现，对各国的传统安全观提出挑战。在面对这些新型危机时，国家原有的传统安全手段似乎不再适用。在如何应对这些危机上，各国都还处于摸索的阶段。

2. 德俄的共同利益

面对这些新形势，德国和俄罗斯既有共同的利益，也有不少矛盾和纠纷。其中，共同利益主要在于：

（1）在共同打击恐怖主义、跨国犯罪、应对环境和气候的变化等方面，德俄需要共同合作。

（2）在国际格局的建构层面，德国需要作为安理会常任理事国的俄罗斯的支持，俄罗斯也需要欧盟的支持。德国承认俄罗斯作为世界一极的身份，俄罗斯也尊重欧盟的影响力；都认为处理国际事务时，不能缺少对方的参与。例如在巴以冲突、朝核问题、伊核问题等热点事件中，尽管双方意见并不完全统一，但都承认对方的作用。

（3）正由于国际事务的纷繁复杂，德俄都需要欧洲的持续稳定。因此，共同维持欧洲和平，是双方都希望看到的。此外，德国依赖于俄罗斯的能源，俄罗斯也重视德国的市场。

3. 德俄之间的矛盾

但双方也有许多矛盾：

（1）对涉及某一方利益的国际热点问题处理上，双方经常持相反的观点。例如格鲁吉亚战争中，德国强烈谴责俄罗斯的作为，俄罗斯则认为西方国家采取双重标准，根本不是真正的民主。

（2）两国外交理念和外交政策上的优先级并不一致。对于德国来说，传统安全威胁似乎已经不复存在，处理新型危机是重中之重。德国尤其重视消除经济危机根源、应对环境和气候变化、防止大规模杀伤武器的扩散、对失败国家进行人道主义救援、对落后国家施行发展政策援助等。通过这些外交政策，德国也同时确保了外交理念和政策上的独立性，从而通过价值观和机制建设上的优越性在国际上保持德国的话语权。而俄罗斯虽然对这些方面也有一定重视，但却更加重视安全政策的传统领域，即保证国家主权和领土的完整，保持地缘政治和军事力量上的优势，希望通过国家实力影响国际秩序的建构方向。因此，当德国的优先利益与俄罗斯的优先利益有所碰撞时，德俄的矛盾就爆发了。乌克兰事件便是实例。

（3）德国作为现有国际秩序的建构者之一，俄罗斯作为现有国际秩序者的挑战者之　，在如何建构新国际秩序上观点必然有冲突之处。因此，德国一些学者将俄罗斯的外交政治称为“修正主义”，认为俄罗斯将对现有国际秩序发起冲击，其目的在于建构符合俄罗斯利益的新国际秩序。这也体现在欧洲和平秩序上。德国希望维持现有的欧洲和平秩序，加以完善，并继续向东扩张，但俄罗斯希望在欧亚地带建立不同于欧盟，甚至可以与欧盟分庭抗礼的新秩序。乌克兰危机正是这两个秩序的中间点，因此，克里米亚问题导致德国意识到，一旦俄罗斯不改变目前的国家利益观，那么旧有的欧洲和平秩序就很难再扩大范围。因此，是设法说服俄罗斯放弃现有观念，重新同意在全欧范围内建构原有欧洲和平秩序，还是承认欧洲已经重新分裂，在乌克兰以西的范围内继续纵深发展现有欧洲和平秩序，并尝试与俄罗斯的欧亚联盟达成和解，是摆在德国和欧盟前的关键问题。

第六章

案例分析

第一节 美俄反导系统之争与德俄安全关系

2006年，美国宣布在中东欧地带部署反导系统，引发了俄罗斯的强烈反弹。自此以来，反导系统之争就是欧洲秩序建构进程之中的一直存在的主题。它不但反映了美俄在中东欧地带的博弈，也同时反映了以德法为首的西欧国家、中东欧国家、美国和俄罗斯几大势力在欧洲地区的此消彼长，突出展现了德俄安全关系中最具有复杂性的美国和中东欧战略因素。随着美国在中东欧国家部署反导系统，美俄双方战略核遏制力量对比被重新改写。这一事件不仅影响到美俄双方，也影响到整个欧洲的战略安全格局，从而影响到德国所面对的外部国际和区域政治环境。反过来，德国的外交倾向和安全策略选择也将在一定程度上作用于美俄在反导系统，尤其是欧洲反导系统层面上的斗争与博弈。因此，探寻美俄反导系统之争对欧洲及德国安全格局的影响，同时分析德国在此事件中的外交行为和策略，对深入分析德俄安全关系以及解答克里米亚问题上出现的欧洲和平秩序问题将有极大启示意义。

一、美俄反导系统之争的背景和实质

（一）反导系统之争的发展和现状

冷战结束后，美俄围绕弹道导弹防御系统展开了“核霸权”和“核平衡”的激烈斗争。而这种斗争在2001年的“9·11”事件之后，随着小布什政府于2002年宣布退出《反导条约》而进入了一个全新的博弈阶段。虽然在美国退出《反导条约》之初，俄罗斯还寄望于通过反恐合作与美国改善关系，并且坚信俄罗斯所拥有的军事手段能够有效保障国家安全，因此反应较为温和，但随着美国反导技术的日益成熟，以及其战略打击目标的不断调整，俄罗斯越来越感受到了来自反

导系统的威胁。尤其在2006年，美国宣布在中东欧部署反导系统，导致了俄罗斯的激烈反弹，时任俄总参谋长巴卢耶夫斯基指出：美国反导系统的真正使命在于，“为更加有效地使用战略核力量创造条件，改变战略平衡，使其有利于自己。”“而部署在欧洲的反导系统的主要地区目标正是俄罗斯。”① 而普京则称，“俄罗斯将不得不使导弹重新瞄准将在东欧出现的美国反导设施”②。虽然德国以及其他一些北约成员国对美国此举并不支持，但美国利用了东欧国家对俄罗斯天生的戒心，于2008年分别与捷克和波兰正式签署了建立反导基地的最终协议。木已成舟的局势之下，德国及其他为数不少的北约成员国不得不“被迫同坐一条船”，与俄罗斯处在了对立面的位置③。

2009年，奥巴马政府放弃了在波兰和捷克展开第三个战略反导防御系统阵地的计划，这一举动为俄罗斯所欢迎，并兑现了其不在加里宁格勒部署“伊斯坎德尔”导弹的承诺。紧接下来，在2010年11月举行的北约里斯本峰会上，北约以“应对来自伊朗的导弹威胁”为由，决定建立覆盖欧洲的反导系统，依照这个全新的欧洲分阶段自适应路线计划，拟在2020年之前分四个阶段部署欧洲反导系统④。但自从2013年8月伊朗新总统鲁哈尼上台以来，伊朗和美国及西方关系有明显好转，伊核问题前景看来日趋光明，北约反导系统存在的前提失去了意义，但北约却没有理会俄罗斯要求其放弃反导系统的主张，俄罗斯作出反应，宣布在加里宁格勒部署导弹系统。

（二）欧洲框架下的反导系统实质分析

1. 从小布什到奥巴马：反导系统本质并无不同

小布什政府试图在东欧地区建立反导系统的尝试与奥巴马政府对欧洲反导系统的推动对俄罗斯来说实际上是换汤不换药的威胁性举措。从表象上而言，小布什政府的东欧反导基地更加咄咄逼人，战略目标也更明确地对准俄罗斯。这也是为什么俄罗斯在2006年时反应更为激烈的原因。

来自美国民主党、一贯宣传反战的奥巴马新上任时，俄罗斯政府对他的政策改变抱有一定幻想，奥巴马的欧洲反导系统新方案也确实一改布什计划的进攻态势，使得美俄战略核遏制力量得到了短暂平衡。但如果我们认真分析欧洲反导系

---

① 转引自：王海滨，（2009），俄美关于反导问题的斗争及其对世界军事安全的影响，《俄罗斯中亚东欧研究》，第1期，71。

② 同上，72。

③ Staack, M. (2009), Nukleare Abschreckung und Raketenabwehr: ein neuer Zielkonflikt? In Staack, M. (eds.) Die Zukunft der nuklearen Ordnung. Bremen: Edition Temmen, 130.

④ 刘庆宝等，（2013），欧洲反导系统发展对美俄战略核遏制力量平衡影响研究，《飞航导弹》，第8期，39。

统各种参数，就可以发现，随着欧洲分阶段自适应路线计划的实施，将建成的欧洲反导系统不仅能够保护北约的欧洲成员国免受射程达 5500km 的弹道导弹的打击，作为美国全球反导系统的欧洲组成部分，它还能保护美国本土免受洲际弹道导弹打击。欧洲反导系统的建设发展会在一定程度上抵消俄罗斯战略核力量的潜力，进而影响美俄战略核遏制力量平衡①。虽然奥巴马的计划以“应对伊朗”为幌子，但究其实质，却依然是美国试图改变目前核威慑力量对比，并改变与其他有核国家——首当其冲的就是俄罗斯——的制约关系的结果②。这一点能够从美国最近的举动得到证明：伊朗核问题有望通过六方谈判得到一个较为完满的结局，但反导系统的实施却并未因此停下脚步。

2. 德国考量：奥巴马系统更易接受

对于德国以及北约其他欧洲成员国来说，奥巴马的战略转变带来了两个重要变化：第一，从“双边”反导计划更改为“欧洲整体导弹防御体系”，将北约中的欧洲成员国纳入了欧洲反导系统的保护范围；第二，以“应对非传统核威胁国家”为幌子，掩盖了其目标指向俄罗斯的真正企图，对不愿与俄罗斯公开对抗的德国政府来说更容易接受，也同时增大了其在美俄之间的外交斡旋空间。因此，德国政府的态度以 2010 年的里斯本峰会为界，有着明显的不同。在奥巴马提出新的欧洲反导系统计划之前，德国一直左右为难，既不愿意得罪美国，也不愿意疏远俄罗斯，对小布什在东欧两国擅自签订双边协议，布置反导基地的行为明显不满。德国外交部长施泰因迈尔于 2007 年 3 月 18 日出版的《星期日法兰克福汇报》中曾撰文指出，美国在东欧国家部署导弹防御系统的计划在欧洲内部引起了争论，必须防止欧洲因此而分裂。美国和俄罗斯都不应倒退到冷战思维中。美国希望通过在欧洲部署反导系统对付来自伊朗的威胁，这是可以理解的，但是美国不能因此在欧洲引发不信任和新的不安全。他强调，美国的导弹防御系统计划不能成为新一轮军备竞赛的原因和借口③。但欧洲反导系统提出之后，德国看到了以较小的外交及经济成本获取较大安全保障的路径，虽然社会、学术各界以及不同党派之间对此存在不一样的声音，但德国执政当局认同新的欧洲反导系统，并改变态度，较为积极地加入对该系统的建设中去。

---

① 刘庆宝等，(2013)，欧洲反导系统发展对美俄战略核遏制力量平衡影响研究，《飞航导弹》，第 8 期，42。

② Staack, M. (2009), Nukleare Abschreckung und Raketenabwehr: ein neuer Zielkonflikt? In Staack, M. (eds.) Die Zukunft der nuklearen Ordnung. Bremen: Edition Temmen, 122.

③ 新华网：德国担心美国反导系统计划将分裂欧洲，引用于 2016 年 6 月 23 日，引用自 http://news.sina.com.cn/w/2007-03-17/233312544236.shtml

二、美俄反导系统之争背景下的德国角色及策略评析

（一）基于德国外交理念导向的分析

1. 德国外交理念核心："文明国家""克制文化"

冷战结束以来，德国政府一直在全新的国际格局中寻找属于自己的角色定位，以及确定新的外交方向及价值理念。经过数年的摸索和争论，德国逐渐走上了一条以合作和建设多边机制为导向的"文明国家"之路①。基于对这种外交路径的选择，德国在处理国际事务和面对危机的时候，强调尽可能限制使用军事手段，优先以非军事手段解决冲突，秉承"克制文化"②，维护多边主义和互信的伙伴关系。2010 年 10 月份，时任德国副总理兼外长韦斯特韦勒在德国外交政治协会发表讲话，称战胜暴力最重要的前提条件是对和平的渴望及当地人的和解诚意。就军事力量的使用而言，德国未来仍将坚持克制文化，军事力量是德国的最后选择③。

秉承着这样的外交理念，德国在面对新世纪各种国际危机和冲突的时候，都坚持寻求和平、协商的解决途径。无论是面对冷战遗留下来的传统外部威胁，还是反恐战争中的全新安全隐患，历届德国政府都不愿意与任何国际政治力量公开为敌。因此，在反导系统之争中，德国对于小布什政府咄咄逼人、丝毫不顾虑其他欧洲伙伴，与波兰、捷克签订双边协议的做法表示了不满的情绪，施泰因迈尔在他的第一个任期（2005—2009）中就曾经公开批评小布什政府的反导系统。在 2007 年的一次采访中，他说："美国部署反导系统的选址离俄罗斯如此之近，确实应当事先获得俄罗斯的同意。"④ 这样的外交理念也同样能够解释，为什么奥巴马提出的欧洲反导系统能够赢得德国政府的认同：其削弱了美俄争霸的实质，而将堂而皇之地"欧洲整体安全"摆在了台面位置。

---

① Risse，T.（2004），Kontinuität durch Wandel：Eine „ neue “ deutsche Außenpolitik? In Politik und Zeitgeschichte，2004（11）：24—31.

② 关于"克制文化"，参见连玉如，（2013），《新世界政治与德国外交政策——新德国问题探索》，北京：北京大学出版社。

③ Westerwelle，G. Grundsatzrede von Bundesaußenminister Westerwelle bei der Deutschen Gesellschaft für Auswärtige Politik，21. 10. 2010，Retrieved April 4，2016，from http：//www. china. diplo. de/Vertretung/china/zh/03—pol/aussenpol/grundlinien/rede—dgap—111021—s. html

④ Russland Heute：Außenminister Steinmeier：eine Chance für Russland? Retrieved April 4，2016，from http：//russland— heute. de/politik/2013/12/17/aussenminister _ steinmeier _ eine _ chance _ fuer _ russland _ 27353. html

2. 德国外交身份定位："欧盟一体""德国利益"

德国将其欧洲政策置于外交施政的核心地位，主张欧盟拥有"核心主权"，希望欧洲能够"以一个声音说话"，执行欧盟统一的外交与安全政策。"德国作为欧洲国家，虽然与美国共享民主自由等价值观，但在全球观点上，'欧洲'属性赋予它强调和平和安全的理念。德国未来外交政策的重要任务之一就是加强欧洲支柱的建设。"[①]

在21世纪之初红绿联盟执政期间，这种欧洲身份认同感达到顶峰。在2003年的伊拉克战争期间，德国政府对美国的强硬反对态度，反映了德国政府对其"文明国家"和"多边主义"价值取向的坚持，其与几个共同反对美国单边主义欧洲国家的联合，也反映了德国希望立足欧盟，以欧洲领导者的身份与美国分庭抗礼的倾向。这样的外交政策获得了德国反战民众的极大支持，但与此同时，却也招致国内政界和学术界的许多批评之声。尤其德国保守派力量，认为德国希冀于利用欧盟以期建构"平衡"美国的势力是可笑而不自量力的[②]。

2005年默克尔上台之后，开始推行"价值基础"和"利益取向"并行的外交施政理念。对比起红绿联盟政府来更显务实，操作性也更强。在欧盟层面上，默克尔强调应以德国利益优先，对美国则认定为"跨大西洋伙伴关系"，是一种"西方价值共同体"。因此，在考虑欧洲反导系统时，默克尔没有一味地从欧盟的角度出发思考，没有仅仅考虑多边主义和文明国家价值观，但也没有唯美国马首是瞻。她更多地从德国本身的利益出发，考虑反导系统是否对德国安全保障有实际作用？建立反导系统会否刺激俄罗斯的神经，从而损害德俄安全关系？建立反导系统需要投入多少资金，会否对德国财政造成过大负担？如果执意不参加反导系统，对德美关系将有什么样的不利影响？对这些问题的回答目前在德国并不统一，但从默克尔政府参加欧洲反导系统的行动来看，德国官方明显认为加入反导系统更加符合德国的利益。

但与此同时，韦斯特韦勒在德国外交政治协会发表的讲话中也说过，欧洲联盟是德国外交政策的基础。欧盟是德国和平、自由、安全与公正的保障，它是德国的富裕保险。只有与欧盟伙伴共同采取行动，德国才能够在未来的世界上得到

---

① 李绘新，(2004)，试析当代德国外交的不确定性——以角色分析理论为视角，《现代国际关系》，第4期，26—31。

② 转引自：连玉如，(2006)，德国默克尔政府的外交与欧洲政策辨析，《德国研究》，第1期，17。

重视，德国仍然是一体化的发动机①。因此，即使加入反导系统，德国也一直强调欧盟的主导作用，并希望能够拉拢俄罗斯，继续淡化反导系统的美俄之争实质，想办法将欧洲反导系统的“欧洲”二字落到实处，真正建立起覆盖全欧的反导安全体系。

3. 德俄安全关系：“地缘意义”“能源依赖”“互信基础薄弱”

在德国政府对反导系统的态度进行分析研究时，我们不能忽略俄罗斯在德国对外关系中的重要地位。从地缘政治的角度来说，“东进”是德国传统地缘政治研究的一个关键性概念。著名学者卡尔·豪斯霍弗（Karl Haushofer）就认为，德国天然的生存空间在东方，那里是德国的“命定空间”②。因此，俄罗斯的存在对德国意义重大。冷战结束之后，苏联解体，俄罗斯和东欧地区出现了不同程度的经济困难、政局不稳的局面。但在一些德国地缘政治家看来，尽管当前俄罗斯在经济与社会发展上存在诸多困难，然而一旦这个占世界领土面积六分之一的国家稳定下来，它所拥有的庞大发展潜力很可能在未来 20 到 30 年时间里成为“地球上的决定性力量”③。此外，俄罗斯和德国在经济、地理、资源、历史和人文层面上都具有高度互补的特性。因此，与俄罗斯建立起稳定特殊关系，并从而影响东欧地区，对于保证德国在这一地区的利益大有裨益。因此，虽然德国目前政策上倾向于传统西欧和美国，但从地缘战略的角度而言，德俄安全关系也同样具有举足轻重的地位。施泰因迈尔在他的第一个任期（2005—2009）中曾经多次强调俄罗斯对德国的重要战略地位，在上文提到的 2007 年采访中，他还说，“德国在解决国际争端的时候需要俄罗斯的合作，此外，由于地缘关系，欧洲有义务、也有责任与俄罗斯保持和谐理智的伙伴关系。”④

地缘因素之外，德俄经贸关系对德国来说也非常重要。德国的角色定位中，“贸易国家”也具有优先的属性。德俄之间不仅仅在经贸关系上存在互补的一面，从能源战略来说，俄罗斯更是德国不能得罪的对象。德国天然能源贫瘠，目前政府又在大力推动能源转型战略，到 2020 年，德国政府承诺将全面取缔核能发电

---

① Westerwelle, G. Grundsatzrede von Bundesaußenminister Westerwelle bei der Deutschen Gesellschaft für Auswärtige Politik, 21. 10. 2010, Retrieved April 4, 2016, from http://www.china.diplo.de/Vertretung/china/zh/03－pol/aussenpol/grundlinien/rede－dgap－111021－s. html

② 葛汉文，(2011)，“退向未来”：冷战后德国地缘政治思想刍议，《欧洲研究》，第 4 期，132。

③ 同上。

④ Russland Heute: Außenminister Steinmeier: eine Chance für Russland? Retrieved April 4, 2016, from http://russland－heute. de/politik/2013/12/17/aussenminister_steinmeier_eine_chance_fuer_russland_27353. html

站，到 2050 年，德国的传统能源消耗将降低至目前的一半，电力将有 80%来自可再生能源，而二氧化碳的排放量比起 1990 年将降低至少 80%。然而，在目前可再生能源的发掘和利用技术都尚不完善的情况下，俄罗斯的天然气资源对德国的能源战略便是不可或缺的。

但与此同时，值得指出的是，加里宁格勒“导弹事件”是最先由德国《图片报》报道引起，并引发了连锁反应。莫斯科卡内基研究中心主任特列宁称，德国报纸公布这一消息的动机昭然若揭，就是让冷战结束后忘记“威胁”的欧洲民众警觉来自俄的威胁；公布的时机更是充满玄机，与欧盟和俄在乌克兰地缘政治方向上的紧张关系相“巧合”[①]。

德国这一举动确实昭示了对俄罗斯的疑虑和不信任。笔者认为，这也是德国为何参与欧洲反导系统的另一原因。尽管德俄安全关系的稳定发展对德国有着极大的战略意义，俄罗斯的存在对德国在国际事务上力求以多边主义模式解决国际争端，避免美国单极化倾向也非常重要，但普京在任期间的俄罗斯缺乏西方国家所看重的“民主”属性，普京外交上秉承现实主义作风，方法务实而灵活，在许多事务上与德国形成合作态势，但同时也造成了俄罗斯的欧洲安全政策缺乏连贯性和原则性[②]，易使德国产生疑虑。此外，俄罗斯对东欧地区的认知与德国存在本质的不同，俄罗斯一直认为自己在这一地区有特殊利益，德国对之却不愿承认。例如针对 2013 年年底发生的乌克兰事件，德国总理默克尔就在 2013 年 11 月 18 日所作的政府报告中明确指出，乌克兰有权自己决定同欧盟的关系，第三方无权干预。她还强调，欧盟东部伙伴国及其与欧盟双边关系发展并非针对俄罗斯。欧盟东部伙伴国经济现代化，俄罗斯也会从中受益[③]。但俄罗斯却完全不这么看。在 2014 年 1 月 31 日至 2 月 1 日所召开的第 50 届慕尼黑安全会议上，拉夫罗夫态度强硬，指责西方国家公然支持乌反对派，在乌国内冲突中“拉偏架”。他认为乌克兰的未来由乌克兰人自己决定，俄罗斯不会干预。但西方并未给乌克兰人民选择的机会，而是将其引向欧洲和北约[④]。从乌克兰事件不难看出，以德国为代表的传统西欧国家与俄罗斯在中东欧地区存在着一个长期博弈的过程，而

---

① 陈效卫，(2013)，俄罗斯对北约反导“硬碰硬”，《人民日报》，12 月 18 日，第 021 版。

② 曹阳，(2010)，俄罗斯的欧洲安全政策：从普京到“梅普组合”，《东北亚论坛》，第 19 卷第 5 期，39。

③ 默克尔说俄罗斯不应阻碍乌克兰接近欧盟，引用于 2016 年 10 月 8 日，引用自 http://world.people.com.cn/n/2013/1119/c157278—23592862.html

④ 新华网：慕尼黑安全会议：美欧与俄明争暗斗，引用于 2016 年 4 月 13 日，引用自 http://news.xinhuanet.com/yzyd/mil/20140205/c_119212766.htm

这必定会导致德国难免寄望欧洲反导系统能够对俄罗斯产生遏制作用。

4. 综合分析："德欧优先""德美战略意图差异"

综上而论，在面对美俄反导系统之争时，从外交理念角度出发，德国首先考虑的是德国的安全利益以及欧盟层面的多边合作关系。因此，对于小布什政府与波兰、捷克两国签订双边反导基地协议的行为，德国表现出了明显的消极和不合作态度。但奥巴马政府的欧洲反导系统将北约的所有欧洲成员国都包括在内，北约的欧洲成员国在加入该反导系统后，能在该系统的统一框架内执行各自的局部任务。不需要大幅改动军事设施、技术保障和火力装备，也不用改变各国军队的指挥流程和指挥软件系统。这使该系统具有了开放性，可接收更多的欧洲参与者，新成员也不用为改进本国原有系统浪费金钱。这获得了德国政府的积极支持。2012 年 2 月初，德国拉姆斯坦（Ramstein）成为欧洲导弹防御系统的指挥中心所在地。

尽管美国的欧洲反导系统获得了德国行动上的支持，但从深层次上来说，我们必须看到，美国推行反导系统的战略意图与德国并不一致。美国虽然以"防止伊朗的导弹袭击"为幌子，但实际上，却是希望通过反导系统的部署实现防范和制衡俄罗斯的政治目标，将东欧这个西方和俄罗斯之间的战略缓冲地带演变为遏制俄罗斯的战略前沿。此外，欧洲反导系统是美国全球反导系统的一个组成部分，是在世界范围内对原本的美俄核平衡局势形成破坏的战略方式。在欧盟向东扩大的局势下，美国在欧洲布置反导系统，也能够使欧洲国家，尤其是东欧国家在国家安全诉求上更加倾向美国，从而干扰欧洲统一安全防线的形成。但对德国而言，对欧洲反导系统的支持却主要看重对确实来自非传统核国家威胁的防范。根据德国政府调查，伊朗一直在进行远程导弹的研究。几年内，伊朗将有能力发射射程达 3000 公里的中程弹道导弹。德国慕尼黑距离德黑兰也不过 2760 公里。时任德国国防部国务秘书吕迪格·沃尔夫认为，自从德国被盟友和友好国家包围以来，"这是德国领土面临的最后威胁之一"①。德国前国防部长托马斯·德迈齐埃也于 2012 年指出，"在欧洲部署的反导系统针对的是来自近东，尤其是来自伊朗的威胁。"② 而加入美国的欧洲反导系统则能够以较少的金钱消耗有效防范这种威胁。但正如上文所述，2013 年 8 月伊朗新总统上台以来，伊核问题有望得

① 中国驻欧盟使团官方网站：德智库认为北约应与俄进行导弹防御系统合作提升欧洲安全，引用于 2016 年 4 月 13 日，引用自 http：//www.fmprc.gov.cn/ce/cebe/chn/zkbg/t961835.htm

② Deutschland ist bei der Nato－Raketenabwehr dabei，Retrieved April 4，2016，from http：//www.focus.de/politik/deutschland/nato－deutschland－ist－bei－der－nato－raketenabwehr－dabei_aid_709944.html

到更加符合德国外交理念的和平解决方式，欧洲反导系统对德国而言存在的意义进一步降低。与此同时，如果因为该系统引起俄罗斯对德国的不满，或者使美国进一步左右欧盟层面的安全路线，则是德国不愿意看到的。

由于上述战略目标的不一致，德国在加入欧洲反导系统的同时，力图拉拢俄罗斯，希望通过加大合作的方式，打消俄罗斯对该系统的疑虑。同样是在韦斯特韦勒的德国外交政策协会讲话中，他这样说："眼下美国人和欧洲人就导弹保护伞进行的讨论比我们不久前进行的辩论要走得更远。当时曾建议搞华盛顿与布拉格之间或者华盛顿与华沙之间的双边计划，果真如此，欧洲将产生不同的安全区。今天，我们探讨的是共同的解决方法，其目标是欧洲的共同安全，并且将俄罗斯紧紧纳入进来。这不仅是巨大的进步，而且也是将我们与俄罗斯的关系置于全新基础之上的一次真正机遇。"① 德国人的愿望虽然很美好，但在美国的主导之下，俄罗斯"平等"参与反导系统，与北约分享系统实际控制权的意图不太可能实现。北约和俄罗斯之间缺失基本的战略互信，这也是为什么在反导系统推行三年之后，俄罗斯以在加里宁格勒部署"伊斯坎德尔"导弹系统的方式，表达了自己的不满。

（二）基于德国安全策略倾向的分析

1. 德国安全政策的"合作性偏好"

第二次世界大战以后，德国的国家安全政策显示出明显的合作性偏好②。这是与德国的地缘政治特点和政治文化特点密不可分的。德国位于欧洲中部，历史上一直面临强敌环绕的地缘政治局面。因此，德国的安全政治偏好呈现为两种极端形式，即要么是以先发制人的战争为表现形式的自主性安全偏好，要么是以欧洲联合为表现形式的合作性偏好③。但前者遭遇到了历史性的失败，因此，战后德国通过欧盟这一形式，造就了一个对德国来说前所未有的和平外部环境。因此，德国在安全政策上的共识是：德国的安全必须与其他欧洲国家的安全休戚相关。这在现实事务的执行中，就体现在德国试图实现欧盟共同外交与安全政策，但与此同时，也将北约作为"我们共同安全最强有力的依托"④。

---

① Westerwelle, G. Grundsatzrede von Bundesaußenminister Westerwelle bei der Deutschen Gesellschaft für Auswärtige Politik, 21. 10. 2010, Retrieved April 4, 2016, from http://www.china.diplo.de/Vertretung/china/zh/03－pol/aussenpol/grundlinien/rede－dgap－111021－s. html

② 熊炜，(2008)，二战后联邦德国的国家安全政策偏好，《世界经济与政治》，第 1 期，43。

③ 同上，47。

④ Merkel, A. (2005) „ Wir werden eine Regierung der Tat sein ", Regierungserklärung der Bundeskanzlerin am 30. 11. 2005. Das Parlament, Debattendokumentation, 5.

除了地缘政治因素之外，德国的合作性国家安全政策偏好也同样来自对历史的反思。“为什么偏偏是德国”这个问题促使德国“政治精英”们不断思考，试图寻找一条不让历史重演，同时实现德国在国际上的政治诉求，并保障德国外部安全的路径。在这样的反思基础上，德国在外交上逐渐形成了以“和平主义”“自由民主”“合作主义”为特征的政治文化。这种政治文化保证了“德国精英”阶层在安全政策领域较易作出妥协和达成共识。以单边主义实现利益的方式在德国政治家和官员看来，往往是难以实践的①。因此，以欧洲联合的方式、同时借助北约盟友的帮助，来维持欧洲稳定、解决国际冲突，是德国“政治精英”们一贯愿意选择的安全政策模式。

在反导系统问题上，小布什政府时期的东欧反导基地违背了上述德国的安全政策偏好，它更多地体现了美国的单边主义倾向，并将矛头直指俄罗斯，不利于欧洲整体的和谐与稳定。但奥巴马政府的欧洲反导系统则符合德国一直以来追求的“依助北约，欧洲共同建设安全屏障”的诉求，因此获得了德国政坛的支持。但与此同时，美国隐藏在“打击伊朗核力量”背后的遏俄目的并不完全符合德国的安全战略倾向。对德国而言，俄罗斯的存在对整个东欧地区的稳定是有好处的。欧洲和平不仅仅依赖于美国的“贡献”，也得益于德俄的良好关系②。德俄关系论坛的经济主管亚历山大·拉尔在接受德国《镜报》的采访时也曾经指出，德国外交部长施泰因迈尔“非常坚定地认为，只有与俄罗斯一起合作，才能真正实现欧洲的和平”③。

2. 德国新政府：“承担更多国际安全责任”

在慕尼黑安全会议上，东道主德国释放了希望立足欧洲，走上前台，承担更多国际责任的信号。时任德国总统高克在致开幕词时说，德国应准备承担更多国际责任，包括在欧盟和北约框架内承担更多军事任务，历史包袱不应继续成为外交克制的理由。时任德国国防部长冯德莱恩和外交部长施泰因迈尔也作了类似表态④。与此同时，施泰因迈尔在他的讲话中指出，“美俄欧在国际安全事务上的

---

① Pfetsch, F. R. (2007) . Negotiating Political Conflicts. New York: Palgrave, 55.

② Weisser, U. (2009) . Deutschland, Russland und die Raketenabwehr. In Michael Staack (eds.) . Die Zukunft der nuklearen Ordnung, Bremen: Edition Temmen, 139.

③ Russland Heute: Außenminister Steinmeier: eine Chance für Russland? Retrieved April 4, 2016, from http: //russland－heute. de/politik/2013/12/17/aussenminister _ steinmeier _ eine _ chance _ fuer _ russland _ 27353. html

④ 慕尼黑安全会议到底说了啥？引用于 2016 年 7 月 12 日，引用自 http: //news. sina. com. cn/w/2014－02－04/065029395513. shtml

合作是不可避免的，没有俄罗斯的欧洲安全是不可想象的。”[1] 因此，虽然德国和俄罗斯在乌克兰等传统中东欧问题上还存在分歧，但德国更希望能够在欧盟内部框架下争取与俄罗斯合作，以期共同解决这些问题，而非靠近美国，与俄为敌。

同样是在慕安会上，施泰因迈尔再次重申，“没有俄罗斯是不行的”，他认为，从长期来看，没有俄罗斯的欧洲安全建构是无法想象的[2]。虽然德国对俄罗斯存在疑虑，但对于现阶段，希望以更强大、更独立姿态立足国际舞台的德国来说，与俄罗斯加强合作关系，将俄罗斯纳入欧盟、北约以及反导系统的共同建设过程之中，通过在美俄之间的斡旋，达到以美抑俄、以俄抑美，并以中间人的角色获得更大的外交地位认同。因此，德国人试图说服俄罗斯加强与德国的关系，他们强调俄罗斯的复杂边境问题，认为如果俄罗斯愿意与欧盟及北约进行合作，它便能够在其西部边境获得稳定和平的外部环境，从而集中精力应付来自南俄、中亚、中东及近东的复杂问题[3]。虽然在美国的主导下，将俄罗斯纳入反导系统这一目的看来难以实现，但美俄之间也并不愿因此而起实质性的冲突，在美俄这种“你进我退”“相互试探”争夺主导权的过程中，德国是所有外部国家中力量最为强大、立场相对中立的，美俄双方都需要德国作为缓冲带和谈判掮客。因此，在受到双方压力的同时，德国也获得了一定的外交筹码。

3. 欧洲共同安全：德美战略差异

从欧洲共同安全防务的角度来看，德国和美国的着眼点也不尽相同。奥巴马政府的欧洲反导系统虽然包括了北约的全部欧洲成员国，但在主导权一事上美国毫无放手的态势。而中东欧国家欢迎这一点。它们不愿意让出更多的主权给欧盟，在军备领域也对美国有较大依赖性[4]，这对欧盟东扩之后安全合作领域中出现的矛盾来说无疑雪上加霜。在反导系统的构建上，德国更希望看到以欧盟为主导，借助美国的军事经济技术实力，并将俄罗斯也包括进来，以打消其疑虑的局面，但这无法获得美国和中东欧国家的支持。欧盟东扩带来的后遗症不仅仅在经济方面有所凸显，反导系统之争不仅仅反映了美俄在核力量及核平衡上的争霸过程，同时也折射出了德美之间在欧洲安全防御主导问题上一直存在的矛盾：哪怕在冷战结束之后，美国依然将欧洲当作自己的后花园，将北约当成美国军事力量

---

① Steinmeier，F. —W. （2014）. „ Ohne Russland geht es nicht “，Beitrag zum Jubiläumsband der 50. Münchner Sicherheitskonferenz 2014. Focus 27. 01. 2014.

② 同上。

③ 同上。

④ 刘立群 & 孙彦红，（2004），德国教授谈欧盟共同外交与安全政策，《欧洲研究》，第 6 期，151。

的延伸机构，而以德国为代表的欧盟传统国家则希望能够建立起以欧洲为主导的欧洲防务机制。

但这个矛盾在目前显现得并不明显，现任德国政府对欧盟一体化防务建设看起来只停留在“美好远景”的阶段，并未付出实质努力。默克尔也在各种场合强调，北约依然是德国和欧盟最重要的安全防务机构。但笔者认为，这主要是出于经济原因而非政治考虑。尤其在欧债危机时期，德国的政府财政无力承担反导系统的资金支持，照美国计划，欧洲导弹防御系统建设大部分使用美国技术与装备，欧洲各国只需承担维护费用与驻军费用，力所能及地提供相匹配的反导装置。据北约预算显示，北约欧洲成员国共需承担军费约为两亿欧元。德国政府给出的预算中提到，德国只需负担此系统欧洲部分两亿欧元的14.9%，即2980万欧元。这样的数目不至于引起国内各界的强烈不满，因此虽然德国必须在反导系统建设上听从美国的命令，但权衡利弊，德国多半还是支持的。

三、德国对反导系统之争的政策前景预测

从德国外交倾向和安全战略选择来看，奥巴马政府推行的欧洲反导系统对德国来说应该是利大于弊的。默克尔的重新上台预示了本届德国政府在此问题上应会执行延续性的参与政策。上文所述的德国《图片报》对俄罗斯加里宁格勒“导弹事件”的报道也在一定程度上说明了德国的倾向性。但伊朗核问题的峰回路转将一直以来对反导系统的争议再次摆在了台面上：究竟欧洲反导系统对德国的安全保障能够起到多大作用？反导系统指向的所谓“流氓国家”与德国本身并无多大利益冲突，而伊朗核问题有望在德国所希冀的合作机制下得到圆满解决，那么，拿出为数不少的金钱、并冒着激怒俄罗斯的风险去参加反导系统，究竟是得是失？同意建立反导系统，虽然表面上看来是由于奥巴马政府更改了小布什政府的战略防御范围以及打击目标，对北约的欧洲成员国作出了一定妥协，但我们不难看出其假想敌一直都是俄罗斯，改变辞令可以令德国的参加显得更冠冕堂皇，但被美国牵着鼻子走，利用欧洲遏制俄罗斯的实质并无改变。虽然德国在反导系统的表态上一直言辞含糊，在参加的同时一再强调俄罗斯地位的重要性，希望俄罗斯加入，但直到目前为止，德国的努力并未收到明显成效，美俄的战略互信问题一天不解决，在该问题上的矛盾就一天不会消失。因此，已经被美国“拉上船”的德国，目前也只能一边附和美国，一边在外交上试着划清关系，打消俄罗斯对导弹防御系统隐蔽意图的忧虑——即不论现在还是未来，反导系统的建立都并非针对俄罗斯核武装力量，并支持采取其他有助于建立信任的措施。

虽然反导系统的未来发展方向并不握在德国手中，美俄关系在此争端的背景之下将往何处发展也并不由德国决定，但德国作为北约成员国，同时也是俄罗斯外交上的重要伙伴，在其中扮演一个较为中立的角色，积极斡旋，或许会对未来反导系统局势的变化产生重要的影响。与此同时，一旦德国能够在反导系统中真正成为美俄双方不可或缺的中间人角色，德国的外交筹码会因此增加，在国际上的影响力也会进一步加大。

四、欧洲和平秩序观视角下的反导系统之争

从俄美反导体系之争中可以看出，欧洲和平秩序不仅仅是一个欧洲的问题，作为世界秩序的一部分，欧洲和平秩序的建构对全球格局有着深远影响，因此不但受到欧洲国家，包括德国、俄罗斯和中东欧国家的重视，也是美国的外交与安全战略重点。因此，在任何有可能影响到欧洲和平秩序建构方向的热点事件中，都体现出各方势力进行博弈、此消彼长、时而联合、时而分歧的复杂局面。

反导体系之争也同样呈现出这种态势。在该事件中，美国和中东欧国家是坚定的盟友，双方均将俄罗斯作为假想敌。美国希望利用中东欧国家对俄罗斯的忌惮，在这些国家国土上部署反导体系，以达到继续改写核平衡局面，进一步遏制、削弱俄罗斯的目的。因此，在美国看来，欧洲和平秩序应当是美国全球秩序的一个部分，该为美国的安全利益服务。这就要求美国在欧洲事务上的绝对主导权、在中东欧热点区域中树立安全保障者的地位，并进一步遏制俄罗斯的影响力。总体而言，由于美国秉持现实主义外交理念，认为只有确保美国在军事实力上保持绝对优势、巩固盟友对美国的忠诚度，同时先发制人地遏制潜在敌人，才能保证美国在全球范围内的安全利益。这在欧洲层面上则表现在，联欧弱俄，将俄罗斯视为欧洲安全的潜在破坏者，将美国主导的北约视为欧洲和平的保护者，以军事实力而非多边磋商机制作为欧洲和平秩序的最终保障。

俄罗斯与美国一样，同样秉持现实主义外交理念，并尤其重视地缘因素的影响。因此，美国通过在中东欧国家部署反导系统，一方面进一步挤压了俄罗斯的地缘战略空间，另一方面则在核力量上对俄取得更大优势，这深深引发了俄罗斯的不安全感。但俄罗斯与美国不同的是，俄深知自己的力量无法与美国抗衡，也无力独立建构欧洲和平秩序，因此，它只能在对中东欧国家软硬兼施、试图不让它们向美国靠拢的同时，尽量争取以德国为首的欧盟国家的支持。因此，从外交实践上，俄罗斯的做法更贴近德国的行为方式：通过外交途径、政治磋商等方式，表示只要不触及俄罗斯的“红线”，俄罗斯愿意与欧洲国家一起，按照国际

规范建构欧洲和平秩序。

德国设想中的欧洲和平秩序则更多从有效多边主义的角度出发，希望尽量削弱民族国家在国际秩序中的作用，通过树立所有国家都遵循的基本规范，建设公正合法的国际机构，设定一个秩序最高目标，并敦促全部国家都为了这个目标，遵守相关法律和规制的手段，最终建成欧洲和平秩序。因此，德国既不希望看到美国带领中东欧国家对俄罗斯采取太过强硬的政策，从而将欧盟再次推向与俄为敌的前线，又不能完全相信俄罗斯不会打破规范，形成对欧洲和平秩序的破坏和威胁。因此，在反导体系之争的过程中，德国左右为难。由于对俄罗斯依然存有戒心，德国事实上同意美国部署反导系统的必要性，但与此同时，也不愿意过度刺激俄罗斯。最终，德国只能在双方之间不断斡旋，希望借由这个机会，一方面增加德国的外交筹码，另一方面则促使欧盟尽可能发挥多边机制和危机协调的作用，最终增加欧盟的影响力和话语权，宣扬欧盟机制的“先进性”，以达到最终建构成德国设想中的欧洲和平秩序的目的。

第二节 乌克兰危机与德俄安全关系

2013 年年底爆发的乌克兰危机对欧洲和平秩序造成了“冷战以来最严重的破坏”。与反导系统不同的是，乌克兰危机集中体现了以德国为首的欧盟与俄罗斯之间的深层次矛盾，尤其在对欧洲和平秩序的建构方面，双方根深蒂固的理念冲突显现出来。德国政府也多次强调，俄罗斯的行为使欧洲和平秩序的基本原则遭到了破坏，因此，应当尽快重建欧洲和平秩序，而在此过程中，德国必须与俄罗斯合作，而非与之对抗。因此，本节拟重点分析乌克兰危机发生的始末，探讨德俄在欧洲和平秩序建构中的根本矛盾所在，以最终预测德俄安全关系日后走向、探究欧洲和平秩序未来图景。

一、乌克兰危机中体现出的德国外交与安全政策倾向

在乌克兰事件中，德国的对外政策扮演着非常重要的角色。自从 2004 年乌克兰“橙色革命”以来，以德国为首的欧盟和俄罗斯之间就一直没有停止对该重要战略地区的争夺。尤其在乌克兰前总统尤先科下台之后，乌克兰改变了全面向西方倾斜的外交定位，转而在亚努科维奇的领导下实施更为灵活、更为务实的战略，利用自身重要的战略地位，力图在欧盟和俄罗斯之间左右逢源，在积极推进与欧盟的联系国协议谈判的同时，对俄罗斯方面提出的加入俄白哈关税同盟的邀

请始终态度模糊，却从未明确拒绝。亚努科维奇在最后关头拒绝联系国协议，看似令人大跌眼镜，并因此迅速激起德国政界的不满和疑心，但事实上，这一切都有迹可循。克里米亚事件发生后，德国国际法专家约翰劳斯・珀斯茨在接受德国《每日新闻》的采访时说："我们本不应该这么快推进联系国协议的签署过程……对普京来说，这像是我们在'包围'俄罗斯，我们应当预测到俄方会作出激烈反应，但最终，理智的声音被淹没了。"①

（一）乌克兰事件的背景和实质

1. 欧俄"夹缝"中摇摆的乌克兰

2004年，乌克兰爆发"橙色革命"，在美国的公开大力支持下，尤先科政府上台执政，乌克兰的对外政策发生了剧烈转变。尤先科放弃了乌克兰前两位总统奉行的中立、不结盟和东西方平衡的对外政策，对外推行加入欧盟，对内大搞去俄罗斯化，在俄黑海舰队在克里米亚驻扎、俄语地位等问题上丝毫不顾忌俄罗斯的感受，引起俄领导人的极度不满②。对乌克兰一边倒的"脱俄入欧"政策，俄罗斯主要予以打压和冷落。俄乌关系不断恶化。2009年，欧盟和乌克兰正式开始"联系国协议"谈判。乌克兰在加入欧盟的道路上迈出了决定性的一步。

2010年2月，亚努科维奇当选乌克兰总统，改为奉行积极务实的外交策略，主动修复与俄关系，俄乌关系迅速升温。2010年4月，俄乌总统签署了俄黑海舰队在乌驻扎问题协议，将俄舰队在克里米亚半岛的驻扎期限延长到2042年（目前俄在克里米亚驻扎的军舰数量完全符合该协议的规定）。同年7月，乌议会以法律形式确定乌非集团化国家地位，扫除了俄对乌加入北约的忧虑。

2010年1月，俄白哈关税同盟启动不久，俄罗斯向乌克兰发出加入关税同盟的邀请。其时乌与欧盟联系国协议的谈判也在进行。乌克兰以加入俄关税同盟有违世贸组织相关规定为由，没有继续讨论该问题。在此之后，俄罗斯多次呼吁乌克兰作出正确的选择，加入关税同盟。2011年，俄罗斯把天然气价格与乌加入关税同盟挂钩。俄甚至劝说乌，应先加入独联体一体化进程，在经济发展更为稳固的情况下再考虑加大融入欧盟的步伐。尽管如此，乌克兰仍然坚持加入欧洲经济一体化的发展路径。2011年8月20日，亚努科维奇在乌克兰独立20周年的演讲中指出，乌克兰最终明确自身发展前景，选择了欧洲。欧洲价值观是乌克兰

---

① Döcke, P. Völkerrechtler über den Ukraine—Konflikt. „ Das wird Putin nicht stoppen ", Retrieved May 4 2017, from www. tagesschau. de/ausland/ukraine—interview—posth100. html

② 李勇慧，(2012)，"梅普组合"时期的俄乌关系，见李永全编，《俄罗斯发展报告（2012）》。北京：社会科学文献科学出版社，238。

发展的基础。乌克兰融入欧洲后会得到机会和权利，而不是补贴和宽容①。

2. 德国“东进”路线和俄罗斯“传统缓冲地缘”的冲突

乌克兰与俄罗斯在俄白哈关税同盟问题上的交锋一方面反映了俄罗斯拉拢乌克兰，希望阻止乌加入欧盟的努力，另一方面则展示了乌克兰在对外倾向上的摇摆不定。尽管“橙色革命”之后，“加入欧洲一体化进程”就是乌克兰上至国家领导人、“政治精英”，下至学术界、普通民众基本达成的共识②，但乌克兰经济上对俄罗斯的依赖和东部乌克兰人民在文化、宗教上的亲俄身份认同使乌克兰无法放弃俄罗斯。

此外，以德国为首的欧盟在乌克兰问题上态度有些草率。在签署联系国协议的过程中，欧盟对乌克兰在共同价值观和法治国家建设上要求甚高③，但经济上却并未满足乌克兰对欧盟所抱有的美好设想。在“广场革命”之后，时任乌克兰总理阿扎罗夫呼吁民众克制，称乌克兰之所以临时退出联系国协议，是因为乌经济濒于崩溃，在全球经济危机影响下，乌财政吃紧，无力偿还高额债务，与俄罗斯的经济关系因联系国协议受损，对俄出口大幅缩水。在这样艰难的情况下，德国和欧盟并未提供任何实质利益，并一再要求乌方面释放季莫申科，对 2015 年亚努科维奇的连任形成政治压力④。

与此同时，2013 年 11 月 9 日，普京在与亚努科维奇会面时明确表示，如果乌签署联系国协议，乌“将失去很多，俄将限制乌商品进口”，相反，如果乌加入俄关税同盟，则能够马上获得包括天然气价格在内的各种优惠。在这种局面下，乌克兰无法承担失去俄罗斯的风险，在最后关头拒绝联系国协议的“戏剧化突变”也就出现了。

综上可见，乌克兰事件是以德国为首的欧盟在推行“东进”过程中与坚持“乌克兰是最后底线”的俄罗斯之间长期博弈之后爆发的结果。俄在乌克兰与欧盟进行联系国协议谈判的前期过程中并未将矛头直指欧盟，而是以关税同盟、降低天然气价格等方式向乌克兰提供“调头向东”的可能路径，与此同时将更为强硬的态度放在阻止乌克兰和北约靠近上。这是因为俄罗斯在不愿放弃乌克兰地缘战略的同时，也希望与德国、欧盟尽量保持良好关系。另一方面，虽然德国并不愿意为乌克兰问题过多得罪俄罗斯，但在乌克兰事件爆发之前，德国和欧盟在联

---

① 李勇慧，（2012），“梅普组合”时期的俄乌关系，见李永全编，《俄罗斯发展报告（2012）》。北京：社会科学文献科学出版社，245。

② 同上，243。

③ 季莫申科被捕事件使欧盟非常不满，签署联系国协议的前提条件也是释放季莫申科。

④ 脱俄入欧，乌克兰猛踩刹车，《浙江日报》，2013 年 12 月 2 日，第 19 版。

系国协议上所表现出来的强硬态度以及对协议签订前提条件上的不可通融说明他们低估了该协议对俄罗斯所产生的威胁效果，也没有正确估计乌克兰国内的复杂局势。德国前总理施罗德在2014年3月9日接受《明镜周刊》的采访时称，欧盟委员会并不了解乌克兰内部在文化意识上的分裂是如何之大，从一开始以“要么……要么”的口号建议乌克兰签署联系国协议时就犯下了错误①，对乌克兰而言，必须在二者之间作选择是不可能的。

（二）乌克兰事件中德国政府外交政策阐述及原因分析

1. 德国政府换届的特殊背景

从德国的国内政治背景来说，乌克兰事件爆发的时间点恰好在德国政府换届之际。2013年9月22日德国大选结束后，由最大的两个政党（联盟党和社民党）组成大联合政府似乎成为唯一可能的选择。两党之间存在的巨大分歧使执政谈判持续了几乎三个月，直到12月16日，德国新政府才正式出台。因此，应对乌克兰事件的是临时政府，而当时德国政客们亟须解决的问题，是如何继续应对欧债危机的余波和是否切实推行退休年龄和最低工资改革，乌克兰的经济崩溃、对外战略向东调整、俄罗斯在联系国协议问题上越来越强硬的态度，并不是其时德国政府的重点关注问题。

2. 德外交上对俄罗斯的疑虑和戒心

虽然有这样的特殊背景，但德国在乌克兰事件中的所表现出来的对俄外交政策趋向并不是在短期内形成的。俄罗斯和德国在经济、地理、资源、历史和人文层面上都具有高度互补的特性，从地缘战略的角度而言，德俄安全关系也具有举足轻重的地位。施泰因迈尔在2013年12月份一次采访中说：“德国在解决国际争端的时候需要俄罗斯的合作，此外，由于地缘关系，欧洲有义务、也有责任与俄罗斯保持和谐理智的伙伴关系。”② 但普京在任期间的俄罗斯缺乏西方国家所看重的“民主”属性，普京外交上秉承现实主义作风，方法务实而灵活，在许多事务上与德国形成合作态势，但同时也造成了俄罗斯的欧洲安全政策缺乏连贯性和原则性③，容易引起德国的疑虑。

---

① 中国新闻网：《德国前总理施罗德称欧盟涉乌克兰政策错误》，引用于2016年5月12日，引用自 http：//www.chinanews.com/gj/2014/03—10/5932713.shtml

② Russland Heute. Außenminister Steinmeier：eine Chance für Russland? Retrieved April 4，2016，from http：//russland—heute.de/politik/2013/12/17/aussenminister_steinmeier_eine_chance_fuer_russland_27353.html

③ 曹阳，（2010），俄罗斯的欧洲安全政策：从普京到“梅普组合”，《东北亚论坛》，第19卷第5期，39。

此外，俄罗斯对东欧地区的认知与德国存在本质的不同，俄罗斯一直认为自己在这一地区有特殊利益，德国对之却不愿承认。针对乌克兰事件，德国总理默克尔在 2013 年 11 月 18 日所作的政府报告中明确指出，乌克兰有权自己决定同欧盟的关系，第三方无权干预。她还强调，欧盟东部伙伴国及其与欧盟双边关系发展并非针对俄罗斯。欧盟东部伙伴国经济现代化，俄罗斯也会从中受益①。但俄罗斯却完全不这么看。2014 年 3 月 18 日，普京在克里姆林宫向议会上下两院发表电视演讲，就克里米亚问题阐述俄方立场时，他说："我们明白，（西方的）这些行为是指向乌克兰和俄罗斯的，指向欧亚的融合。我们一次又一次地被欺骗，别人在我们背后替我们作决定，留给我们的都是既成的事实。这在北约东扩时发生过，在他们把军事设施放在我们边境边上时也发生过，西方一直向我们保证：'喏，这跟你们没有关系'。没有关系？说得好轻巧！"②

普京的言论确实有据可依。尽管德国一再强调欧盟的东扩是为了实现欧洲地区的经济政治一体化，是为了欧洲统一价值观的实现。但事实上，德国政府从未对俄罗斯放松戒心。德国前总理赫尔穆特·施密特在 2014 年 3 月 26 日接受《时代周报》采访时说，"乌克兰局势目前是很危险的，因为西方国家被激烈情绪所主导，坚信俄罗斯会进一步进攻东乌克兰，在我看来，这是一种错误的认识。"③无独有偶，德国《明镜》周刊专栏作家雅各布·奥戈斯坦恩也于 2014 年 3 月 25 日撰文指出，德国对俄罗斯存在错误的认识，认为俄的扩张欲望是没有止境的。德国总理默克尔和总统高克均出生在前民主德国，对俄罗斯具有天然的戒心，在实施对俄政策时，德国政治家总将俄罗斯设想成地缘上的安全威胁，奥戈斯坦恩认为，这是德国和欧盟需要不断东扩的深层次原因，而欧盟的不断紧逼令俄罗斯倍感"被包围"，对乌克兰事件的强烈反弹不过是数年来俄罗斯被西方不断挤压战略空间之下最终的爆发而已④。

3. 德俄在地缘层面上的"安全困境"

虽然德国政界内部也有"亲俄派"和"反俄派"之争，但总体而言，德国政

---

① 默克尔说俄罗斯不应阻碍乌克兰接近欧盟，引用于 2016 年 10 月 8 日，引用自 http：//world. people. com. cn/n/2013/1119/c157278－23592862. html

② 普京演讲全文见：http：//www. xilu. com/special _ pujingyanjiangquanwen. html

③ Helmut Schmidt hat Verständnis für Putins Krim－Politik. Retrieved August 23，2016，from www. zeit. de/politik/2014－03/schmidt－krim－putin

④ Augstein，J. Putin und die Ukraine－Krise：Das falsche Feindbild，Retrieved August 23，2016，from www. spiegel. de/politik/ausland/augstin－kolumne－putin－und－der－westen－in－der－krim－krise－a－960354. html

府认为普京治下的俄罗斯是不可信任的。默克尔在上任之初就强调德国外交政策的“价值观导向”，在德国人眼中，俄罗斯欠缺与欧洲统一的民主观念和价值观平台，甚至认为普京一直停留在冷战思维之中。2008年的格俄冲突，2006—2009期间三次俄乌“斗气”，以及每一次欧盟和北约东扩所引发的俄美欧博弈，都说明了德俄之间存在的“安全困境”问题。

普京上任之后，俄罗斯综合国力有了长足发展，“能源外交”频频奏效，俄罗斯挺直了腰杆，不再盲目追寻西方认同，转而执行发展欧亚一体化的独特俄罗斯外交战略。这样的定位导致俄罗斯与欧美在东欧地区频频发生矛盾和碰撞，普京的外交风格也愈趋强硬，这引发了西方的不安。在缺乏双边互信的基础上，德国将俄罗斯释放的这种信号看作对自身安全的威胁，欧洲一体化的“踩单车”理论也认定欧盟深化和扩大是一个“不进则退”的过程，这导致德国在促进欧盟往东扩张的过程中未考虑俄罗斯的安全诉求，忽视了俄在“传统缓冲地带区”上的战略考量。

俄罗斯对欧盟东扩一直“展现出极大的忍耐”[①]，但这种忍耐在乌克兰事件中走到了尽头，普京在演讲中说，“他们很清楚，无论是在乌克兰还是在克里米亚都住着上百万的俄罗斯人。这些人是多么地没有政治预见和分寸感，才会如此不顾后果地行动啊！俄罗斯现在退到了无路可退的边缘，就像一根弹簧被压到底，它是会猛烈地弹起来的。要永远记住这一点。”[②] 而面临经济崩溃危险的乌克兰无法承受“非此即彼”的最后通牒，最终亚努科维奇拒绝签字。

乌克兰事件是德俄“安全困境”的阶段性体现。克里米亚公投更是引发德国对俄的恐惧心理，“下一步就是东乌克兰”的言论比比皆是[③]。结合2008年的南奥塞梯危机，德国人担心这将成为俄罗斯在东欧地带的一种固定模式：以保护东欧各国领土上的俄罗斯人为由可以随时出兵[④]。虽然俄罗斯一再表示对乌克兰没有兴趣，拉夫罗夫在3月29日表示，俄罗斯没打算、也没兴趣越过乌克兰边

---

① 这句话是德国社民党一位俄罗斯研究专家在2012年欧盟议会上说的，转引自：Augstein, J. Putin und die Ukraine—Krise: Das falsche Feindbild. Retrieved August 23, 2016, from www. spiegel. de/politik/ausland/augstin—kolumne—putin—und—der—westen—in—der—krim—krise—a—960354. html

② 普京演讲全文见：http://www. xilu. com/special _ pujingyanjiangquanwen. html。

③ Döcke, P. Völkerrechtler über den Ukraine—Konflikt. „ Das wird Putin nicht stoppen “, Retrieved May 4 2017, from www. tagesschau. de/ausland/ukraine—interview—posth100. html

④ 同上。

境①。普京则在上文提到的演讲中称，“亲爱的乌克兰朋友们，不要相信那些用俄罗斯来吓唬你们的人，他们宣称，在克里米亚之后还会有其他地区被俄罗斯割占。我们不想看到乌克兰的分裂，我们不需要。”但德国政界目前普遍措辞强硬，显然情绪激动。冯·德莱恩在接受《明镜周刊》的采访时说，北约应在他们的“外部边境”上展示出更多“存在感”②，默克尔在3月20日的政府报告中则强调应立即在欧盟框架下对俄罗斯实行制裁，因为克里米亚公投“有违人权、自由的精神，同时也违背了乌克兰宪法”，“损害了欧洲一体化进程”，“俄罗斯在所有国际组织中将被进一步孤立。”③

2014年3月20日，欧洲委员会作出对乌克兰事件的最终决议。决议中，欧盟强调将加快与乌克兰签署联系国协议的进程，不承认克里米亚的合法地位，取消下一届的俄欧峰会，继续对俄实行制裁，将俄罗斯驱除出八国集团（G8）。这说明俄欧之间的紧张局势再次升级。

二、乌克兰危机背景下德俄双边关系：困境中继续发展

尽管乌克兰危机使德俄安全关系发展至冷战以来的最低点，但双方秉持务实作风，在经济上继续保持一定合作，在政治上也依然保持通话渠道。

政治上，德国政府在与欧盟一起对俄罗斯制裁的同时，也一再重申，将会与俄罗斯保持政治对话，并将通过这种方式与俄罗斯一起解决乌克兰危机。默克尔更是频频通过与普京进行电话会谈，寻求和平解决乌克兰危机的途径。

经济上，总体上而言，受到乌克兰危机的影响，这几年德俄双边贸易额持续下降。2013年，德国对俄罗斯出口相比前一年下降5%，2014年则又比2013年下降18%，2015年更是继续下降了26%，至218亿欧元。2015年，俄罗斯对德国出口额也比前一年下降了22%，为299亿欧元。德俄双边贸易总额从2012年的800亿欧元下降至520亿欧元。但与此同时，原本在俄办厂的6000家德国企业中，有5600家依然没有离开俄罗斯，俄罗斯卢布的疲软和下降的工资成本成

① 俄外长：俄罗斯没打算越过乌克兰边境。引用于2016年10月8日，引用自 http://mil.sohu.com/20140330/n397439813.shtml

② Augstein, J. Putin und die Ukraine—Krise: Das falsche Feindbild. Retrieved August 23, 2016, from www.spiegel.de/politik/ausland/augstin—kolumne—putin—und—der—westen—in—der—krim—krise—a—960354.html

③ Merkel, A. Regierungserklärung von Bundeskanzlerin Merkel. Retrieved May 18, 2016, from https://www.bundesregierung.de/breg—de/suche/regierungserklaerung—von—bundeskanzlerin—merkel—798926

了吸引德国企业的因素。2016 年上半年，德俄贸易关系有了一定好转，其中德国在俄罗斯的直接投资也有所增长。俄罗斯许多地区都期待外来投资，也为外国企业来俄投资提供了一系列便利条件。

文化和教育领域，德俄之间一直保持积极而频繁的交流。2014/2015 年度，德俄在语言和文学领域开展了一系列交流活动，从而继续促进两国公民社会的交流。2016 年则是德俄青年交流年。2016 年的目标在于，通过丰富多彩的活动，加强德俄两国青年之间的交流，从而促进两国的年轻一代展开直接对话。

在俄罗斯，有大约 150 万人学习德语（其中 110 万人在中小学就开始学习），在学习人数上，德语是仅次于英语的外语。在“中小学：未来的伙伴”（PASCH）项目框架下，俄罗斯有超过 100 所中小学增设了德语课程。歌德学院在俄罗斯也组织、参与了许多文化活动，并提供了全面的语言课程。

施泰因迈尔分别于 2014 年 12 月和 2016 年 8 月在乌拉尔联邦大学发表讲话，高度赞扬了两国在大学教育领域的良好交流平台，并呼吁继续加强合作。德俄两国高校之间已经结成超过 880 对校级伙伴关系。仅在 2015 年，就有超过 15000 名俄罗斯人在德国留学。2014 年 9 月，喀山大学设立了“德俄创新技术研究中心”，在这个中心里，俄罗斯未来的工程师将在德国标准要求下进行培养。德国政府还致力于加强两国中小学生和年轻人之间的交流。自 2006 年开始，德俄青年交流基金会就向双方年轻人提供交流的机会，到 2016 年，已经有超过 10 万人参加了这个项目。每年，德俄还共同举办青年议会，2016 年，该议会的主题是“二战结束 70 年——青年交流，相互理解，共同未来”①。

综上，尽管德俄安全关系在乌克兰危机后明显变差，但并未停滞不前。这对德俄日后修复关系、共同解决乌克兰危机，直至重新携手建构欧洲和平秩序有重大意义。

三、乌克兰危机中德俄关系继续发展的原因

（一）对俄经济制裁损害了德国的经济发展

2014 年 3 月 17 日克里米亚宣布独立，西方国家随后决定开始对俄进行经济制裁，乌克兰危机不但没有停止，反而有愈演愈烈的态势。虽然在 2015 年 2 月达成的明斯克协议显露了各方合作的曙光，但直到目前为止，全面停火一直未能实现。来自欧盟的经济制裁确实使俄罗斯经济急剧下滑，但其所起的作用至多是

① 上述数据均来自德国外交部官网。

确保俄罗斯不断地回到谈判桌前，并未使之作出任何实质性让步。此外，在经济全球化大背景下，经济制裁是一把双刃剑，“伤敌一千，自损八百”。乌克兰危机久久悬而未决，伤害了所有相关方的利益，包括看似立场坚定的德国。2014 年 10 月 14 日，德国经济部发表该年度秋季经济预测报告，大幅下调了 2014 年和 2015 年德国经济增长的预测值，由春季预测的 1.8%和 2.0%分别下调至 1.2%和 1.3%，下调幅度分别达到 0.6%和 0.7%个百分点①。

尽管德国经济增长速度的下滑源于多种因素，但乌克兰危机的持续发酵、欧美与俄罗斯之间的互相制裁效应也在其中起到了重要作用。这也是为什么默克尔提出以上“折中方案”的原因所在：为了督促乌克兰问题的尽早解决，欧洲制裁不能停止，但与此同时，过于严厉的制裁同样也会伤害到德国自身。

至此，乌克兰危机已不单纯是一次地缘政治危机，随着欧美与俄罗斯互相制裁措施的出台、欧盟对乌克兰经济援助的增强、西方希望通过经济手段取得外交胜利的倾向，致使乌克兰事件对德国经济界也造成不小影响。其中，德国在危机相关地域贸易环境、德国与俄罗斯外贸发展以及德国投资和景气预期遭到较大冲击。

（二）德国精英和民众中依然倾向与俄罗斯继续发展合作

1. 德国政界的不同声音和同一结论

在乌克兰危机发生之后，德国政界针对俄罗斯的批判声音处处可闻。乌克兰事件后，默克尔曾称普京在克里米亚的做法是“历史的倒退”，称他是“生活在另外一个世界的人”②。在 2013 年 11 月 18 日所作的政府报告中，她明确指出，乌克兰有权自己决定同欧盟的关系，第三方无权干预。她还强调，欧盟东部伙伴国及其与欧盟双边关系发展并非针对俄罗斯。欧盟东部伙伴国的经济现代化，俄罗斯也会从中受益。她甚至将普京的做法称为“冷战时期的思维”，认为“面向欧洲”并不意味着“放弃俄罗斯”③。在 2014 年 3 月 13 日的政府发言中，她措辞严厉，认为俄罗斯的行为是“强权政治”，是“将一己的地缘利益置于理解和合作之上”，这是“19 世纪和 20 世纪的行为模式”，如果俄罗斯继续一意孤行，

---

① 方学 & 杨川梅 & 张婧，(2015)，德国经济：景气降温，前景堪忧——中国驻德国大使馆经济参赞张加强谈德国经济形势，《中国经济导报》，1 月 20 日，第 A04 版环球经济。

② Passauer Neue Presse：Das europäische Werk muss fortgesetzt werden. Retrieved May 18，2016，from http：//www.bundeskanzlerin.de/Content/DE/Interview/2014/05/2014 — 05 — 22 — merkel — pnp.html

③ 默克尔说俄罗斯不应阻碍乌克兰接近欧盟，引用于 2016 年 3 月 21 日，引用自 http：//world.people.com.cn/n/2013/1119/c157278—23592862.html

"迟早会伤害到自身"①。而时任德国国防部长的基民盟党人冯德莱恩则在2014年6月10日接受《明镜周刊》的采访中指出，"现阶段的俄罗斯已经不再是我们的伙伴，因为伙伴必须遵守同样的原则。而普京的行为在很大程度上伤害了我们的信任"②。德国总统高克则拒绝参加2014年2月在俄罗斯索契举行的冬奥会，因为普京重新上任后通过了一系列"排除异己""罔顾法制"的政策③。

相对而言，来自社民党的政治家们则显然对俄罗斯抱有更大宽容。在2014年1月31日至2月1日召开的第50届慕尼黑安全会议上，施泰因迈尔（社民党）在他的讲话中指出，"美俄欧在国际安全事务上的合作是不可避免的，没有俄罗斯的欧洲安全是不可想象的。"④ 此外，俄罗斯的战略地位对德国来说也是不可忽视的。

虽然德国政界有不一样的声音，右翼的联盟党更加强调对俄罗斯提高警惕，不应抱有不切实际的美好关系幻想，但他们也同时不愿意把跟俄罗斯的关系彻底搞僵。即使在目前的乌克兰危机环境下，默克尔也一再重申"武力解决是不被接受的"，"应努力通过外交途径使俄罗斯重回谈判桌"，在上述冯德莱恩的采访中，在说明俄罗斯现在已经"不是伙伴"的同时，她也补充道，"但俄罗斯也不能成为我们的敌人"⑤。

2. 民众的声音

在乌克兰危机发生以后，德国民众对俄罗斯的印象有较大的恶化。在2014年3月7日，由Deutschlandtrend发起的一项调查中，只有15%的德国人认为俄罗斯是"值得信任的伙伴"（美国得票为38%，低于平均水平）⑥。在时代在线网站（ZeitOnline）于2014年4月16日所做的另外一项调查中，55%的德国人认为俄罗斯是"危险的"，76%的人认为德俄关系"被损害了"，只有10%的人依然将俄罗斯当作"值得信赖的伙伴"。

---

① Appell an die politische Vernunft Russlands, Retrieved May 18, 2016, from https://www.bundesregierung.de/breg-de/suche/appell-an-die-politische-vernunft-russlands-443046

② Repinski, G & Hoffman, C. Russland ist derzeit kein Partner, Retrieved May 18, 2016, from https://www.spiegel.de/spiegel/print/d-127396605.html

③ Warum boykottiert Gauck Putins Olympische Spiele? Retrieved May 18, 2016, from www.bild.de/politik/ausland/olympia-2014/warum-boykottiert-gauck-putins-olympische-spiele-33764884.html

④ Steinmeier, F.-W. (2014). „Ohne Russland geht es nicht", Beitrag zum Jubiläumsband der 50. Münchner Sicherheitskonferenz 2014. Focus 27.01.2014.

⑤ 同上。

⑥ Rötze, F. Umfrage: Putin kann man nicht über den Weg trauen. Retrieved May 18, 2016, from http://www.heise.de/tp/artikel/41/41172/1.html

此外，在同一个调查中，只有32%的德国人认为德俄关系依然重要，绝大部分人认为俄罗斯“腐败”“罔顾人权和言论自由”“社会差距过大”“法制化程度不够”。与此同时，同样是绝大部分接受调查的德国人承认俄罗斯的政治影响力，认为其有着“令人印象深刻的民族自豪感”“国土资源丰富”“体育方面非常出色”“国家风光优美”①。

但单独针对克里米亚事件，德国民众显示了与政府不同的倾向。在t—online针对克里米亚事件所做的一项在线调查中，仅有26.1%（6087票）的德国人选择了“克里米亚事件代表了俄罗斯对乌克兰主权的侵犯，不可容忍”的这一选项，70.8%（16502票）的德国人则选择了“我对此没有意见，克里米亚本来就属于俄罗斯”②。在另一项针对乌克兰事件的最终前景预测的网络调查中，则只有18%的人认为乌克兰会最终加入欧盟，俄罗斯以失败收场，30%的人认为克里米亚将成为“独立”国家，俄罗斯会接着向罗马尼亚和匈牙利提出领土要求，42%的人则认为事实上的分裂不会出现，但俄罗斯会继续扰乱乌克兰东南部环境，以阻挠乌克兰加入欧盟。此外，70%的人认为乌克兰不应因为克里米亚事件就断绝与俄罗斯的关系，只有27%的认为乌克兰应当这样做③。

此外，民众对于德国及其他西方国家在乌克兰事件中的作为也持不同看法。根据《每日镜报》（Tagesspiel）于2014年3月6日所做的在线调查（见图6.1），可以看到，78%的德国民众认为西方对俄罗斯的批评是虚伪的，俄罗斯只不过在捍卫自己合法的利益。

① Mehrheit der Deutschen sieht Russland als Gefahr. Retrieved May 18, 2016, from http://www.zeit.de/politik/deutschland/2014—04/deutsche—russland—allensbach—umfrage

② Deutsche akzeptieren Annexion durch Russland. Retrieved May 18, 2016, from www.t—online.de/nachrichten/specials/id_68631832/umfrage—zur—krim—deutsche—akzeptieren—annexion—durch—russland—.html

③ 以上两个调查均参见：www.ukraine—nachrichten.de/umfragen

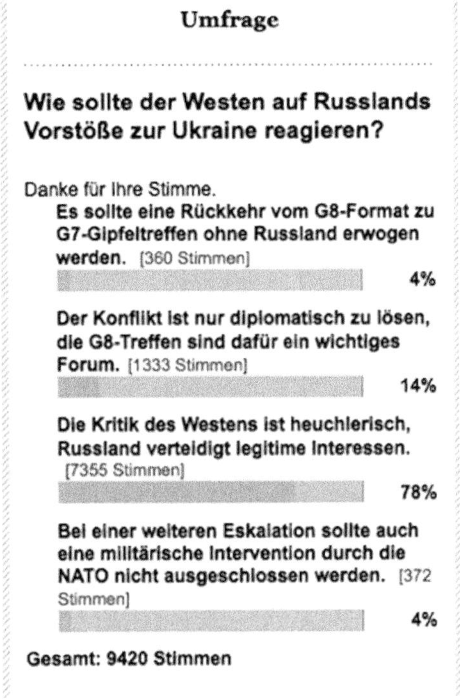

图 6.1 《每日镜报》的在线调查结果

2014 年 7 月 17 日，马来西亚客机 MH17 坠毁事件之后，德国民众的天平有所倾斜。根据《明镜周刊》于 7 月 27 日发布的最新在线问卷结果来看，支持对俄罗斯实施更严厉制裁的比例达到了 52%，即使大众普遍认为这“会对德国的工作岗位造成不利影响”。但在同一份问卷调查中，支持德国政府“单独进行制裁行动”的德国人只有 40%，54%的德国人持反对态度[1]。

综上所述，乌克兰危机发生以来，德国人民对俄罗斯的印象呈下降趋势，但展现出比政府更多的对俄罗斯行为的理解。这一方面是由于德国中左翼媒体和政党的宣传，另一方面也出于人民不愿蹚这摊浑水的意愿。在目前欧债危机压力尚未过去、国内经济改革争议不断的情况下，对于乌克兰事件，人民更希望政府少插手干预他国事务，多解决民生问题。

3. 学界的分析

德国学者对德俄关系和俄罗斯的地位问题观点纷纭，难以简单判断其整体倾

① Umfrage zu Russland: Deutsche befürworten härtere Sanktionen gegen Putin. Retrieved May 18, 2016, from http://www.spiegel.de/politik/ausland/umfrage-zu-russland-deutsche-befuerworten-haertere-sanktionen-a-983083.html

向。但有一点是可以肯定的：在分析俄罗斯的时候，德国学者与德国政界不同的是：不喊政治口号，更加冷静而务实。虽然研究切入点不同，但德国学者的俄罗斯形象分析大多基于对德国的俄罗斯政策的出谋划策，在此前提之下，其研究重点主要集中在以下三个方面：俄罗斯对德国的重要程度、俄罗斯政治外交实质分析、德国的“俄罗斯政策”应如何相应调整。

①俄罗斯战略地位：重要的地缘政治合作者和全球秩序构建“挑战者”

就俄罗斯对德国的战略地位和重要性问题，较为权威的界定应属 2013 年德国科学与政治基金会（SWP）和德国美国马歇尔基金会（GMF）发布的题为《新力量、新责任——德国在变革中的世界里的外交与安全政策的要素》的文件。在该文件中，50 多位德国外交领域的精英将德国外交战略关系按照“重要程度”和“分歧程度”两个标准将世界重要国家分别定义为德国“共同奋斗的伙伴”、“挑战者”及“秩序扰乱者”三个类别（见图 6.2）。俄罗斯则处于“挑战者”类别之中。文件对此给出的定义是：“德国与这个类别的大部分国家的交往在很大程度上取决于纯粹经济领域的合作程度，其中一部分国家与德国在构建一个和平自由的世界秩序上拥有共同的利益导向”①。

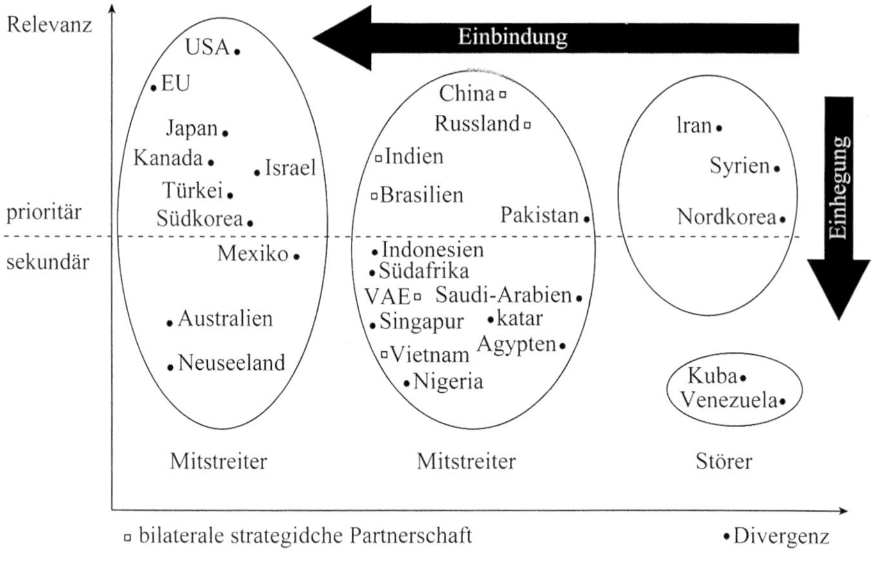

图 6.2 德国外交领域专家根据德国外交关系对世界重要国家的分类

① SWP & GMF. (2016). Neue Macht Neue Verantwortung Elemente einer deutschen Außen- und Sicherheitspolitik für eine Welt im UmbruchRusslandbild. Berlin.

这种表述大致符合德国学界对于俄罗斯地位界定的主流观点：俄罗斯是世界上重要力量的一极，同时也是欧盟东部最重要的邻居。德俄经济上合作态势良好，政治上应各取所需，求同存异。在构建世界格局时，德国需要俄罗斯的帮助，但俄罗斯与德国并不是“共同奋斗者”，虽然德俄之间存在共同利益，但由于价值观差异甚大，很有可能成为未来的“竞争者”和“挑战者”。

但俄罗斯与图中其他“挑战者”不同的地方在于，它还是欧盟的重要邻国。同样是在上述文件中，德国外交学者们认为，“对于欧盟的邻国，无论是在东部还是在南部，其内部发展比起世界上其他国家来说与德国的利益更为息息相关。因此，德国必须为这些邻国在稳定、民主、法治国家以及市场经济各方面的可持续发展提供帮助。”[①]

②俄罗斯政治外交：“专制”的“伪民主”国家和重归“大国”的倾向

虽然德国学者从不同方面论证了俄罗斯在德国外交上的重要程度，但对俄罗斯的国内状况却并不看好，也因此认为，德俄关系中的“战略”二字并未落到实处。海因里希·福格尔（Heinrich Vogel）认为，只要德俄关系中一直存在“求同存异”的倾向，而非就实质冲突展开对话，其“战略”伙伴关系就是存疑的[②]。他同时认为，俄罗斯在政治上并未像德国政府所期待的那样，在“缓慢但却坚定地推进民主改革步伐”，而是在采取拖延战术，其转型只有俄罗斯自己努力才能做到，但俄“政治精英”深受苏联时期影响，现在的俄罗斯实际上就是一个腐败的专制国家，所谓的“民主”只是幌子。经济上，虽然俄加入了WTO，但贸易壁垒比比皆是，国际关系上它所做的一切说到底都是为了重回大国地位，例如在联合国和地区参与危机管理时，俄的重点是保护自己的专制统治。它的目标非常明确：杜绝国际上对自己的制裁，保持与军火老顾客如叙利亚阿萨德的来往，在与西方国家共同进行危机管理时掌握先机。因此，德国不该被“经济上的蝇头小利”所迷惑，应切实敦促俄罗斯开展法治国家和民主化改革，甚至“做好与俄罗斯发生冲突”的准备[③]。

对于普京，德国学者们使用最多的一个词是“专制”（Diktatur）。首先，普京的重新执政被普遍认为是“强制上台”[④]，在普京重新上台之后，俄罗斯“政

---

① SWP & GMF.（2016）. Neue Macht Neue Verantwortung Elemente einer deutschen Außen— und Sicherheitspolitik für eine Welt im UmbruchRusslandbild. Berlin.

② Vogel, H.（2012）Die russische Herausforderung. RUSSLAND—ANALYSEN, NR. 248, 2.

③ 同上。

④ Stewart, S. Pladoyer für eine Neugestaltung der deutschen Russlandpolitik. Retrieved June 12, 2016, from http://www.swp berlin.org/fileadmin/contents/products/aktuell/2012A50 _ stw. pdf

治精英”越来越显示出政治上专制，国际事务上很难作出妥协和退让的态势。更有学者使用了“普京主义”一词，认为普京治下的俄罗斯不是“非黑即白”，而是充满了“灰色”的元素。对于普京的评价，即使在俄罗斯也是毁誉参半的。绝大部分人认为他在经济发展上表现抢眼，对外事务上的强硬态势也有利于俄罗斯重建大国地位，但政治上他表现出了越来越“专制”的倾向，这又令俄罗斯人大为不满。因此，现在的“普京主义”实际上陷入了停滞期。“统一俄罗斯党”本来为普京的政治野心提供了绝佳的平台，但由于梅德韦杰夫被边缘化，其领导层内部的多样化和权威性受到打击。与此同时，由于缺乏与外部的开放性交流，导致党内腐败程度上升。党内小团体增多，从内部开始有争议和动摇的迹象。这种情况似乎只有通过“除去普京的普京主义”这一悖论才能解决。或者俄罗斯应当放弃这一模式，重新走民主化、现代化的道路，“不破不立”“变革或者垮台”的危险正在迫近①。

③德国的“俄罗斯政策”：应更加触及德俄矛盾核心

在普京第三次上台，尤其在乌克兰事件发生之后，德国学界开始思索，是否应当有一个全新的“俄罗斯政策”。许多学者认为，普京在外交上越来越强硬的态度很大程度上是为了转移国内民众对其执政过程中暴露出的内政问题的不满。为了平息上述俄罗斯民众对“民主”的渴望和对“专制政府”的怨气，普京抓住俄人民对于“大国地位”的幻想，对所谓“敌对国家”实行“攻击型外交”，来提升自己的人气②。普京执政风格一直是务实的、理智的。他在进行任何政策之前都会进行“成本一收益分析”，克里米亚事件与当时俄罗斯的国内环境有很大关系：普京在第三次上任之后民调不断走低，在乌克兰事件上表现强硬有利于其巩固国内政权。这恰恰展现了普京对国内事务的控制力逐渐弱化，只能通过极端外交手段转移公众的注意力③。而普京的“专制统治”逐渐向极端“独裁”发展，事实上也代表着他控制力的削弱④。

针对乌克兰事件而“唱衰”俄罗斯，认为普京的做法不过是强弩之末的不在少数。上文提到的麦斯特就认为，德国在与“后苏联国家”搞关系时不必小心翼翼地在意俄罗斯的观点，因为俄罗斯对“后苏联国家”的控制已经不够了，现在的“后苏联国家”都想要摆脱俄罗斯的控制。从之前几次冲突看来，俄罗斯对于

① Sakwa, R. (2013). Entwickelter Putinismus: Wandel ohne Entwicklung. RUSSLAND－ANALYSEN, NR. 261.

② Vogel, H. (2012) Die russische Herausforderung. RUSSLAND－ANALYSEN, NR. 248, 2.

③ Siegert, J. Putins rationalitat. Retrieved June 12, 2016, from http: //russland. boellblog. org/

④ 同上。

现代冲突的解决能力极低。俄罗斯的欧亚联合计划只是在做最后的尝试，在利用欧盟经济处于弱势期的机会，将这些国家拉到自己阵营，但俄的政治和经济魅力都远远不够①。同时，俄罗斯在这些地方的经济诉求和地缘政治利益经常互相违背。它希望用经济杠杆，例如提高能源价格、提供优惠措施或者实施经济制裁等方式控制这些地区，但实际上，这些国家是俄最为重要的经济合作伙伴，过多为了政治而干预与其经济发展的做法最终会损害到俄罗斯自身的利益②。

此外，与俄罗斯协调的实现机会也是非常小的，因为在这些地区，俄罗斯的利益诉求与欧盟大相径庭。它并不想解决地区危机，反而想利用这些危机，以保持它的影响力。因此，德国应尽量降低俄罗斯在该地区的影响力③。

与麦斯特一样，德国学界普遍认为，在“后苏联国家”地区，俄罗斯与西方的利益诉求不可能达成一致，其基本认知是相悖的。例如针对乌克兰，俄方认为乌克兰属于“俄罗斯大家族”的一部分，是其“欧亚联合”计划中不可或缺的一环，因此它只会极力阻止乌克兰加入欧盟和北约。普京为俄罗斯划定了一个“势力范围”，针对隶属该“势力范围”的国家和地区（例如白俄罗斯、乌克兰和其他原独联体国家）他无法忍耐西方所施加的影响，因为在他看来，这些影响归根结底会危及他自己的“专制政府”④。

在德国的俄罗斯政策上，苏珊·斯图尔特（Susan Stewart）认为其是具有一定连续性的。2006 年，德国政府提出的“以交融促改变”（Wandel durch Verflechtung）明显是 20 世纪 60—70 年代联邦德国“新东方政策”中，“以接近促改变”（Wandel durch Annaherung）的新时代变体。2008 年，德国政府更是提出“多维度的德俄现代化伙伴关系”（multidimensionale deutsch－russische Modernisierungspartnerschaft），充分说明德国的“俄罗斯政策”不应、也不会仅仅集中在经济合作关系上⑤。而由于普京的“强制上台”展现出了俄罗斯政治往负面发展的倾向，德国政府应当采取更为强有力的措施，将俄罗斯的“政治现

---

① Meister, S. (2012). Deutsche Russland—Politik. Internationale Politik, Nr. 6 (November/Dezember), 54 - 59.

② Spahn, S. (2014). Die hilfe des großen Bruders: Wie russland die Krise in der Ukraine sieht. RUSSLAND—ANALYSEN, NR. 273, 4.

③ Meister, S. (2012). Deutsche Russland—Politik. Internationale Politik, Nr. 6 (November/Dezember), 54 - 59.

④ Spahn, S. (2014). Die hilfe des großen Bruders: Wie russland die Krise in der Ukraine sieht. RUSSLAND—ANALYSEN, NR. 273, 4.

⑤ Stewart, S. Pladoyer für eine Neugestaltung der deutschen Russlandpolitik. Retrieved June 12, 2016, from http: //www. swp—berlin. org/fileadmin/contents/products/aktuell/2012A50 _ stw. pdf

代化”提上日程。

综上，德国学者对俄罗斯的看法主要有以下三点：

一是俄罗斯的战略地位对德国来说依然重要。

二是俄罗斯到目前为止并未实现向“民主国家”的转变，这是乌克兰危机发生的最根本原因。这也说明了，德国政府目前为止的俄罗斯政策是有缺陷的。

三是乌克兰危机的解决有赖于俄罗斯国内政治环境的改变，德国应当通过各种方式促使俄罗斯进行这种改变，因此，中断联系是不理智的，应当更加促进德俄关系在更广泛、更深入的层面上展开。

四、欧洲和平秩序观视角下的乌克兰危机与德俄安全关系

乌克兰危机展现了德俄在欧洲和平秩序建构中根本理念的矛盾和冲突：德国所期待的，是以西方价值观为基础，以国际法为行为准则，以北约、欧盟和欧安组织为安全架构，以消除国与国之间战争的可能性为最高目标，尽量削弱民族国家特性，将国家主权一定程度上让渡给超国家组织，以达到前述和平最高目标的后现代和平秩序。而俄罗斯则以现实主义地缘政治和强权政治为出发点，将不断增强俄罗斯的国力、维持和巩固俄罗斯的势力范围、使俄罗斯重回世界强国行列、在国际事务上打破西方国家在规则制定上的垄断权、重新拥有规则建构权力作为国家外交与安全政策的最高目标。该矛盾在冷战后的十几年间一直存在，但由于俄罗斯本身国力的虚弱，在过去的几个历史阶段都不同程度地需要依赖欧洲的帮助，也曾经将融入欧洲、与欧洲合作作为重新获得国际地位的必经途径，外加欧盟的东扩一直没有踩到俄罗斯的“红线”，没有涉及对俄罗斯历史、文化、地缘战略和帝国战略都具有决定性影响的乌克兰，因此这种矛盾被掩盖在欧俄共同经济、政治利益之下，并未凸显。而在俄罗斯国力日益强盛，且在“主权民主”政治思想指导下，俄外交风格越来越强硬，同时愈发需要乌克兰来构建俄罗斯的“欧亚联盟”梦想，乌克兰加入欧盟无疑成了“压倒骆驼的最后一根稻草”。因此，从冷战后不断积压、但从未被彻底解决的欧俄深层次理念矛盾来看，乌克兰危机的发生实属必然；但在这个时间点发生，而非在俄罗斯实力稍弱的时候发生，也属偶然。

无论是偶然还是必然，乌克兰危机宣告了，德国设想中的欧洲和平秩序观被以国与国之间动武的形式彻底破坏。如何在与俄罗斯合作而非对抗的情况下解决乌克兰问题，从而重新树立新的欧洲和平秩序，是德国和欧洲在未来很长一段时间内将要继续回答的问题。

第七章

总 结

从第五章的德俄关系演变和第六章的案例分析可以看出，德俄在欧洲和平秩序建构上的矛盾并不是一朝一夕形成的。虽然在不同的历史阶段，出于不同的国家利益和背景，德俄一直都遵循《新欧洲巴黎宪章》中所规定的欧洲和平秩序的基本原则，但事实上，双方的基本外交理念并不一致，对欧洲和平秩序的最终设想也全然不同。这种矛盾在乌克兰危机中全面爆发，导致德国政界和学术界都不得不思索：如何重建欧洲和平秩序？在这个大框架下，德国首先做出了一个回答，并提出了两个新的问题。这个回答是：欧洲和平秩序的建构不能缺少俄罗斯。为了获得欧洲的持久和平，只能与俄罗斯合作，而不能与俄罗斯对抗。因此，随之而来的新问题是：德国的俄罗斯政策应当做何调整？应当怎样切实地发展德俄战略伙伴关系，将俄罗斯重新纳入欧洲和平秩序的建构过程之中？

笔者认为，在简单探讨德国的俄罗斯政策究竟出了什么问题、应当如何调整之前，应该首先从理念上着手，分析造成现在德俄彼此之间不信任、不理解的原因究竟是什么，以及德俄在欧洲和平秩序上的根源性分歧到底植根何处。在这个基础上，才能进一步研究是否有可能在一定程度上化解这些矛盾，从而探析欧洲和平秩序的未来。

第一节 欧洲和平秩序建构中德俄安全观念的核心差异

一、国家定位：以地缘政治为核心的传统国家安全观与“后民族国家”多维度安全观的冲突

（一）德国的“后民族国家”特性和多维度安全观

1. 战后历史反思＋地缘因素＋政治文化：德国的“后民族国家”特性

所谓“后民族国家”，其根本特征是它已放弃或失去了自主行动能力，而要受到国际机制和欧洲超国家机制的制约。德国历史学教授尼德哈特认为，在欧洲

大国圈子里，德国所体现的“后民族国家”（postnationale identitaet）特性最为明显[①]。

二战的痛苦记忆使德国人民在战后开展反思。“为什么偏偏是德国”这个问题促使德国的“政治和知识精英”不得不重新考虑德国的政治价值取向和制度设计[②]。在这种反思下，战后德国选择了“融入西方”的战略：政治设计上选择西方民主共和制、经济上加入欧洲一体化进程、安全政策上通过放弃自主性的方式，以获得西方盟友的保护。这样的战略在战后使德国获益颇多。在冷战结束时，德国在经济上已经恢复为世界第三大经济强国，政治上实现了国家统一，成为拥有完整主权的国家，对外政策和安全政策上，德国与其宿敌法国达成了和解，历史上前所未有地被友好的邻国包围，似乎欧洲永久的和平与稳定已近在咫尺。德国“政治精英”曾多次指出，“没有哪个国家像德国一样，从欧洲一体化进程中获得如此多的好处。”

在这个虽然历经曲折但结果满意的过程中，德国的国家身份认同起了变化。“民族国家”特性不断被削弱。由于让渡部分主权给予某个超国家组织的做法使德国得利大过损失，同时也让德国摆脱了历史上如影随形的安全上的威胁，因此，德国是所有欧洲国家中，最坚定的欧洲一体化执行者，同时也是最愿意将国家利益放在欧洲利益之后，以暂时牺牲一部分民族国家利益，以换取欧洲整体发展和和平的国家。这并不仅仅只是情感上的归依感导致的结果，同时也源于德国在战后发展过程中形成的国家利益观：德国人坚定地认为，欧洲的统一和合作，最终会有利于德国自身的发展。发展欧洲即发展德国。

德国之所以能通过融入欧洲获利，与它的地缘政治环境也是分不开的。德国一直是位于欧洲心脏位置的枢纽性国家。它有九个邻国，连接欧洲的东南西北，是一个真正的“位于欧洲中央”的国家。正由于德国有这样特殊的地理位置，德国既是欧洲文化的传播和交汇之地，也是欧洲经济交流的轴心地。因此，从地缘政治视角来看，德国是一个具有开放性地缘位置的国家。这样的地缘特征既为德国的发展带来了机遇，同时也从安全上对德国提出了挑战。德国最害怕的，莫过于周围国家结成反德同盟，使中间的德国被孤立起来。为了避免这种安全威胁，德国在历史上呈现两种两极化的安全政策倾向：先发制人地打击潜在的敌国或者通过结盟政策与别国合作。由于前一政策遭遇到了历史性的失败，并使德国前所未有地在欧洲被孤立了。因此，战后德国坚决地走合作路线，以加入体系之内，

① 连玉如，(2012)，《国际政治与德国》。北京：北京大学出版社，132。
② 熊炜，(2008)，二战后联邦德国的国家安全政策偏好，《世界经济与政治》，第1期，48。

利用它在中欧的地缘影响力，主动让渡部分国家主权，以化解历史仇恨、获取其他国家的信赖，从而真正在德国周边建立起友好和平的外部环境。随着冷战的结束，这个目标似乎得到了实现：德国的地缘政治环境彻底好转，不再面对直接的外部威胁。时任德国联邦国防军总监克劳斯·瑙曼（Klaus Naumann）将军在1990年莱比锡第33届国防军指挥官会议上这样描述："德国在历史上第一次处于这样一种位置：它的邻国不是盟国就是伙伴，德国不再是前线国家，德国是一个正常的欧洲国家，它有了行动自由，德国不再是一个军事上奉行进攻战略和夺取土地的国家，德国是西方防务政策的轴心，而非东西方对抗角力的场所。"①

因此，从二战结束到冷战之间的这段历史充分说服了德国人：融入欧洲，放弃一部分民族国家主权，实现合作功能的外溢，是能够最终实现德国和欧洲的长治久安，从而使德国获得永久和平、持续发展的必由之路。

这样的思路不仅只是一时的领悟，而且成了一代代德国人传承的外交和安全政治层面的主导性理念。这得益于德国的特殊政治文化：对秩序的追求。根据柯特·桑特海默（Kurt Sontheimer）的研究，德国政治传统因素中，最为明显的一个特征就是"惧怕冲突"的传统。德国有一个崇尚和谐的普遍愿望，希望所有社会利益和冲突能够在一个政治共同体主导之下进行公开和公平的竞争。冲突和分歧在德国人心目中意味着秩序的不完整和组织的虚弱。正是在这种背景之下，德国政治家倾向于追求秩序的完整性。为了改革社会政治秩序，德国政治家经常有不切实际的社会大同想法，而且经常为了实现和谐的目标而急于求成②。

对于秩序的追求不但体现在德国的国内政策上，也同时体现在德国的对外政策上。二战后欧洲一体化的建设同时也是一种欧洲和平秩序的建构过程：参与一体化的国家服从于一个共同的最高目标：欧洲的持续和平。为了达到这个最高目标，所有国家都自愿遵从一定的国际社会规范和准则：相互绝不动武；让渡一部分主权给超国家机构，以获取与其他国家搁置争议、增加合作的机会；通过合作性功能外溢，逐渐增加合作范围和区域；在合作和交流的过程中，逐渐改变各国的身份认同观念，将国民的忠诚度从民族国家转移到超国家机构上来，从而彻底实现欧洲和平秩序的制度化。

尽管在冷战结束时，这个秩序构想还远未实现，但德国看到了该秩序的潜力，以及德国以秩序建构者和规范制订者身份从这个秩序中获益的美好远景，因此在冷战结束之后，德国依然将欧洲一体化的秩序建构置于外交政策的最高优先

① 熊炜，(2008)，二战后联邦德国的国家安全政策偏好，《世界经济与政治》，第1期，48。

② 同上，49。

级上。德国的“后民族国家”特性意味着：德国安全与欧洲安全是一体两面、密不可分的。

2. 德国的多维度安全观

伯恩特指出，在研究区域秩序观时，应当首先从区域国家的安全观出发，分析区域内成员国家对安全的理解，以解释为何某种国际事务被理解为安全问题，另外一种国际事务则不被理解成安全问题。根据传统安全研究者的观点，国际关系中对安全问题的最大挑战来自其他国家的军事威胁，“安全困境”依然是悬而未决的命题。但对于德国来说，经过半世纪欧洲一体化的建设，对于德国本土的武力威胁基本已经不复存在。因此，冷战后德国的安全利益观则首先从一个前提出发：针对德国的直接大规模军事威胁几乎已经不可能出现，在冷战后新的条件下，“德国军队不是对军事侵略做出反应的军队，我们不再需要对抗的思维”①。

在这个前提之下，德国人开始探讨德国所面临的其他安全威胁。休伯尔将安全威胁来源划分为两大类：硬安全威胁和软安全威胁（见表 7.1②）。

表 7.1　休伯尔安全威胁来源的分类

<table>
<tr><td colspan="4">安全威胁来源（以及安全研究类型）</td></tr>
<tr><td colspan="2"></td><td>军事威胁（硬安全威胁）</td><td>非直接军事威胁、非军事威胁（软安全威胁）</td></tr>
<tr><td rowspan="2">安全客体（保护谁?）</td><td>国家</td><td>类型 1
国家安全
（安全研究的传统视角）</td><td>类型 2
扩展的安全概念
（例如环境和经济安全）</td></tr>
<tr><td>社会、群体、个体</td><td>类型 3
国家内部安全
（例如公民战争、道德冲突和人民杀戮）</td><td>类型 4
人道主义安全
（例如由于环境和经济的危机导致社会、群体或者个体的生存受到威胁）</td></tr>
</table>

贝克在《德国的欧洲》一书中则指出，在“欧洲化”背景下，出现了“难以

---

① 熊炜，(2008)，二战后联邦德国的国家安全政策偏好，《世界经济与政治》，第 1 期，48。

② Hubel, H. (2007) . Deutsche Außenpolitik vor neuen sicherheitspolitischen Herausforderungen. In Jäger, T. & Höse, A. & Oppermann, K. (eds.) Deutsche Außenpolitik: Sicherheit, Wohlfahrt, Institutionen und Normen. Wiesbaden: VS Verlag für Sozialwissenschaften, 74.

想象”的“全球性和区域性”风险，这些风险靠单一国家无法解决。他同时提出在新型风险下的欧洲转型两种模式：即“黑格尔模式”（要么合作，要么毁灭）和“施密特模式”（适应者即领导者），以说明“不合作”和“不适应”将增大威胁的维度①。

2003 年 5 月，德国国防部防务政策方针做出以下判断：“目前乃至可预见的未来都不会存在常规军事力量进犯德国国土的危险”，但是面对新的威胁和挑战（国际恐怖主义、大规模杀伤性武器的扩散、欧洲内外的地区危机和冲突等），德国安全政策的最高目标依然是保证国土安全并保卫其国民②。1999 年，德国政府发表的安全白皮书中，提出了德国安全面临的六大挑战：仍未解决的民族或种族问题；苏联解体引发的后果；移民和难民问题；大规模杀伤性武器的扩散；民主、生态与经济发展的缺失；一些危险的意识形态等。

乌克兰危机发生之后，德国的俄罗斯政策发生了极大的变化，尤其在德俄安全关系领域。根据德国 2016 年发布的国防白皮书的内容，德国已经不再把俄罗斯视为“战略性合作伙伴”，而是视为“战略性挑战者”，因为“俄罗斯对欧洲和平秩序形成了挑战”③。但即使如此，德国也未将俄罗斯视为“对手”，而视为对现有秩序的挑战者和欧盟现有边境的潜在破坏者，同时，德国认为，对俄罗斯应当采取“双重战略”：既要展示出令人信服的威慑力和防务能力，也要表明与之进一步展开对话的意愿，通过强调与俄罗斯的共同利益，使俄罗斯重新成为德国的伙伴，“德国坚决支持北约和俄罗斯之间重建战略伙伴关系”④。

综上，在德国政治和学界精英眼中，德国的安全政策应当以预防和对抗非传统威胁为主，保证领土和主权的不受侵犯、应对国家战争等传统安全领域在德国的安全优先级上已经不再是至高无上的了。正因为从这种多维度安全视角出发，德国认为北约和欧盟的东扩对欧洲和平秩序的实现是一种制度上的要求，而非针对哪一个具体国家，更加不是源于地缘政治上想要对俄进行削弱、遏制的要求。欧盟的扩大意味着欧洲和平秩序的扩大，而北约则是为了保障和平秩序在扩大了的边界中继续有效的必要机构。2013 年 11 月 18 日，默克尔在政府报告中指出，欧盟东部伙伴国及其与欧盟双边关系发展并非针对俄罗斯。欧盟东部伙伴国经济

---

① 乌尔里希·贝克（著），袁杰（译），(2014)，《德国的欧洲》。上海：同济大学出版社。

② 孙恪勤，(2009)，走向大国的努力与挫折——施罗德政府的外交与安全战略，见刘力群 & 连玉如编，《德国·欧盟·世界》。北京：社会科学文献出版社，229。

③ BMVg 2016. Retrieved August 17, 2017, from https://www.bmvg.de/resource/blob/13708/015be272f8c0098f1537a491676bfc31/weissbuch2016-barrierefrei-data.pdf, 31.

④ BMVg 2016. Retrieved August 17, 2017, from https://www.bmvg.de/resource/blob/13708/015be272f8c0098f1537a491676bfc31/weissbuch2016-barrierefrei-data.pdf, 31.

现代化，俄罗斯也会从中受益。她将普京的做法称为“冷战时期的思维”，认为“面向欧洲”并不代表“放弃俄罗斯”①。

（二）俄罗斯的地缘政治思想和强国思路

1. 地缘政治

对于冷战结束初期、刚刚独立的俄罗斯来说，也曾经与德国一样，相信传统的安全威胁已经远去，并热情高涨地在国家体制、经济制度、价值观取向等多方面向西方靠拢，希望通过加入西方阵营的方式，获得与西方国家在国际上的同等地位，从而成为冷战后国际秩序的共同建构者。在这个时期，俄罗斯的地缘政治倾向被暂时遗忘了，俄不再与其传统盟友发展关系，也不再重视俄罗斯的“势力范围”，认为俄罗斯的外部安全威胁已经不来自于曾经对立的西方国家，而更害怕被西方价值观体系孤立在外。

然而，俄罗斯的地缘政治情结具有长期历史背景，很难在短时间内，由于某部分“政治精英”的路径选择而被彻底放弃。尤其在短暂的“蜜月期”后，俄罗斯领导层迅速认识到，西方国家并未像承诺的那样，对俄罗斯张开热情的双臂，欢迎俄罗斯加入它们的队伍。一方面，以美国为首的西方国家并没有完全卸下对俄罗斯的防备之心，另一方面，对国力衰弱的俄罗斯也没有给予足够的尊重。俄罗斯想要加入“强国俱乐部”的梦想破灭了。在俄罗斯看来，“1990 年与西方和解的结果是建立外部对于俄罗斯资源的控制，仿照北约建立的欧洲和全球安全机制却没有俄罗斯的参与，俄罗斯在战略利益方面（原苏联加盟共和国）的影响力持续丧失”②。俄罗斯觉得被出卖了，北约和欧安框架的东移让他们感到安全上受到了威胁，俄罗斯的传统安全不再得到保证，这刺激了俄罗斯重回地缘政治的老路。

尤其 2004 年“别斯兰事件”，以及在格鲁吉亚和乌克兰发生的“颜色革命”对俄罗斯外交与安全战略转向具有极大影响。冷战结束以来俄罗斯一直担心“在地缘政治上被孤立和国际地位的削弱”③，而上述事件无疑加剧了俄罗斯的不安全感。俄罗斯一直将新独立的原苏联加盟共和国视为具有重要地缘政治意义的外部国家（“近邻国”），希望维持在该地区的独特影响力，并极力反对它们加入其他组织，例如北约④。因此，俄罗斯将 2009 年 5 月欧盟与欧亚 6 国签订的《东部

① 默克尔说俄罗斯不应阻碍乌克兰接近欧盟，引用于 2016 年 10 月 8 日，引用自 http://world.people.com.cn/n/2013/1119/c157278－23592862.html

② 伊万·克拉斯特夫，（2009），后冷战欧洲秩序的危机，《国际政治研究》，第 1 期，22。

③ 郑羽，（2001），俄罗斯的独联体政策：十年间的转变，《东欧中亚研究》，第 4 期，4。

④ 同上，94。

伙伴关系宣言》视为“挖墙角”行为，指责欧盟在制造“新的裂痕”[①]。北约的持续东扩和欧洲反导系统事件更是让俄罗斯感到在地缘上已经到了退无可退的地步。于是，乌克兰危机成了“压垮俄罗斯的最后一根稻草”。针对乌克兰试图加入北约的行为，克里姆林宫声称这是置俄罗斯于死地，是对俄罗斯的致命一击[②]。

乌克兰对俄罗斯重要性非凡。从文化传承角度看，乌克兰与俄罗斯有着解不开的文化渊源。俄、乌人民同族同宗，两国的民族文化紧密相连。基辅罗斯是俄罗斯古代国家，也是俄罗斯文明的摇篮。生活在俄国版图上的俄罗斯和乌克兰民族共同见证了俄国文化的“黄金时代”和“白银时代”。即使在苏维埃政权存在的 70 多年间，俄罗斯与东乌克兰文化也是在同一种官方文化（苏联文化）的影响下发展的。如今，与俄罗斯文化联系最密切的乌克兰中、东部地区正是乌克兰脱欧入俄的中坚力量[③]。而从地缘战略上而言，正如美国战略学家布热津斯基在他的《大棋局》一书中分析的，“乌克兰是欧亚棋盘上一个新的重要地带。它作为一个独立国家存在有助于改变俄罗斯，因此它是个地缘政治支轴国家。没有乌克兰，俄罗斯就不再是一个欧亚帝国。”[④] 因此，乌克兰问题触及了俄罗斯的底线。在普京的一次演讲中，他说：“他们很清楚，无论是在乌克兰还是在克里米亚都住着上百万的俄罗斯人。这些人是多么地没有政治预见和分寸感，才会如此不顾后果的行动啊！俄罗斯现在退到了无路可退的边缘，就像一根弹簧被压到底，它是会猛烈地弹起来的！”[⑤]

综上，俄罗斯的地缘政治倾向并没有随着冷战的消失而消失。这是因为，不像德国那样，俄罗斯在冷战结束后，并未“被完全友好的邻国”所包围，俄罗斯边境问题依然存在，也经常感受到来自外部对俄罗斯领土和主权形成的威胁。因此，在俄罗斯看来，首要安全任务依然是保证领土和主权的完整，保护俄罗斯不受外界侵犯。由于其安全理念依然秉持现实主义传统安全观，那么，在防范安全威胁时，俄罗斯同样首先采取传统安全手段：发展势力范围、巩固军事力量、建立军事同盟、将外交和政治手段作为辅助，但在必要时，也会采取武力行为，以捍卫俄罗斯的最高国家利益。

---

① 刘军 & 毕洪业等，(2005)，《俄欧关系与中国欧亚战略》。北京：时事出版社，34。

② ［俄］德米特里·特列宁（著），韩凝（译），(2015)，《帝国之后：21 世纪俄罗斯的国家发展与转型》。北京：新华出版社，100。

③ 戴桂菊，(2014)，俄罗斯东正教会的外交职能，《世界宗教文化》，第 2 期，22。

④ 参见：同济大学德国研究中心微信公众号平台发布的《欧盟：内忧外患中能否继续砥砺前行?》，上网时间：2015 年 10 月 28 日。

⑤ 普京演讲全文见：http：//www. xilu. com/special _ pujingyanjiangquanwen. html

2. 俄罗斯的“大国情结”

纵观冷战后俄罗斯的外交战略转变过程，可以发现，尽管在不同历史时期、面对不同的国内外政治经济状况，俄罗斯不断调整其外交政策方向，但有一点却是一脉相承的：俄罗斯的所有内外政策，其最终目的都是一个：使俄罗斯重回国际舞台，重新获得世界大国地位，从而成为新世界秩序的制订者，在世界政治中赢得话语权。俄罗斯独立初期，对西方国家抱有幻想，认为俄罗斯一旦向西方靠拢，立刻会赢得西方国家的尊重，在它们的帮助下，获得与美国平起平坐的地位。虽然这个梦想很快破灭了，但从中我们可以看到，即使在俄罗斯刚刚独立时，采取对西方一边倒、不断妥协的政策，其最终目的也是希望在西方国家的帮助下，迅速恢复国力，从而重返大国行列。随后俄罗斯调整了外交战略，在 20 世纪 90 年代中后期以“多极化世界”中的一极为外交政策目标，加强与欧洲合作，希望通过欧洲一体化的方式参加建构欧洲秩序，从而影响世界秩序。在 20 世纪末 21 世纪初，普京上台执政后，更是以务实的作风，在第一个任期内甚至放弃了多极世界的提法，强调俄罗斯的欧洲国家定位，配合以“融入欧洲”的方式，经济上增长迅速，政治上人心稳定，对外政策上，则通过与反恐战争和伊拉克战争，增加了俄罗斯在国际舞台上的威信，国力日益强盛。

在此前提下，俄罗斯的大国情结再次主导了俄罗斯的国家利益观。普京第二个任期内，由于俄罗斯国力的提升，外加俄对于西方国家一再挤压俄罗斯地缘空间的做法不满，俄决定恢复自己的强国地位，俄罗斯形成了“以对内和对外的独立自主”为基本特征的“主权民主”思想①。

“主权民主”首先是由俄罗斯著名政治评论家索尔托夫在 2002 年 10 月提出的，他以“主权民主”的概念概括普京的执政理念，并在 2005 年 4 月再次用这个概念评价普京当年国情咨文中的治国理念。他认为，民主、自由和公正是俄罗斯自然形成的主要价值观，不是舶来品，而是俄罗斯内生性的价值理念。2005 年 5 月 17 日，俄罗斯总统办公厅副主任在“实业俄罗斯”协会做报告时，第一次以官方身份提出“主权民主”的概念。他说：“俄罗斯的民主是依据本国历史、地缘政治国情和法律，由本国自主确定的民主，即‘主权民主’。”统一俄罗斯党则在党的七大会议上明确将“主权民主”的思想定位为党的指导思想，并在 2007 年的大选中将之作为行动纲领，最终赢得大选②。至此，“主权民主”在俄

① ［俄］德米特里·特列宁（著），韩凝（译），（2015），《帝国之后：21 世纪俄罗斯的国家发展与转型》。北京：新华出版社，230。

② 陈宪良，（2014），《俄罗斯国家利益观的嬗变》。北京：中国社会科学出版社，252—253。

罗斯已经拥有广泛的政治基础和社会共识。

俄罗斯的“主权民主”思想在对外政策上则表现为，出于大国的自信，俄罗斯认为应当在国际政治舞台上受到平等的对待和应有的尊重，并在管理欧洲和世界事务、建构欧洲和全球和平秩序上充分表达俄罗斯的意见，参与制定国际游戏规则。但事实上，由于冷战的非对称性终结，使西方的机制和理念占据了主导地位，并把俄罗斯及其对新世界秩序的要求放在一边①。因此，在与西方国家屡屡发生外交理念上的矛盾之后，俄罗斯向西方国家的民主概念提出了挑战。普京曾经多次对西方价值体系表达出明确的批评，认为西方国家的行为已经丧失了国际道义上的合法性：持续性地违反国际法、不正当地使用武力手段并行使本质上的新殖民政策来巩固自己的地缘政治位置②。在此基础上，普京演讲中透露出俄罗斯不再视自己为欧洲文明的一部分，更不用说是“欧洲一大西洋”意义上的西方文明的一部分③。他在 2007 年 2 月慕尼黑安全会议上的发言则表明，俄罗斯抗拒西方民主输出的倾向是一种战略选择，是俄罗斯“精英”内部和俄罗斯社会大众的新外交政策共识的表现，克里姆林宫主人的变化不可能改变这样的共识④。此外，在外交实践上，普京也指责西方国家实行双重标准，只在对自己有利的时候才遵循国际法准则，他将俄罗斯在乌克兰的行为与美国在世界其他国家和地区使用武力的行为相类比，认为西方国家借由自己在价值观体系上的霸权地位，随意定义“民主”和“人权”，并“滥用”了国际规则。

在欧洲层面上，俄罗斯的“主权民主”则表现为，俄罗斯不愿意仅仅作为欧盟规则的被动接受者，而希望成为欧洲命运的共同缔造者。因此，俄罗斯与欧盟的斗争不仅仅表现在规则层面，也是在竞争谁能使自己的理念变成欧洲的普遍价值⑤。

因此，尽管德国和俄罗斯在维持中东欧地区和平稳定上具有共同利益，但双方外交与安全理念的不同导致在实现路径上充满矛盾。对于德国来说，欧洲安全框架的东扩是实现西方民主价值观的东移、消除欧亚地区不稳定因素的必要途径，而俄罗斯则认为软弱的民主和西方的民主出口政策是“后苏联”空间不稳定的根源⑥。北约和欧安框架的东移让他们感到安全上受到了威胁。

---

① R. 萨科瓦，(2016)，世界秩序：俄罗斯的视角，《俄罗斯研究》，第 2 期，54。

② 张昕 & 冯绍雷，(2014)，乌克兰危机的理论透视，《世界经济与政治》，第 6 期，148。

③ 同上。

④ 伊万·克拉斯特夫，(2009)，后冷战欧洲秩序的危机，《国际政治研究》，第 1 期，16。

⑤ R. 萨科瓦，(2016)，世界秩序：俄罗斯的视角，《俄罗斯研究》，第 2 期，57 页。

⑥ 伊万·克拉斯特夫，(2009)，后冷战欧洲秩序的危机，《国际政治研究》，第 1 期，18。

二、区域定位：欧亚主义和欧洲安全共同体的冲突

（一）德国的欧洲和平秩序观

如前所述，德国是所有欧洲国家中最坚定的欧洲一体化执行者，同时也是最愿意将国家利益放在欧洲利益之后，以暂时牺牲一部分民族国家利益，以换取欧洲整体发展和和平的国家。德国人坚定地认为，欧洲的统一和合作，最终会有利于德国自身的发展。发展欧洲即发展德国。

此外，在欧盟成员国中，德国对欧洲的认同感相比于其他国家一直处于较高水平，欧洲身份已经成为德国身份认同的一个重要组成部分。而欧洲身份属于集体身份，它促使行为体将他者利益定义为自我利益的一部分，具有利他的性质①。因此，德国的欧洲身份认同从内部使德国能够放弃一部分国家利益，以实现欧洲整体利益。为了促成欧洲货币统一，德国放弃马克，引入欧元就是明证。

在上述前提下，德国将国家安全与欧洲安全紧密结合在一起，认为在全欧范围内建构一个欧洲和平秩序，才能保证欧洲的持续和平，从而保证德国的外部环境稳定。因此，在冷战结束之后，德国在建构欧洲和平秩序观的层面上一直以《新欧洲巴黎宪章》所宣称的“统一欧洲”为最终蓝本：以西欧一体化为欧洲和平秩序的出发点，首先将西欧经济一体化深化为拥有政治功能和外交与安全功能的欧洲联盟，再以此为基础，向东推进这个一体化进程，以欧盟为载体，将欧盟中已经树立起来的民主、和平、人权价值观向东传播，试图通过将中东欧国家包含进欧盟机构的方式，自然而然地把欧洲和平秩序的基本原则和理念移植到这些区域中去，从而实现欧洲整体和平。

（二）俄罗斯的欧亚情结

冷战结束初期，俄罗斯迫于自身经济实力的不足和外部环境的不利，主动与西方靠近，欢迎欧盟一体化的扩大，认为俄“外交的重要方面是与欧洲广泛接近和切实融入欧洲”②。但俄罗斯传统上是一个欧亚大国，它无法摆脱面向欧亚的情结。这种欧亚情结在进入 21 世纪之后，随着俄罗斯国力的恢复而再次成为俄罗斯对外政策的主旋律。《2020 年前俄罗斯国家安全战略》指出，在强调欧洲文明渊源的同时，应以开发远东西伯利亚为抓手，实现回归亚太的战略。因此，乌克兰对于俄罗斯来说，不仅仅只是传统缓冲地带，正如美国战略学家布热津斯基

---

① 连玉如，(2006)，德国默克尔政府的外交与欧洲政策辨析，见朱绍中编，《德国在扩大的欧盟中》。上海：同济大学出版社，127。

② 郑羽，(2008)，《普京时代》。北京：经济管理出版社，24。

在他的《大棋局》一书中分析的，“乌克兰是欧亚棋盘上一个新的重要地带。它作为一个独立国家存在有助于改变俄罗斯，因此它是个地缘政治支轴国家。没有乌克兰，俄罗斯就不再是一个欧亚帝国。”①

由于俄罗斯的跨欧亚国家定位，使其在制定对外战略时不仅仅只着眼欧洲，维持中东欧地区稳定对俄罗斯来说固然重要，但更重要的是使传统苏联势力范围成为其欧亚联合的一部分，建立以俄罗斯为中心的跨欧亚地区性组织。2011 年 10 月初，普京通过《消息报》明确提出了创建欧亚联盟的建议。他认为，“在新的政治经济基础上推动更加紧密的融合，并创建全新的价值体系是当前时代的迫切需要”，“这将是一种强有力的、超国家的联盟模式，其有潜力成为多极世界中的一极。”②

因此，尽管德国致力于建立一个泛欧的合作平台，将被“边缘化”的俄罗斯③重新拉回欧洲共同和平框架中，但由于在实践中，以欧洲国家为中心的欧洲安全机制远未成型，北约依然是目前欧洲一大西洋国家所依赖的安全框架，俄罗斯感觉在欧洲的战略空间继续被挤压，只会愈发坚持其欧亚大国的战略设想，从而导致与欧盟渐行渐远。

三、全球定位：多边主义安全观和多极化观念的冲突

世界正在向多极化发展。原本的主宰国正受到崛起国的挑战。面对这种形势，乔利恩·豪沃斯（Jolyon Howorth）提出了三种可能的未来世界秩序构想：第一种是世界回归零和争夺，重现旧有威斯特伐利亚体系的军事化权力制衡；第二种是共同建构一个新的具有共识的正和多极世界秩序，这要求在崛起国和衰落国之间形成一系列必要的双边或多边的协调机制；第三种则是专门针对欧洲所给出的：欧洲的“规范力量”会对还未加入现有欧洲和平秩序的国家形成吸引力，从而维持西方为主导的现有欧洲和平秩序，而不向崛起国作出实质性的让步④。在这三种可能的秩序模式中，德国和欧盟选择了第三种，而俄罗斯则倾向第二种。

---

① 参见同济大学德国研究中心微信公众号平台发布的《欧盟：内忧外患中能否继续砥砺前行?》，上网时间：2015 年 10 月 28 日。

② 刘军 & 毕洪业等，(2005)，《俄欧关系与中国欧亚战略》。北京：时事出版社，9—10。

③ 俄罗斯在欧洲范围内被“边缘化”的观点参见：Müller，H. (2015)：Konturen einer neuen europäischen Friedensordnung. Zeitschrift für Politik，2015 (3)：310.

④ 陈志敏 & 吉磊，(2004)，欧洲的国际秩序观：“有效的多边主义”?《复旦国际关系评论》，第 1 期，110。

（一）德国的有效多边主义

从“9·11”事件和伊拉克战争开始，德俄在全球安全领域拥有了新的共同利益，即反对单极世界的出现，认为应加强国际组织的作用，以共同应对全球性安全挑战。但德国相信制度和规范的力量，认为应当在全球和欧洲范围内建立起多边合作机制，淡化民族国家意识，依照国际法处理国家间或地区内冲突。因此，德国精英认为俄罗斯并未认知现有国际关系的规则实质，奉行的依然还是强权（das Recht des Stäkeren）政治，而德国则捍卫正义的力量（die Stärke des Rechts）[①]。

2003年12月12日，欧盟理事会在布鲁塞尔通过了欧盟第一份安全战略：《一个更美好的世界中的安全欧洲：欧洲安全战略》。这份战略将推进基于“有效多边主义”的国际秩序作为自身的战略目标之一。而所谓的“有效多边主义”，指的是“发展强有力的国际社会、运转良好的国际机构和以规则为基础的国际秩序”[②]。这与德国的多边主义观念不谋而合。德国坚持遵守国际法则；在没有得到联合国安理会授权的情况下，坚决拒绝使用武力；将多边主义和建立共识作为处理国际事务，尤其是解决危机和冲突的首要方法；将防范非传统安全威胁摆在一个非常重要的位置。

在有效多边主义思维模式下，德国认为，欧洲和平秩序的建构依然应当以西方的规范价值观为核心，强化现有国际制度，普及国际规范。德国比任何国家都要强调国际法和联合国的重要性，希望通过欧盟的建设，不断推进国际法的制度化进程[③]，最终以欧洲和平秩序为模版，在世界范围内也能建立起以规范价值观体系为支撑、以多边主义为问题解决途径的国际和平秩序。

（二）俄罗斯的多极化思路

相对而言，俄罗斯希望恢复自己的强国地位，建构多极世界，并成为其中一极。2008年7月12日，俄罗斯总统梅德维杰夫签署《俄罗斯联邦对外政策构想》，其中体现了俄罗斯要当世界大国、参与领导世界的自信与雄心。与以往相比，俄罗斯在对外战略上不再强调冷战结束后国际关系格局的失衡，已经把多极化格局成为现实作为制定对外政策的出发点[④]。因此它重视主权国家因素，强调

---

① CDU：Umgang mit Russland - Zehn Handlungsempfehlungen，Retrieved August 12，2017，from https：//www. cdu. de/system/tdf/media/dokumente/151116－eu－russland－beziehungen. pdf? file＝1

② 陈志敏 & 吉磊，(2004)，欧洲的国际秩序观：“有效的多边主义”?《复旦国际关系评论》，第1期，103。

③ 同上，117。

④ 左凤荣，(2008)，解读俄罗斯的强势外交，《理论视野》，第11期，50。

国与国之间的交流，将国家间合作视为权力和利益博弈的结果，而非受到国际秩序和机制的制约，传统双边关系对俄罗斯来说依然重要。

综上，德国更希望依靠多边合作机制建立与俄罗斯的安全合作关系，淡化国家色彩，强调区域内制度和规范的力量。但俄罗斯对世界的构想是以国家行为体为中心的多极格局，因此更强调双边关系和国家间博弈。由于双方都承认彼此在维持本国外部安全环境的重要作用，因此，德俄关系在外交实践中体现出妥协的特征，即既试图建构欧盟与俄罗斯的多边合作机制，也未放弃传统双边外交手段。

第二节　未来展望

一、乌克兰危机后德俄在欧洲和平秩序建构中的其他变量

1. 欧洲面临的新挑战

乌克兰危机之后，欧洲和平秩序的基本原则因克里米亚问题而被彻底打破，但冷战后的欧洲和平秩序并不仅仅只受到了这一方面的挑战。从欧盟内部而言，各成员国面对越来越严重的非传统威胁，而欧盟在解决这些非传统安全威胁时一方面显示出凝聚力不够、各怀异心的倾向，另一方面在危机解决的过程中，欧盟制度上的不完善、缺乏坚决的执行力和有效的管控力等薄弱之处也被暴露出来。这都增加了欧盟成员国的离心力，也使得欧盟在价值观体系和国际制度上的先进性大打折扣。总体来说，欧洲和平秩序的承载机构从内部有分崩离析的危险，对外部国家的吸引力也因此下降了。

从另一方面来说，正由于欧盟内部离心力加大，难民危机、恐怖主义袭击带来的新安全威胁也让德国和欧盟焦头烂额，也可能会导致德国的外交和安全政策重心转移，暂时搁置与俄罗斯在乌克兰问题上的争议，或降低乌克兰事件的重要程度，以缓和对俄关系，降低地缘政治压力，全心全意地先解决欧盟内部问题。尤其俄罗斯在打击IS恐怖主义时果断坚决的态度，更让德国认识到俄罗斯的重要作用。默克尔就曾经指出，难民危机需要全球作出回应，叙利亚冲突需要依赖俄罗斯来解决。此外，2017年2月12日，一向亲俄的施泰因迈尔当选德国总统，主张对俄缓和，普京也立即邀请他出访俄罗斯，德俄关系似往利好的方向发展。而俄罗斯在乌克兰危机之后，也展现出了希望与德国缓和关系的倾向。因此，德俄关系在低谷之后可能会走向好转。

另外，值得注意的是，尽管欧洲的前途面临严重挑战，但欧洲一体化的进程并未就此停滞。事实上，国家性和共同体性这两种貌似相反的认知都在强化，两者的合作也在加强，推动着一体化在一些领域继续深化。如 2017 年 11 月 13 日，23 个欧盟国家的外交和国防部长签署了一项联合协议，达成在防务领域的“永久结构性合作”[①]。对德俄安全关系来说，这样的趋势一方面将使德国继续从欧盟的角度出发，在欧洲的大框架下思索德俄安全关系的发展，另一方面，德俄双方也可以从欧洲变通的发展模式中吸取经验，展开更加灵活的对话方式。

2. 德国政府更迭对欧洲和平秩序和德俄关系走向的影响

2017 年 9 月 24 日，德国联邦议院举行大选。这次大选体现出来的主要问题有二：一是传统大党支持率大幅下降；二是右翼的选择党支持率激增，使之以第三大党的身份最终进入联邦议院。在德国经济状况良好的情况下得到这样的结果，说明德国人民对于传统大党在社会政策和欧洲政策上的不满，也从而使默克尔的权威受到挑战。

目前，德国新政府的牙买加组阁方案宣告失败，这意味着有可能需要重新进行选举。笔者认为，即使重新选举，默克尔连任的可能性也是相当大的，但此次选举路上的曲折说明默克尔的行动力和操控力下降[②]，因此，新政府的欧洲政策将变得更加谨慎，加之法国总统马克龙强势崛起，严重制约默克尔行动能力，削弱德国对欧洲领导力[③]，从而使德国在欧盟中的作用下降。在欧洲和平秩序和俄罗斯政策问题上，新政府则有可能会更加务实，不再强调全欧和平秩序的重建，而是会一步一步地、切实地寻求可行方案，争取与俄罗斯合作，首先解决乌克兰危机遗留下来的问题，重筑信任桥梁，缓和与俄关系。因此，在未来较长一段时间里，北约、欧盟和俄罗斯将作为三个重要行为体，在欧洲这块大陆上为塑造一个新的欧洲和平秩序而进行博弈。

3. 美国政权变更对欧洲和平秩序建构的影响

2017 年 1 月 20 日，特朗普正式宣誓就职，成为美国第 45 任总统。这位在美国和世界都极具争议的新总统，不但影响了美国国内政局发展，也同时对外部世界造成了一定冲击。其中德美关系、俄美关系和欧洲和平秩序的未来建构方向也因此平添许多变数。

---

① 孙恪勤，《欧洲一体化该往何处去》，引用于 2017 年 12 月 5 日，引用自 http：//opinion. huanqiu. com/hqpl/2017－11/11388581. html

② 孙恪勤，（2017），中德在大选后国际领域合作探究，见中国欧洲学会微信公众号，2017 年 11 月 2 日。

③ 同上。

特朗普给德美关系的前景蒙上了一层阴影。德国“政治精英”在特朗普胜选时都不同程度地表达了震惊或失望的情绪。在参选时，特朗普也直接批评德国的难民政策，认为这将“毁了德国”。但德美关系基础坚实，双方的“政治精英”都不会因为某一个政治家的上台而改变德美战略伙伴的实质。事实上，特朗普在批评默克尔的难民政策时，主要目的是用来攻击他的政敌希拉里。通过将这两人对比，并用德国开放迎接难民却遭遇恐怖袭击的事件为自己在选举中赢得支持。此外，虽然他批评默克尔的难民政策，但同时也表示，默克尔是一位伟大的政治家，是聪明的领导人①。默克尔则在给特朗普的贺信中表示，德国与美国联系密切，甚至超过与其他欧盟国家的联系。她表达了对继续发展德美战略关系的期望，但同时指出，德美关系应当建立在共同价值观基础上，希望德美能在这方面继续保持共识。

美俄关系则显得更为扑朔迷离。一方面，普京和特朗普显得“惺惺相惜”，双方都在不同场合赞扬对方，特朗普也多次批评奥巴马的对俄政策，宣称如果是他执政，一定能搞好美俄关系。而普京则称，“特朗普说想把美俄关系提升一个台阶，让美俄关系更加深入。我们怎么能不对此表示欢迎呢？我们当然欢迎。”②美俄领导人之间的互赞似乎预示了美俄关系将向利好的方向发展，但两国关系不仅仅只有赖于两国领导人的互相欣赏。虽然特朗普明确宣告，北约已经过时，因为它不能够应付恐怖主义，他同时抱怨美国在独立支付北约所需的财政开支，并表示美国应当多管自己国家的事，不要过多插手不相关的国际事务，展现出一定的孤立主义倾向，而这与俄罗斯的地缘政治利益显得不谋而合。但与此同时，据路透社报道，2017 年 1 月 28 日，在普京与特朗普电话通话时，普京谈及延长《新版削减战略武器条约》，而特朗普则认为在这个条约上，俄罗斯“占了便宜”，最终并未同意普京的要求。与此同时，在 2016 年新颁布的《俄罗斯联邦对外政策构想》中，俄罗斯虽然表示，与美国形成建设性对话，加强热点问题上的沟通与合作，但同时也指责美国及其盟友一直实施遏制俄罗斯的政策，不但破坏地区和全球稳定，也给各方的长期利益造成了损失③。但从上述两个事例可以看出，美俄之间依然缺乏互信基础，很难形成战略伙伴关系。

---

① 特朗普称能跟普京搞好关系 赞默克尔是伟大领袖，引用于 2017 年 12 月 5 日，引用自 http：//news. qq. com/a/20150821/033389. htm

② 普京和特朗普是真心互赞还是别有深意？引用于 2017 年 12 月 5 日，引用自 http：//world. huanqiu. com/article/2015－12/8213298. html

③ 2016 年版俄罗斯联邦对外政策构想发布“向东看”成俄外交发展新方向，引用于 2017 年 12 月 7 日，引用自 http：//www. chinaru. info/qjeluosi/eluosizs/45350. shtml

特朗普对欧洲和平秩序建构的最大影响主要在两个方面：其一，他在美国大选中出乎意料的获胜对欧洲民粹主义者来说，无疑是打了一剂强心针。他不谈人权、尊重、平等，而将国家利益摆在最优先位置的做法对欧洲的规范价值观理念无疑是一种冲击。在特朗普登台之后，欧洲民粹主义倾向进一步加剧，对欧洲现行难民政策的质疑声也越来越大。而一旦欧洲失去了团结一致、坚信自身价值观的理念支撑，欧洲整体和平秩序政策也就无从谈起了。其二，他高度评价英国退欧的举动，并认为是欧洲的难民问题直接导致了英国退欧。在针对是否还有别的国家退出欧盟时，他给出了肯定的回答。尽管他声称欧洲与美国安全休戚相关，但与此同时，他也直截了当地说，“欧洲是统一还是分裂，跟我根本毫无关系。”[①] 此外，在 2017 年 2 月 20 日刚刚落下帷幕的慕尼黑安全会议上，美国依然强调北约的作用，强调要加强与欧洲的合作，也释放了美欧继续在安全层面进行紧密合作的信号。

总体来说，特朗普的登台对俄美关系、德美关系在中短期内应当不会造成实质的、直接的影响。但他所代表的政治和外交理念以及价值观取向在美国的胜利，一方面可能会造成美国外交战略的转向，从而间接影响全球局势和欧洲和平秩序的构建；另一方面，则将从思想上对欧洲政治理念造成影响，导致欧洲民粹主义倾向和离心力加剧，从而影响欧洲和平秩序的建构方向。

二、未来欧洲和平秩序建构中的德俄安全关系：多重矛盾下的共同利益

乌克兰危机给欧洲和平秩序和德俄关系带来的后果到目前为止依然在发酵。2017 年 2 月 17 日至 19 日举行的慕尼黑安全会议就以“后真相、后西方、后秩序”为主题，并在会前发布的报告中直截了当地发问：“世界是不是正在步入后秩序时代?”慕尼黑安全会议主席沃尔夫冈·伊申格尔更是表示：“当前国际安全环境比二战以来的任何时候都更加动荡不安。一些西方社会以及自由国际秩序最根本的基础在发生动摇”。《2017 年慕尼黑安全报告》也指出，西方国家已经意识到，他们的治理体系所产出的积极效果越来越少[②]。

在《2017 年慕尼黑安全报告》中提到的“后秩序”时代，是西方国家对于现今世界秩序混乱的一个反思。报告认为，俄罗斯为世界带来的多种安全威胁是

---

① 特朗普专访全文：大赞英国脱欧 狠批德国难民政策，引用于 2017 年 12 月 7 日，引用自 http://finance.ifeng.com/a/20170120/15158117_0.shtml

② 第 53 届慕安会即将举行“后西方”一词为何走红，引用于 2017 年 12 月 7 日，引用自 http://world.huanqiu.com/hot/2017—02/10143881.html

导致原有秩序乱象的重要原因，尤其是俄罗斯在乌克兰违反了若干欧洲安全的重要原则。在慕尼黑安全会议首日小组讨论时，乌克兰总统波罗申科甚至重提当年相关国家对纳粹德国“绥靖”一事，呼吁美欧巩固跨大西洋伙伴关系，不要对俄罗斯采取新的“绥靖”政策①。而俄罗斯方面则认为，欧洲目前的紧张局势是由于过去 30 年里北约东扩、对俄罗斯一再形成地缘威胁所造成的，因此，应当建立“后西方秩序”，俄罗斯外长拉夫罗夫更是指出，“北约这样的冷战产物早该消亡。”② 因此，许多观察家将西方国家与俄罗斯的矛盾定性为“结构性矛盾”，因为乌克兰危机所揭示出来的，是俄罗斯对西方原有制度提出直接挑战的欧洲秩序之争。

慕尼黑安全会议释放的信号显示，俄罗斯与西方国家所设想的欧洲和平秩序是完全不同的，正是这种理念差异的激烈碰撞，才导致了乌克兰危机的出现。但这并不意味着，德俄就不能再在未来的欧洲和平秩序建构中重新建立合作关系。德俄之间依然拥有许多共同利益，其中包括：

（1）双方都认为欧洲的稳定与和平是保证国家外部安全、从而心无旁骛地发展国内政治经济、在世界上获得更高地位的先决条件。尽管俄罗斯在动用武力方面比起德国来要少了不少顾虑，但在可能的情况下，俄罗斯也不愿意使用武力手段，尤其不愿意与北约针锋相对。乌克兰危机发生后，普京虽然措辞强硬，但也并未关闭与德国、欧盟和美国的交流渠道，德俄双方都希望最后依靠政治途径解决乌克兰问题。

（2）德俄两国之间具有相互依赖的经济关系。德国是俄罗斯在欧洲最大的贸易伙伴，俄罗斯则是德国重要的能源来源国。德国和其他欧盟国家一起，对俄罗斯进行经济制裁，既对俄罗斯经济产生了不利影响，同时也有损于德国自身的经济发展。尽快解决乌克兰问题，恢复正常双边关系，是符合两国利益的。在俄罗斯 2016 年新颁布的《俄罗斯联邦对外政策构想》中，就降低了乌克兰在俄罗斯外交上的地位，2013 年版《构想》中，乌克兰是俄罗斯外交的“优先伙伴”，但在新版文件中，俄罗斯仅表示愿意同乌克兰在互相尊重和互利的基础上“建设伙伴关系”。与此同时，俄罗斯依然将欧盟定位为“重要的经贸和外交伙伴”，认为应当扩大经济、外交、政治甚至军事领域的合作，以最终打造“从大西洋到太平

---

① “慕安会”释放信号：欧美与俄缠斗难止息，引用于 2017 年 12 月 7 日，引用自 http://news.xinhuanet.com/world/2017-02/20/c_1120498773.htm

② 同上。

洋的共同人文经济空间”[1]。

（3）在国际事务上，德俄两国有许多需要彼此的地方。在对抗全球恐怖主义、跨国犯罪、气候变暖、区域冲突等多维度安全威胁时，德国和俄罗斯都承认对方的地位和影响力，认为应当在双方合作的基础上，共同解决全球性问题。例如在俄罗斯 2016 年新颁布的《俄罗斯联邦对外政策构想》中，首次提及恐怖组织“伊斯兰国”及其造成的影响，认为建立广泛的国际反恐联盟、合作打击国际恐怖主义是目前最重要的任务[2]。与此同时，德国在 2016 年颁布的《安全白皮书》中，在第二章第二节“欧洲安全战略面临的挑战”部分中，将“跨国恐怖主义”列为最重要的一条，并强调能源安全、信息安全和防范世界范围内大规模杀伤性武器传播所带来的安全威胁[3]。

（4）自从冷战结束以来，德国就一直是西方国家阵营中与俄罗斯关系最为密切的国家。在俄罗斯与西方国家产生矛盾的情况下，德国经常以斡旋者的形象出现。现在的德国，在国际上的地位提升、影响力也加大，在欧盟更是承担了核心责任，因此，对俄罗斯来说，德国的重要性也大大增强了。相应地，德国传统上就推崇与俄合作的思想，认为没有俄罗斯，就不会有持续性的欧洲和平。因此，维持德俄良好双边关系无论是对德国来说，还是对俄罗斯来说，都是非常重要的。

因此，本书认为：

（1）德俄之间的共同利益决定了，德俄两国虽然存在价值观取向和外交理念上的核心差异，但在外交实践上，却都会努力从共同利益出发，搁置争议，寻求一条双方都能接受的合作渠道。事实上，乌克兰危机发生至今，德国一直对俄采取双重外交战略：即一方面坚决支持乌克兰，采取经济制裁、外交斡旋等非武力方式试图解决此次危机；另一方面则强调要继续与俄罗斯展开对话，希望重建双方信任。

（2）尽管德国并未放弃与俄对话，也认为欧洲和平秩序的构建不能排除俄罗斯，但在实际外交操作层面，乌克兰危机之后，德国对俄罗斯潜在的安全威胁大大提高警惕，这体现在 2016 年德国国防部发布的白皮书中，也体现在德国在防

---

① 2016 年版俄罗斯联邦对外政策构想发布“向东看”成俄外交发展新方向，引用于 2017 年 12 月 7 日，引用自 http：//www.chinaru.info/qjeluosi/eluosizs/45350.shtml

② 2016 年版俄罗斯联邦对外政策构想发布“向东看”成俄外交发展新方向，引用于 2017 年 12 月 7 日，引用自 http：//www.chinaru.info/qjeluosi/eluosizs/45350.shtml

③ BMVg 2016.Retrieved August 17，2017，from https：//www.bmvg.de/resource/blob/13708/015be272f8c0098f1537a491676bfc31/weissbuch2016－barrierefrei－data.pdf

务上进一步向北约靠拢①，同时积极寻求达成欧盟内部统一的安全政策上②。2017年慕尼黑安全会议报告就提出，如果欧盟在多边主义和合作中能够成为一个超级力量，那么一个以必要的充分军事实力为依托的共同外交政策，必将成为一个必然的战略选择③。

（3）在德国现有的欧洲和平秩序观框架下，无法彻底解决俄罗斯与西方国家之间的安全困境。要建构一个能够包容俄罗斯的欧洲和平秩序框架，一方面需要通过俄罗斯自身的改革，削弱俄罗斯外交上的现实主义强权政治倾向，另一方面，则需要德国继续通过政治途径，建设双方互相沟通的桥梁，重建互信平台，才有可能在长期努力下消除双方结构性矛盾，建构更有包容性的全欧和平秩序。现阶段而言，双方只能相互妥协，各退一步。

（4）俄罗斯在乌克兰危机处理上对现有欧洲和平秩序构成某种挑战，并提出对新秩序的诉求，是震动全欧乃至世界的重要事件。仅仅通过德国的力量，要彻底解决这个问题是不可能的。因此，在未来欧洲和平秩序的建构过程中，美国、中东欧国家和其他欧盟国家的因素也必须考虑进去。但与此同时，作为欧盟最有影响力的国家，德国如能团结欧盟，安抚好中东欧国家，在美俄之间继续起到斡旋作用，将对最终缓和与俄罗斯的关系，并使欧洲和平秩序朝着有利于欧洲所有国家的方向发展，同时也符合德国的设想和长远利益。

（5）最后，国际形势风云变幻，处于风口浪尖的德俄关系更是如此，德国政界和学界对德俄关系也是众说纷纭、千变万化，本书的写作不可能完全跟上最新形势变化并参考最新文献。这既是国际问题研究的魅力所在，也是研究者的遗憾所在。

---

① 2016年7月8日至9日，默克尔在华沙北约峰会上表示支持北约在东欧驻军，并表示德国将负责在立陶宛驻军。

② 2016年9月16日，欧盟非正式峰会出台了“布拉迪斯拉发路线图”，强调加强欧盟防务合作。

③ 李文红，（2017），德国对欧盟面临的多重危机的政策立场，《国际论坛》，第5期，29。

参考文献

中文部分

中文著作

1. 陈宪良，(2014)，《俄罗斯国家利益观的嬗变》。北京：中国社会科学出版社。

2. 戴桂菊，(2008)，《当代俄罗斯》。北京：外语教学与研究出版社。

3. 戴桂菊编，(2010)，《俄罗斯文化》。北京：外语教学与研究出版社。

4. 戴桂菊 & 李英男编，(2006)，《俄罗斯历史》。北京：外语教学与研究出版社。

5. [俄] 德米特里·特列宁（著），韩凝（译），(2015)，《帝国之后：21 世纪俄罗斯的国家发展与转型》。北京：新华出版社。

6. 范建中等，(2004)，《当代俄罗斯：政治发展进行与对外战略选择》。北京：时事出版社。

7. 方连庆等编，(2006)，《国际关系史（战后卷）》。北京：北京大学出版社。

8. 冯绍雷编，(2009)，《欧盟——形成中的全球角色》。上海：华东师范大学出版社。

9. 冯绍雷，(2009)，《构建中的俄美欧关系——兼及新帝国研究》。上海：华东师范大学出版社。

10. 冯绍雷 & 相蓝欣编，(2005)，《转型中的俄罗斯对外战略》。上海：上海人民出版社

11. 冯绍雷 & 相蓝欣编，(2005)，《俄罗斯与大国周边关系》。上海：上海人民出版社。

12. 顾俊礼编，(2012)，《中德建交 40 周年——回顾与展望》。北京：社会科学文献出版社。

13. 顾俊礼编，(2015)，《列国志：德国（第二版）》。北京：社会科学文献出版社。

14. [德] 哈贝马斯等（著），丹尼尔·李维 & 马克斯·潘斯基 & 约翰·托

尔佩（编），邓伯宸（译），（2010），《旧欧洲·新欧洲·核心欧洲》。北京：中央编译出版社。

15. ［德］汉斯·冈特·布劳赫 & ［波］切斯瓦夫·梅斯加什 & ［荷］约翰·格林（著），刘成（编），张晓萌（译），（2015），《全球化和环境挑战：21 世纪的安全观重构》。南京：南京出版社。

16. 姜振军，（2009），《俄罗斯国家安全问题研究》。北京：社会科学文献出版社。

17. 孔寒冰（2009），《东欧政治与外交》。北京：北京大学出版社。

18. ［奥］马丁·赛迪克 & ［奥］米歇尔·施瓦青格（著），卫延生（译），（2012），《欧盟扩大——背景、发展、史实》。北京：中央编译出版社。

19. 李渤等，（2008），《俄罗斯政治与外交》。北京：时事出版社。

20. 连玉如，（2003），《新世界政治与德国外交政策——“新德国问题”探索》。北京：北京大学出版社。

21. 连玉如，（2012），《国际政治与德国》。北京：北京大学出版社。

22. 刘军 & 毕洪业等，（2005），《俄欧关系与中国欧亚战略》。北京：时事出版社。

23. 刘立群编，（2011），《金融危机背景下的德国及中德关系》。北京：社会科学文献出版社。

24. 刘立群编，（2015），《欧债危机背景下的德国及欧盟》。北京：社会科学文献出版社。

25. 刘立群，（2011），《德国思想与文化：反思与创新》。北京：社会科学文件出版社。

26. 刘立群 & 连玉如编，（2009），《德国 欧盟 世界》。北京：社会科学文献出版社。

27. 刘毅政，（1993），《叶利钦其人其事》。北京：中国社会科学出版社。

28. 陆齐华，（2001），《俄罗斯与欧洲安全》。北京：中央编译出版社。

29. ［俄］罗伊·麦德维杰夫（著），王尊贤（译），（2007），《普京总统的第二任期》。北京：社会科学文献出版社。

30. 罗英杰，（2009），《利益与矛盾——冷战后俄罗斯与欧盟关系研究》。北京：世界知识出版社。

31. 罗志刚，（2009），《俄罗斯一欧盟关系研究》。北京：中国社会科学出版社。

32. 潘德礼编，(2008)，《俄罗斯东欧中亚政治概论》。北京：中国社会科学出版社。

33. 潘德礼编，(2010)，《列国志：俄罗斯（第二版）》。北京：社会科学文献出版社。

34. 潘琪昌，(2001)，《欧洲国际关系》。北京：经济科学出版社。

35. [俄] 齐什科夫编，(2008)，《当代俄罗斯国际关系学》。北京：北京大学出版社。

36. 秦亚青，(2005)，《权利・制度・文化——国际关系理论与方法研究文集》。北京：北京大学出版社。

37. 上海国际问题研究所，(1995)，《国际形势年鉴（1995)》。上海：中国大百科全书出版社上海分社。

38. 王军，(2006)，《朋友还是对手——冷战后的欧美关系解读》。北京：人民出版社。

39. 王逸舟，(1998)，《西方国际政治学：历史与理论》。上海：上海人民出版社。

40. [德] 乌尔里希・贝克（著），袁杰（译），(2014)，《德国的欧洲》。上海：同济大学出版社。

41. 熊炜，(2006)，《统一后的德国外交政策（1990－2004)》。北京：世界知识出版社。

42. 徐博，(2014)，《冷战后俄罗斯亚太地缘战略》。北京：社会科学文献出版社。

43. 学刚 & 姜毅，(2001)，《叶利钦时代的俄罗斯（外交卷)》。北京：人民出版社。

44. 杨祖功 & 顾俊礼，(1992)，《西方政治制度比较》。北京：世界知识出版社。

45. 殷桐生编，(2010)，《德国外交通论》。北京：外语与教学研究出版社。

46. 袁明编，(2005)，《国际关系史》。北京：北京大学出版社。

47. 郑羽编，(2008)，《普京八年：俄罗斯复兴之路》。北京：经济管理出版社。

48. 郑羽，(2007)，《俄罗斯东欧中亚外交概论》。北京：中国社科出版社。

49. 郑羽，(2008)，《普京时代》。北京：经济管理出版社。

50. 郑羽，(2006)，《既非盟友，也非敌人——苏联解体后的俄美关系》。北京：世界知识出版社。

51. 郑羽编，(2012)，《新普京时代（2000—2012年）》。北京：经济管理出版社。

52. 周弘 & [德] 贝娅特·科勒—科赫编，(2008)，《欧盟治理模式》。北京：社会科学文献出版社。

53. 朱锋，(2007)，《国际关系理论与东亚安全》。北京：中国人民大学出版社。

54. 朱绍中编，(2006)，《德国在扩大的欧盟中》。上海：同济大学出版社。

55. 左凤荣，(2014)，《俄罗斯：走向新型现代化之路》。北京：商务印书馆。

社科院皮书系列：

欧洲蓝皮书：欧洲发展报告 2007—2016年

德国蓝皮书：德国发展报告 2007—2016年

俄罗斯东欧中亚黄皮书：俄罗斯东欧中亚发展报告 2005—2011年

俄罗斯黄皮书：俄罗斯发展报告 2012—2016年

中文论文

1. 曹阳，(2010)，俄罗斯的欧洲安全政策：从普京到“梅普组合”，《东北亚论坛》，第19卷第5期，37—42。

2. 陈乐民，(1992)，“冷战”后的欧洲若干问题，《西欧研究》，第6期，27—29。

3. 陈新明 & 宋天阳，(2014)，乌克兰危机与德俄关系及其演变趋向，《现代国际关系》，第9期，48—54。

4. 陈效卫，(2013)，俄罗斯对北约反导“硬碰硬”，《人民日报》，12月18日，第021版。

5. 陈志敏 & 吉磊，(2004)，欧洲的国际秩序观：“有效的多边主义”?《复旦国际关系评论》，第1期，101—123。

6. 戴桂菊，(2015)，加强社会与文化问题研究 全面认识俄罗斯发展轨迹，《俄罗斯学刊》，第2期，21—22。

7. 戴桂菊，(2014)，俄罗斯东正教会的外交职能，《世界宗教文化》，第2期，45—49。

8. 戴启秀，(2015)，乌克兰危机对德俄关系及全球格局的潜在影响，《国际观察》，第 2 期，100—113。

9. 戴启秀 & 王志强，(2014)，德国新政府的欧洲政策及德法关系在其中的角色，见郑春荣 & 武慧萍编，《德国发展报告（2014)》。北京：社会科学文献出版社，176—187。

10. 方学 & 杨川梅 & 张婧，(2015)，德国经济：景气降温，前景堪忧——中国驻德国大使馆经济参赞张加强谈德国经济形势，《中国经济导报》，1 月 20 日，第 A04 版环球经济。

11. 冯绍雷，(2014)，乌克兰危机长期延续的原因和影响，《欧洲研究》，第 6 期，2—6。

12. 高德平，(1992)，统一德国与东欧与独联体各国的关系，《俄罗斯东欧中亚研究》，第 4 期，78—84。

13. 葛汉文，(2011)，“退向未来”：冷战后德国地缘政治思想刍议，《欧洲研究》，第 4 期，119—139。

14. 顾俊礼，(2006)，德国大联合政府的政策走向，见朱绍中编，《德国在扩大的欧盟中》。上海：同济大学出版社，169—181。

15. 顾俊礼，(2000)，德国的利益集团，《德国研究》，第 1 期，9—15、64。

16. 顾俊礼，(2005)，德国大联合政府的政策走向，《德国研究》，第 4 期，14—18。

17. 顾俊礼，(2003)，施罗德执政以来德美关系何以矛盾迭起，《和平与发展》，第 2 期，48—56。

18. ［德］汉斯·昆德纳尼（著），罗湘衡（译），(2014)，统一以来德国外交政策“正常化”的概念，《太平洋学报》，第 7 期，19—29。

19. 胡春春，(2014)，生存还是毁灭，这是一个欧洲叙述的问题——论德国视野下欧洲的特殊和普遍性危机，见郑春荣 & 武慧萍编，《德国发展报告（2014)》。北京：社会科学文献出版社，158—175。

20. 黄正柏，(2007)，略论德国 1990 年统一以来对外政策的连续性与新特点，武汉大学学报（人文社科版），60（2），234—242。

21. 胡琨，(2014)，围绕国家利益进行的外交“突围”——战后联邦德国周边外交的思想与战略，《人民论坛》，第 7 期（上），17—19。

22. 孔刚，(2014)，柏林眼中的德俄特殊关系：还能走多远，《世界知识》，第 18 期，52—53。

23. 李乐曾，(2010)，德国的新安全政策与联邦国防军部署阿富汗，《德国研究》，第 4 期，4—11。

24. 李绘新（2004），试析当代德国外交的不确定性——以角色分析理论为视角，《现代国际关系》，第 4 期，26—31。

25. 李微，(2015)，德国眼中的俄罗斯形象，见刘立群等编，《欧债危机背景下的德国与欧盟》。北京：社会科学文献出版社，89—103。

26. 李文红，(2017)，德国对欧盟面临的多重危机的政策立场，《国际论坛》，第 5 期，27—32。

27. 李兴，(2002)，论欧盟共同安全与防务政策中的俄罗斯因素，《现代国际关系》，第 9 期，37—42。

28. 连玉如，(2006)，德国默克尔政府的外交与欧洲政策辨析，见朱绍中编，《德国在扩大的欧盟中》。上海：同济大学出版社，125—144。

29. 连玉如，(2006)，德国默克尔政府的外交与欧洲政策辨析，《德国研究》，第 1 期，15—20。

30. 连玉如，(2014)，再论"德国的欧洲"与"欧洲的德国"，《国际政治研究》，第 6 期，9—24。

31. 刘海泉，(2009)，国际机制视角中的欧盟共同安全与防务政策，《同济大学学报（社会科学版）》，第 6 期，61—68。

32. 刘立群，(2008)，德国外交的得与失——盘点 2007 年，《德国研究》，第 1 期，4—10。

33. 刘立群，(2005)，新地缘战略背景下的欧美关系，《社科院欧洲所欧洲问题参考》，152—153。

34. 刘立群 & 孙彦红，(2004)，德国教授谈欧盟共同外交与安全政策，《欧洲研究》，第 6 期，150—152。

35. 刘庆宝等，(2013)，欧洲反导系统发展对美俄战略核遏制力量平衡影响研究，《飞航导弹》，第 8 期，39—43。

36. 刘惜戈，(2009)，使命与能力：德国联邦国防军的转型与域外行动评析，见刘立群 & 连玉如编，《德国・欧盟・世界》。北京：社会科学文献出版社，232—247。

37. ［保］马克・伦纳德 & 伊万・克劳斯提夫，(2012)，让欧盟团结・让俄罗斯后帝国化・让土耳其欧洲化，《21 世纪经济报道》，5 月 3 日，第 015 版《多极化欧洲的幽灵》。

38. R. 萨科瓦，(2016)，世界秩序：俄罗斯的视角，《俄罗斯研究》，第 2

期，47—61。

39. 商鼎，(2007)，德国关于德俄关系的争论，《国外理论动态》，第 11 期，46—48。

40. 盛海燕，(2014)，乌克兰危机下西方与俄罗斯的制裁战及其影响，《西伯利亚研究》，第 5 期，39—43。

41. 史世伟，(2006)，德国在欧洲一体化进程中的作用及其政策变化，见朱绍中编，《德国在扩大的欧盟中》。上海：同济大学出版社，55—66。

42. 孙春玲，(1998)，德国新政府内外政策走向，《国际参考研究》，第 10 期，3—7。

43. 孙恪勤，(2009)，走向大国的努力与挫折——施罗德政府的外交与安全战略，见刘力群 & 连玉如编，《德国・欧盟・世界》。北京：社会科学文献出版社，220—231。

44. 孙恪勤，(2001)，施罗德政府的欧盟政策，《现代国际关系》，第 12 期，13—17。

45. 王海滨 (2009)，俄美关于反导问题的斗争及其对世界军事安全的影响，《俄罗斯中亚东欧研究》，第 1 期，68—74。

46. 魏光启，(2014)，冷战后德国的北约战略及德美关系研究，《德国研究》，第 1 期，30—43。

47. 吴志成：《欧盟共同外交与安全框架下的德国》，载朱绍中（主编）：《德国在扩大的欧盟中》，上海：同济大学出版社，2006 年 12 月，第 38—53 页。

48. 吴志成，(2014)，乌克兰危机对欧洲秩序的影响，《欧洲研究》，第 6 期，22—27。

49. 吴志成 & 常靖，(2009)，战后德国欧洲政策的历史演变，见刘立群 & 连玉如编，《德国 欧盟 世界》。北京：社会科学文献出版社，203—214。

50. 吴志成 & 杨娜，(2006)，欧盟共同外交与安全：大国态度的比较分析，《欧洲研究》，第 2 期，82—93。

51. 熊炜：《德国社会民主党欧洲政策初探》，载朱绍中（主编）：《德国在扩大的欧盟中》，上海：同济大学出版社，2006 年 12 月，第 109—124 页。

52. 熊炜，(2008)，二战后联邦德国的国家安全政策偏好，《世界经济与政治》，第 1 期，43—50。

53. 许志新，(2002)，俄罗斯对外政策的教训，《东欧中亚研究》，第 2 期，54—58。

54. 杨直，(2006)，一体化主旋律中的德国变奏曲——评施罗德政府欧盟政策的若干变化，见朱绍中编，《德国在扩大的欧盟中》。上海：同济大学出版社，67—88。

55. [保] 伊万·克拉斯特夫，(2009)，后冷战欧洲秩序的危机，《国际政治研究》，第1期，15—23。

56. [保] 伊万·克拉斯蒂夫 & 马克·莱昂纳多（著），袁超（编译），(2015)，破碎的欧洲秩序之梦，《社会科学报》，7月23日，第007版。

57. 殷桐生，(2008)，欧盟是否还会扩大?，《欧洲研究》，第6期，139—150。

58. 殷桐生，(1991)，欧洲文化与欧洲联合，《西欧研究》，第4期，8—15、66。

59. 殷桐生，(1990)，正直的社会心理环带——论联邦德国政治文化，《西欧研究》，第4期，14—20。

60. 张健，(2004)，从乌克兰危机看欧俄关系，《现代国际关系》，第12期，37—38。

61. 张昕 & 冯绍雷，(2014)，乌克兰危机的理论透视，《世界经济与政治》，第6期，145—160。

62. 赵立宇，(2003)，休闲外交——政要们的公关利器，《公关世界月刊》，第2期，44。

63. 郑春荣，(2013)，利比亚危机以来德国安全政策的新动向，《德国研究》，第2期，4—14。

64. 郑小素，(2008)，德国统一与欧盟东扩，硕士学位论文。武汉：华中师范大学。

65. 郑羽：《普京外交思想的转变：由现实主义到新斯拉夫主义》，载《外交评论》，2008年8月，总第104期，第21—29页。

66. 郑羽，(2001)，俄罗斯的独联体政策：十年间的转变，《东欧中亚研究》，第4期，1—11。

67. 郑羽，(2008)，反导与东扩：俄美关系将雪上加霜，《中国社会科学院院报》，3月6日，第003版。

68. 钟准，(2016)，内战、干预与国际秩序：重新审视乌克兰冲突，《国际关系研究》，第3期，67—82。

69. 周庆建，(2009)，“9·11”事件以来德国防务政策的调整，《史志鉴研究》，第 4 期，72—73。

70. 左凤荣，(2009)，欧洲安全新构想能否成为现实，《解放军报》，12 月 6 日，004 版。

71. 左凤荣，(2008)，解读俄罗斯的强势外交，《理论视野》，第 11 期，50—52。

外文部分

外文著作

1. Abela，E. & Alfs，M. （1995）. *Wissenschaft für den Frieden? Das schwierige Theorie — Praxis — Verhältnis der Friedens — und Konfliktforschung*. Münster：Münster Verlag.

2. Arnold，H. & Kramer，R. （eds.）（2002）. *Sicherheit für das grössere Europa：Politische Optionen im globalen Spannungsfeld*. Bonn：Dietz.

3. Bar，E. （2003）. *Der deutsche Weg — Selbstverständlich und normal*. München：Karl Blessing Verlag.

4. Berndt，M. （2007）. *Die „Neue Europäische Sicherheitsarchitektur“：Sicherheit in，für und vor Europa?* Wiesbaden：VS Verlag für Sozialwissenschaften.

5. Biermann，R. （eds.）. （2002）. *Deutsche Konfliktbewältigung auf dem Balkan*. Baden—Baden：NOMOS Verlagsgesellschaft.

6. Doering，D. & Eckner，C. & Hentrich，S. & Liermann，S. & Schuster，D. （eds.）. （2013）. *Demokratie in Europa - Liberale Perspektive*. Marburg：Tectum Verlag.

7. Ebers，M. （2002）. *Deutsche Sicherheitspolitik in EU und NATO*. München：Grin.

8. Fischer，S. （2003）. *Russlands Westpolitik in der Krise* 1992—2002：*eine konstruktivistische Untersuchung*. Frankfurt am Main：Campus Verlag.

9. Friedrich Ebert Stiftung. （eds.）（2015）. *Conference Report*：70/40/25 - *The European Peace and Security Order under Threat - Open Space for a Progressive Peace Policy*. Berlin：Friedrich Ebert Stiftung.

10. Gareis，S. B. （2006）. *Deutschlands Außen — und Sicherheitspolitik*. Opladen & Farmington Hills：Verlag Barbara Budrich.

11. Haltiner, K. W. & Kümmel, G. (eds.) (2008). *Wozu Armeen? - Europas Streitkräfte vor neuen Aufgaben*. Baden—Baden: Nomos.

12. Jäger, T. & Höse, A. & Oppermann, K. (eds.) (2007). *Deutsche Außenpolitik: Sicherheit, Wohlfahrt, Institutionen und Normen*. Wiesbaden: VS Verlag für Sozialwissenschaften.

13. Kappler, A. (2008). *Zivilmacht oder Militärmacht? Die Bedeutung des Vertrages von Lissabon für das Leitbild der Europäischen Union am Beispiel der neuen GSVP*. Saarbrücken: VDM Verlag.

14. Lang, S. (2007). *Bestimmungsfaktoren und Handlungsfähigkei der Europäischen Sicherheits — und Verteidigungspolitik*. Frankfurt a. M.: Peter Lang.

15. Lemke, C. (2012). *Internationale Beziehungen: Grundkonzepte, Theorien und Problemfelder*. 3. Auflage. München: Oldenbourg Verlag.

16. Lutz, D. S. & Tudyka, K. P. (eds.) (2000). *Perspektiven und Defizite der OSZE*. Baden—Baden: Nomos.

17. Morisse, C. (2003). *Deutsche Interessen, Verantwortungen und Optionen innerhalb europäischer Sicherheitspolitik in den Regionen Naher und Mittlerer Osten*. München: GRIM Verlag.

18. Oberbürgermeister der Stadt Osnabrück/Präsident der Universität Osnabrück (eds.) (2000). *Friedlicher Wandel im Osten Europas? (Osnabrücker Jahrbuch Frieden und Wissenschaft: VII)*. Osnabrück.

19. Pfetsch, F. R. (2007). *Negotiating Political Conflicts*. New York: Palgrave

20. Rauch, A. M. (2006). *Auslandseinsätze der Bundeswehr*. Baden—Baden: Nomos.

21. Riecke, H. (eds.) (2007). *Die Transformation der NATO: Die Zukunft der euro — atlantischen Sicherheitskooperation*, Baden—Baden: Nomos.

22. Rittberger, V. (2003). *Selbstentfesselung in kleinen Schritten? Deutschlands Außenpolitik zu Beginn des 21. Jahrhunderts. In: Politische Vierteljahresschrift*. Wiesbaden: Westdeutscher Verlag.

23. Schmalz, U. (2004). *Deutschlands europaisierte Außenpolitik:*

Kontinuität und Wandel deutscher Konzepte zur EPZ und GASP. Wiesbaden: VS Verlag für Sozialwissenschaften.

24. Schmidt, S. & Hellmann, G. & Wolf, R. (eds.) (2007) . *Handbuch zur deutschen Aussenpolitik*. Wiesbaden: VS Verlag für Sozialwissenschaften.

25. Schneider, D. (2008) . *Das Wesen der Europäischen Außenpolitik und die Bedeutung von Macht und Normen*. München: GRIN Verlag GmbH.

26. Schwarz, K. —D. (eds.) (1978) . *Sicherheitspolitik. Analysen zur politischen und militarischen Sicherheit*. Bonn: Osang—Verlag.

27. Schulz, M. (2009) . Normen und Praxis: *das Europäische Konzert der Großmächte als Sicherheitsrat*, 1815—1860. München: Oldenbourg Verlag.

28. Smith, M. & Timmins, G. (eds.) (2001) . *Uncertain Europe. Building a new European Security Order*? London: Routledge.

29. Staack, M. & Voigt, R. (eds.) (2004) . *Europa nach dem Irak — Krieg*. Baden—Baden: Nomos Verlagsgesellschaft.

30. Staack, M. (eds.) (2009) . *Die Zukunft der nuklearen Ordnung*. Bremen: Edition Temmen.

31. Staack, M. (eds.) (2017) . *Der Ukraine—Konflikt, Russland und die europäische Sicherheitsordnung*. Opladen • Berlin • Toronto: Verlag Barbara Budrich.

32. Wagner, W. (2001) . *Die Konstruktion einer europäischen Außenpolitik: Deutsche, französische und britische Ansätze im Vergleich*. Frankfurt a. M. : Campus Verlag.

33. Weidenfeld, W. (2013) . *Die Europäische Union*. Paderborn: Fink.

34. Zürn, M. (1992) . *Interessen und Institutionen in der internationalen Politik. Grundlegung und Anwendung des situationsstrukturellen Ansatzes*. Opladen: Verlag Barbara Budrich.

外文论文

1. Algieri, F. (2007) . Deutsche Außen — und Sicherheitspolitik im europäischen Kontext: Zur Parallelität von Kontinuität und Wandel. In Jäger, T. & Höse, A. & Oppermann, K. (eds.) . *Deutsche Außenpolitik: Sicherheit, Wohlfahrt, Institutionen und Normen*. Wiesbaden: VS Verlag für Sozialwissenschaften,

106—122.

2. Bauer, P. (2000). Frieden durch Institutionen? Die Rolle von EU, NATO und OSZE für Osteuropa. In Oberbürgermeister der Stadt Osnabrück/ Präsident der Universität Osnabrück. (eds.) *Friedlicher Wandel im Osten Europas?* (*Osnabrücker Jahrbuch Frieden und Wissenschaft*: *VII*). Osnabrück, 2000.

3. Berndt, M. (1999). Die NATO—Osterweiterung und ihre Bedeutung fur Frieden und Sicherheit in Europa und den internationalen Beziehungen. In Imbusch, P. & Zoll, R. (eds.) *Friedens— und Konfliktforschung. Eine Einfuhrung mit Quellen.* Wiesbaden: VS Verlag für Sozialwissenschaft, 399—419.

4. Bideleux, R. (2002). What does it mean to be "European"? The problems of constructing a pan—European identity. In Smith, M. & Timmins, G. (eds.) *Uncertain Europe. Building a new European Security Order?* London: Routledge, 20—40.

5. Borchert, K. (2000). Wie die OSZE durch inter—institutionelle Zusammenarbeit wirksamer sein konnte. In Lutz, D. S. & Tudyka, K. P. (eds.) *Perspektiven und Defizite der OSZE.* Baden—Baden: Nomos Verlagsgesellschaft. 17—46.

6. Bürger, C. & Stritzel, H. (2005). New European Security Theory: Zur Emergenz eines neuen europäischen Forschungsprogramms. *Zeitschrift für Internationale Beziehungen*, 2005 (2): 437—445.

7. Collmer, S. (2004). Europäerinnen und Europäer im Aufwand? Die Öffentliche Meinung in der Europäischen Union zur Außen—und Sicherheitspolitik. In Staack, M. & Voigt, R. (eds.) *Europa nach dem Irak—Krieg*, Baden—Baden: Nomos Verlagsgesellschaft.

8. Haas, F. C. (2002). Das Konzept der interlocking—institutions: Realität oder Chimäre im Einsatz? In Biermann, R. (eds.) *Deutsche Konfliktbewältigung auf dem Balkan*, Baden—Baden. Nomos Verlagsgesellschaft, 285—314.

9. Hellmann, G. (1997). Jenseits von „ Normalisierung " und „ Militarisierung ": Zur Standortdebatte über die neue deutsche Außenpolitik. *Aus Politik und Zeitgeschichte (ApuZ)*, 47 (1—2): 24—33.

10. Hubel, H. (2007) . Deutsche Außenpolitik vor neuen sicherheitspolitischen Herausforderungen. In Jäger, T. & Höse, A. & Oppermann, K. (eds.) *Deutsche Außenpolitik: Sicherheit, Wohlfahrt, Institutionen und Normen*. Wiesbaden: VS Verlag für Sozialwissenschaften, 71—86.

11. Huntington, S. (1965) . Political Development and Political Decay. *World Politics*, 17 (3): 386—430.

12. Karl, W. (1991) . Das Ende der internationalen Nachkriegsordnung in Europa. Vom Ost—West—Konflikt zur hegemonialen Integration unter der Fuhrung Deutschlands? *PROKLA*, 21 (84) . 417—442.

13. Klingbeil, L. & Schafer, P. (2001) . Neues vom Aufbau der EU—Militarunion. *Wissenschaft und Frieden*, 19 (3): 47—50.

14. Meyn, K. —U. (1981) . Das Konzept der Kollektiven Sicherheit. In Schwarz, K. —D. (eds.) *Sicherheitspolitik. Analysen zur politischen und militarischen Sicherheit*. Bonn: Osang—Verlag, 111—129.

15. Link, W. (2004) . Grundlinien der außenpolitischen Orientierung Deutschlands. *Aus Politik und Zeitgeschichte* (*APuZ*), 2004 (11): 3—8.

16. Major, C. (2014) . Der Nato—Gipfel 2014 im Schatten der Ukraine—Krise. *SWP—Aktuell* 51: 1—4.

17. Major, C. & Puglierin, J. (2014) . Eine neue Ordnung: Der Ukraine—Konflikt stellt die Weichen für Europas Sicherheit. *IP Magazin*, 2014 (11/12): 62—71.

18. Maull, H. M. (2015) . Deutsche Außenpolitik nach der „ Review 2014 “: Zivilmacht 2. 0? *Zeitschrift für Politik*, 2015 (3): 323—341.

19. Maull, H. W. (1992) . Zivilmacht Bundesrepublik Deutschland: Vierzehn Thesen für eine neue deutsche Außenpolitik. In Wagner, W. (eds.) *Europa Archiv. Folge* 10 / 1992. Bonn: Verlag für Internationale Politik GmbH, 259—273.

20. Maull, H. W. (2004) . Normalisierung oder Auszehrung — Deutsche Außenpolitik im Wandel. *Aus Politik und Zeitgeschichte* (*APuZ*), 54 (11): 17—23.

21. Maull, H. W. (2007) . Deutschland als Zivilmacht. In Schmidt, S. &

Hellmann, G. / Wolf, R. (eds.) *Handbuch zur deutschen Außenpolitik*. Wiesbaden: VS Verlag für Sozialwissenschaften, 79—92.

22. Meister, S. (2012). Deutsche Russland — Politik. *Internationale Politik*, Nr. 6 (November/Dezember): 54—59.

23. Müller, H. (2015): Konturen einer neuen europäischen Friedensordnung. *Zeitschrift für Politik*, 2015 (3): 306—322.

24. Pöllath, M. (2013). Souveränitätsabgabe in der Außen— und Sicherheitspolitik der EU: Möglichkeiten und Grenzen. In Doering, D. & Eckner, C. & Hentrich, S. & Liermann, S. & Schuster, D. (eds.) *Demokratie in Europa - Liberale Perspektive*. Marburg: Tectum Verlag, 105—132.

25. Risse, T. (2004), Kontinuität durch Wandel: Eine „neue" deutsche Außenpolitik? In *Politik und Zeitgeschichte*, 2004 (11): 24—31.

26. Sakwa, R. (2013). Entwickelter Putinismus: Wandel ohne Entwicklung. *RUSSLAND—ANALYSEN*, NR. 261: 2—5.

27. Spahn, S. (2014). Die hilfe des großen Bruders: Wie russland die Krise in der Ukraine sieht. *RUSSLAND—ANALYSEN*, NR. 273: 2—4.

28. Staack, M. (2013). Multipolarität und Multilateralismus als Strukturen der neuen Weltordnung, In Staack, M. (eds.) *Asiens Aufstieg in der Weltpolitik*. Opladen: Verlag Barbara Budrich, 9—48.

29. Staack, M. (2009). Nukleare Abschreckung und Raketenabwehr: ein neuer Zielkonflikt? In Staack, M. (eds.) *Die Zukunft der nuklearen Ordnung*. Bremen: Edition Temmen, 121—138.

30. Steinmeier, F. —W. (2014). "Ohne Russland geht es nicht", Beitrag zum Jubiläumsband der 50. Münchner Sicherheitskonferenz 2014. Focus 27. 01. 2014.

31. SWP & GMF. (2016). *Neue Macht Neue Verantwortung Elemente einer deutschen Außen— und Sicherheitspolitik für eine Welt im UmbruchRusslandbild*. Berlin.

32. Theiler, O. (2009). Deutschland und die NATO. In Böckenförde, S. & Gareis, S. B. (eds.). *Deutsche Sicherheitspolitik*. Opladen: Verlag Barbara Budrich, 287—309.

33. Vogel, H. (2012) Die russische Herausforderung. *RUSSLAND*

ANALYSEN, NR. 248, 2—4.

34. Voigt, K. D. (2012), Forderung der Demokratie statt oberlehrerhafte Außenpolitik. *RUSSLAND—ANALYSEN*, NR. 249, 15—18.

35. Ulrich, A. (1995) . NATO — Erweiterung oder OSZE — Ausbau: Optionen europaischer Sicherheitspolitik in russischer Sicht. In Birckenbach, H. —M. & Jager, U. & Wellmann, C. (eds.) . *Jahrbuch Frieden* 1996. *Konflikte, Abrustung, Friedensarbeit*. Munchen: CH Beck, 140—152.

36. Weisser, U. (2009) . Deutschland, Russland und die Raketenabwehr. In Staack, M. (eds.) *Die Zukunft der nuklearen Ordnung*. Bremen: Edition Temmen, 139—151.